# SOCIÉTÉ

DES

# ANCIENS TEXTES FRANÇAIS

---

LA VIE DE SAINT GILLES

---

Le Puy, imprimerie de Marchessou fils, boulevard Saint-Laurent, 23

# LA
# VIE DE SAINT GILLES

PAR

GUILLAUME DE BERNEVILLE

POÈME DU XII<sup>e</sup> SIÈCLE

PUBLIÉ D'APRÈS LE MANUSCRIT UNIQUE DE FLORENCE

PAR

Gaston PARIS & Alphonse BOS

PARIS,
LIBRAIRIE DE FIRMIN DIDOT ET C<sup>ie</sup>,
RUE JACOB, 56.

M DCCC LXXXI

Publication proposée à la Société le 28 juillet 1875.

Approuvée par le Conseil le 17 octobre 1875 sur le rapport d'une commission composée de MM. de Laborde, Marty-Laveaux et Meyer.

*Commissaire responsable :*
M. Léon GAUTIER.

# INTRODUCTION

I

*Description du manuscrit.*

Le manuscrit contenant la *Vie de saint Gilles* appartient à la bibliothèque Laurentienne de Florence et porte le n° 99 du fonds des couvents supprimés. Il provient du couvent de Camaldoli, en Toscane, berceau des Camaldules, comme il est écrit sur le recto du premier folio r° : *Sacre Eremi Camalduli J.-C.*

Au bas du premier folio se voit la marque ci-dessous :

O
III - 24

Cette triple indication (de la travée, du rayon et de la place du manuscrit) caractérise, à ce que nous apprend M. Paul Meyer, les bibliothèques anglaises de collèges ou d'églises, et ce savant ne doute pas, ayant examiné la marque en question, qu'elle n'ait été tracée sur notre manuscrit en Angleterre au XVI° ou au XVII° siècle. Il n'est d'ailleurs pas douteux qu'il n'ait été écrit dans ce pays. L'écriture a tous les caractères de l'écriture anglo-normande du XIII° siècle.

Il est difficile de comprendre comment ce précieux

volume a pu parvenir du fond de l'Angleterre, au xvii<sup>e</sup> ou au xviii<sup>e</sup> siècle, dans un couvent d'ermites perdu dans les forêts des Apennins de la Toscane. Il y a là sans doute quelque accident de voyage que nous ne pouvons connaître. La bibliothèque des *Camaldoli,* riche surtout en mss. grecs, fut transportée à Florence en 1810, lors de l'incorporation de la Toscane à l'empire français. Ces mss. ont été notés, comme tous ceux qui entrèrent à la bibliothèque Laurentienne postérieurement à 1793, dans un catalogue dressé par le bibliothécaire Del Furia. Comme ce catalogue est resté inédit et que d'ailleurs il décrit assez inexactement notre manuscrit, nous allons en donner une notice détaillée.

En haut du premier folio on voit écrits au crayon les n<sup>os</sup> 461 et 99 : le n<sup>o</sup> 99 est l'indication actuelle de la bibliothèque Laurentienne, et le n<sup>o</sup> 461 l'ancienne indication de la bibliothèque du couvent. On lit au-dessous à l'encre et barré : $\Omega$. *98;* c'est probablement l'indication d'une collocation encore plus ancienne dans la bibliothèque du couvent, ou ailleurs.

Le ms. est relié; la reliure est moderne; sur le dos : *Miscellan. sacra gallice.*

Ce ms., qui contient 162 ff. écrits à deux colonnes, au verso et au recto, se divise en deux parties bien distinctes par l'écriture et la qualité du parchemin. La première partie, la plus importante, va du f<sup>o</sup> 1 au f<sup>o</sup> 146; la seconde du f<sup>o</sup> 147 au f<sup>o</sup> 162 et dernier, marqué par erreur 163 dans le numérotage du manuscrit.

### PREMIÈRE PARTIE.

Vélin. Hauteur du ms. : 258 mm. Largeur : 180 mm. — Belle écriture gothique; hauteur des lettres sans les hastes : 3 mm. et demi. — Ecrit à deux colonnes; le vélin rayé au crayon; l'écriture entre les raies. — xiii<sup>e</sup> siècle.

Lettrines ornées en rouge, bleu et vert. — Titres en rouge.

Le premier folio a au recto deux lettres en miniature. La première, *C* du mot *Credo*, peinte en rouge, bleu et or, contient une figure avec l'auréole, tenant d'une main un livre et de l'autre donnant la bénédiction. La deuxième, *N* du premier mot de la traduction du *Credo* : *Nos creons*, est également peinte, mais ne contient pas de figure.

Les 20 premiers feuillets sont numérotés au recto ; les suivants ne sont plus numérotés que de 10 en 10.

1° *Sermons de Morice de Sulli*. — Les sermons de Morice de Sulli (évêque de Paris de 1160 à 1193) nous sont parvenus en français dans de nombreuses copies, qui ont été décrites par M. Paul Meyer dans la *Romania*, année 1876, pp. 466-87. Un spécimen du texte contenu dans l'exemplaire de Florence se trouve à la p. 481 de ce mémoire. Dans cet exemplaire, les sermons sont précédés du *Credo* en latin. Vient ensuite la traduction en français :

(*F. 1 r° a*) Nos creons le pere & le filz e le saint esperit. Nos creons que li peres e li filz e li sainz esperiz sunt uns Deus tuz puissanz e pardurables.....

A la suite de cette traduction vient une exhortation à persévérer fermement dans la croyance chrétienne et à ne pas se laisser aller aux sorcelleries. Elle commence :

(*F. 1 r° b*) Ço est la creance par quei sainte eglise creit e cunist Deu. Ki cest creance a si a bone creance, e si il fait bone ovre par quei il seit tels que Deus voille regarder vers son bien fait......

(*F. 1 v° a*) *Oratio (de) dominica. Pater noster qui es in celis, sanctificetur nomen tuum.* Nostre pere ki es es ciels, sainctefiez seit li toens nuns. *Adveniat regnum.....*

Et ainsi de suite, chaque phrase latine étant immédiatement suivie de la traduction en français.

La traduction est suivie d'une explication en français de l'oraison dominicale, divisée en sept demandes ou pétitions. Elle va du fol. 2 *a* au fol. 4 *c*, et commence ainsi :

En trestutes les paroles ki furent unques establies ne dites en terre si est la plus sainte et la plus halte e la mieldre la patrenostre.....

Fin *(fol. 4 v° a)* :

Veirement ne sofres tu que diables nos temptet a mal faire. Veirement nos delivres tu de mal. *Libera nos a malo. Pater, da nobis bonum anime, bonum corporis in seculo, bonum in futuro, bonum quod est justicia, bonum quod est gloria. Amen.*

Cette partie des sermons de Morice de Sulli est indiquée dans l'*Histoire littéraire de la France,* t. XV, p. 156, sous le titre : *De oratione dominica et ejus septem partibus.*

Viennent ensuite les sermons pour les dimanches et fêtes de l'année, commençant par le sermon pour la fête de la circoncision.

Notre manuscrit donne d'abord, pour chaque dimanche ou fête, le texte latin de l'évangile du jour, qui est suivi du sermon en français. Celui-ci reprend ordinairement l'évangile, qu'il traduit en langue vulgaire et dont il donne ensuite l'explication, la *segnefiance*. Ainsi :

(*F. 4 v° a*) Secundum Matheum.

*In illo tempore, postquam consummati sunt dies octo ut circumcideretur puer.....*

Le sermun de la circoncisiun nostre seinor.

Seignurs, cist jorz d'ui si est li premiers jor de l'an, ki est apelé an renoef. A icest jor soelent li malveis cristien, selunc la custume des paiens, faire sorceries e charraies, soelent enquerre e espermenter les aventures ki sunt a venir.....

Nous renvoyons, pour l'étude des versions françaises des sermons de Morice de Sulli, à l'article cité de M. Paul Meyer. Le dernier, dans notre manuscrit, commence au fol. 88, v° *a* ; il s'adresse spécialement aux prêtres et se termine ainsi *(fol. 98 r° a)* :

Issi sunt treis choses ki sunt besoignables a proveire ki tient paroisse, si cum nos vos avons dit. *Prima est sancta vita, secunda scientia, tercia predicatio sive doctrina. Si ista tria habuerimus et bene administraverimus, bonum gaudium no-*

*bis adquiremus. Quod nobis prestare dignetur Jesus Christus dominus noster qui est benedictus Deus in secula seculorum. Amen.*

Le verso du même feuillet est en blanc, et au recto du suivant commence :

2° *L'Evangile de Nicodème traduit par Chrestien* (fol. 92 — 110 r°). — Cette traduction en vers de l'évangile apocryphe de Nicodème, qui jouit au moyen âge d'une grande renommée dans l'Église latine, suit pas à pas le texte latin. Elle sera prochainement publiée par nous, avec deux autres versions rimées du même texte, l'une anonyme, l'autre par André de Coutances, pour la Société des anciens textes français.

3° *La Vie de saint Gilles* (fol. 111 r° a — 145 r° a).

4° *La Vie de saint Jean Baptiste.* — Cette vie de saint Jean, qui commence de suite après celle de saint Gilles, est inachevée. Elle va dans notre ms. du fol. 144 r° b au fol. 146 v° a, et se compose de 244 vers alexandrins à rimes plates, forme dont elle offre sans doute le plus ancien exemple; car ce fragment est certainement du douzième siècle. Nous le donnons ici en entier. L'auteur, qui nous est inconnu, a suivi presque constamment l'évangile de saint Luc. Cependant l'histoire de la fuite de Jean et de son habitation au désert dès l'âge de cinq ans est, ainsi que certains autres traits du récit, un embellissement postérieur [1].

En transcrivant ce morceau, nous rétablissons les lettres remplacées dans le ms. par des abréviations, et nous faisons quelques corrections pour redresser les vers faux ; nous avons soin de noter scrupuleusement, au bas de la page, la leçon du manuscrit.

---

1. Cette histoire, qui a donné lieu à tant de représentations du petit saint Jean couvert de peaux de bêtes (voy. ci-dessous, v. 162), était racontée dans des écrits apocryphes très anciens. Elle a sa source dans un passage mal interprété de saint Luc (I, 80) : *Puer autem crescebat, et confortabatur spiritu. Et erat in desertis usque ad diem ostensionis suae in Israel.*

## DE SAINT JOHAN.   f° 144 r° b

De saint Johan dirai ço que jo truis escrit;
Ores i entendez, li grant e li petit :
Cist nuns est pleins de grace, li angles le li mist,
Einz qu'il fust engendrez, la u il le pramist.
5   Zacarias out nun si pére en la veilz lei,
Elizabeth sa mére, e furent de grant fei.
Andui furent ja veil e de mult grant aé
Einceis que il eussent lur enfant engendré;
Mut amout ducement li sire sa compaine,
10  Meis n'aveient enfant pur ço qu'ele ert baraine.
De partie del temple ére li sire meistre,
Le utime degré teneit cum vesque e prestre.
Une feiz i entra, si cum il ert custume :
Juste l'autel estut, e l'encens i alume,
15  E fait une oreisun que Deus ot e receit
Pur sei e pur le pople ke dehors l'atendeit.
Custume ert en la lei, jo l'ai oi retraire,
Ke une fez en l'an al sacrefise faire
I entrout sul li vesques e feseit ureisuns
20  Pur cels de qui almone il receveit les duns :
« Deus, » fait il, « recevez l'odur de cest encens
Pur mei e pur le pople que jo gard el men tens,
E puissum lealment el mund vivre e murir,
E en durable glorie ensemble od vus venir. »
25  A tant se tuit li sire e l'oreison fenit.
Saint Gabriel i vint qui ducement li dit :
« N'aez tu pas pour, beals amis Zacharie,
Kar Deus ad t'ureisun receue e oie.
Ço ke tu as requis t'at Deus tut graanté,
30  E plus te durrat il que tu n'as demandé :
Tu avras de t'espuse un glorius enfant;
Mult grant gent ferunt joie de lui a sun nessant;
Il avrat nun Johan, repleniz ert de grace,
E lui cunustra Deus el quor e en la face;
35  Il serrat sis servanz e de sa chambre balz,
De tuz les fiz des femmes serrat cil li plus halz.

2 Or — 7 ja *manque* — 8 quil ussent — 10 est — 12 cum euesque e prestre
— 15 un oreisun — 16 lentendeit — 19 li euesques — 24 Endurable gl. —
25 li oreisun — 28 ta ureisun — 29 grante — 31 aueras de ta e. — 32 Mult
g. frunt — 33 Il aurat a n. — 36 li *manque*.

De cestui ferat Deus en terre sun banier ;
Cestui enveiera avant sei preechier ;
Cist li ert plus que prestre, ke il le musterra
40 Od sun deit certement, e sil baptizera.
Tu dutes de l'afère : ore en remaindras muz
Jesque la qu'il seit nez e sur terre venuz. »
Atant se veit li angle, il remist esbaiz :
Ne poet neent parler, de ço fud esmeriz ;
45 E quant il ot parfeit sun sacrefiement,
Est revenut al pople ki as portes l'atent :
Od signe sanz parole lur fait beneiçun,
E sorent k'il aveit veu avisiun.
Après s'en est venut li sire a sun ostel,
50 E li angles od dit a la dame autretel.
D'els dous fud ensi nez seint Johan nostre sire,
Ki puis suffrit pur Deu grant peine e grant martire.
Il fud de grant merite, kar el ventre sa mére
Salua e fist joie sun seignur e sun pére,
55 Quant la vergine Marie fud alée a veer
Elizabeth al munt, içò set l'um de veir ;
Ço fud merveillus ovre e plein de grant vertut
K'el senti sun enfant . . . . . . .
. . . . . . . . . el ventre se dreza
60 Encontre les saluz et sis resalua ;
Elizabeth refu pleine de prophecie
E dit mult ducement : « E Deus vus salt, Marie !
E dun est avenu k'a mei venge a sorur
La pucele ki porte sun pére e mun seignur ?
65 Ço'st miracles apert ke pucele ait enfant
E jo ki veille sui ; mès jo tieng a poant
Le seignur ki porta tutes les creatures
E ki par nus vout feire veer les escriptures.
Par nus ert la velz lei esposte e la novele,
70 L'ovre de noz enfanz ert gloriuse e bele ;
Ki ben i volt garder e od le quor entendre
Mult pot as dous enfanz e saver e aprendre. »
Atant se departirent. Li termes est venuz
Que li enfes fud nez, a joie est receuz.
75 Tuit i sunt li parenz e li veisin mandé,
Tut i firent grant joie pur la nativité.

38 enueira, precher — 39 li *manque*, kil le mustra — 40 Od sun dei certeinement — 43 si — 51 De els dous fu nez — 52 *le second* grant *manque* — 55 fud ala ueer — 57 grant *manque* — 58 Kele — 60 le s. — 61 plein de — 62 *le second* e *manque* — 65 Ço est — 67 Li seignur — 74 fud *manque*.

Quant vint a l'uitme jor, ke il fud circuncis,
Il volent ke li nuns sun pére li seit mis;
Meis nel volt otrier Elizabeth sa mére
K'eust nun Zacaries, si cum out nun sis pére :
« Seignurs, » ço dist la mére, « il avrat nun Johanz;
Issi ert apelez, car ço est mis talanz. »
Tut li dient et joisent (?) : « De ta cognaciun
N'avum altre home ui ki portast icest nun. »
Ele dit cuntre tuz : « Ja ne serrat changet. »
Li pére en est requis, e fud aparillet
K'il volt en parchemin le nun Johan escrire,
Kar ne pot od sa lange rien pronuncier ne dire.
Iloc u il l'escrit, l'ad dit apertement :
« Johan est apeled. » E li pople l'entent:
De ço k'il ad parlé sunt tut li present leé,
E chescun endreit sei le nun ad otrié.
Este vus la novele par tute la contrée :
Dient tut que li enfes ert de grant renumée;
Ço tenent a grant chose que Deus en ad rendue
La parole sun pére qu'il en aveit perdue.
Del dun de prophecie fud li pére auriez(?),
. . . . . . . . . . . . . . . . . . . . . . . . . . . :
« Nostre Deu d'Israel nus en ad feit le dun;
Cist est certain message de sa redenciun,
Nostre defensiun est cist e nostre escu.
Après cesti vendra la force e la vertu
Par ki li pecheur enterunt en merci,
Si cum Deus la pramist en la meisun Davi.
Icist nus ert saluz contre nos ennemis,
E tut cil ke nus héent érent par lui cunquis.
Venue est la saluz, feite en ert la concorde;
Deus nus ad enveié peis e misericorde,
E li serment ki fud a Abraham jurez
Des ore serat veirs : Deus s'est a nus dunez,
Feite nus ad l'onur que nus aveit pramise;
Des or avrat de nus l'amur e le servise.
Tu li feras la veie, enfes, e tu meisme
Esteras apelé prophète de l'autisme,

---

77 utime — 78 Il *manque*, fud m. — 80 Ke eust zacarias si c. o. s. p — 81 auerat — 82 car *manque*, talenz. L'e *de* talenz *est pointé, et remplacé par un a suscrit*. — 85 entre — 86 aparillez — 88 rien *manque* — 93 contre — 96 que il — 99 de israel nus ad feit — 100 messa — 102 f. el vertu — 103 li *manque* — 105 Cist — 107 Venut est — 110 Des ore frat veus — 111 lonur plus n. — 112 auant — 113 fras — 114 Estras.

115    Quant vendrat nus veer nostre sire de haut,
       Tul musteras al dei, anceis que il s'en raut.
       Les tenebres s'en vunt, venue est la clartez;
       Livrez vus est li ciels, seignurs, ore i muntez :
       Venuz est cil avant ki parays vus ovre,
120    Si vus creez ses diz e si vus feites s'ovre. »
       Atant ot li prophètes sa parole finie.
       Or dirum de l'enfant, ci cumence sa vie.
       Ducement le nurrit e aleitat sa mére,
       Tant ke il ot cinc anz, en la meisun sun pére.
125    Des que il sout parler a escole fud mis :
       Il aveit cler engin e fud mult ben apris.
       Einz k'il oust cinc anz passez e acumpliz,
       De la seinte escripture fu seives e renpliz.
       E li seinz esperiz veirement iest sis meistre,
130    E sis pére i entent ki esteit seives prestre;
       Quant ke l'em li enseigne retient e plus aprent
       Ke l'em ne li enseigne, kar del quor i entent.
       Quant veit ses compaignuns mesfere, si l'en peise,
       E ducement chastie celui qui trop s'enveise.
135    Plus ad en lui e sen e bunté e mesure
       Ke ne requiert d'enfant l'aage par nature.
       Li altre enfant ki sunt el burc de sue aé,
       Quant s'en vunt deduiant sovent par la cité,
       Le querent e apelent, meis il ne lur respunt,
140    Lur parlemenz eschive e sovent se repunt;
       Set qu'en mutes paroles s'abandune pechez,
       E tels i veit tuz bauz qui s'en revient irez,
       N'il ne volt dire chose qui despleiset a Dé,
       N'il ne volt les malices oir par la cité;
145    Purpense sei li enfes ke en bois s'en ira
       En embleie e tut sul, la se herbergera,
       Tut ses parenz leira e si s'en volt fuir;
       Si ne volt sun conseil a nul home geir :
       « E! Deus, » feit il après, « jo cument i irai,
150    E mun pére e ma mére jo cument les larai?

115 Quant *manque* — 116 Tut — 117 venuz — 118 Liuerez — 120 e uus f.
le o. *Ce vers avait été oublié et est reporté par le copiste au bas de la page*
— 122 Ore — 123 leitat — 124 kil — 125 Desquil, e ascole — 127 out —
128 De seint, e repleniz — 129 E *manque* — 130 si peres ietent — 131 li
*manque* — 132 qu. lentent — 133 si li en — 134 E d. les ch. — 135 *le premier e manque* — 136 lainz p. — 138 Quant *manque*, deduant. *Un d suscrit
entre e et u de* deuant — 140 se respunt, *l's de* respunt *effacée, correction
ancienne* — 141 sa abandune p. — 142 uenent ire — 143 despleise — 145
ken. b. — 146 si *manque* — 148 E si, a nuli — 149 i *manque* — 150 jo *manque*.

Il m'aiment durement, ja ne serunt meis lez.
Desqu'il m'avrunt perdut, tuz jurs serunt irez.
Mès ne m'avrunt perdu, si jo m'en vois a Dé.   v° b
Jo ne puis ci entre als feire ma volunté ;
155 L'amur k'il unt en mei durement mei desturbe,
Ne puis feire oreisun a mun talent en turbe ;
Irrai m'en al desert juste le flum Jurdain,
Illoc me durrat Deus asez e dras e pain.
Illoc preierai Deu pur als ki m'unt nurri
160 E pur tut l'autre pople, ke Deus en ait merci. »
A ço s'en aresta e ço prist a conseil ;
Vest sei de pel de chievre e de pel de cameil,
E s'en veit al desert, n'i porte de viande
Un sul dener vaillant, meis a Deu se commande.
165 Unques meis ne fist ço enfes de sun aage,
Qu'il lessast ses parenz e tut sun eritage
E s'en alast al bois hermites devenir,
Senz dras e senz viande, de feim i pot murir.
Est le vus al desert, juste Jordan s'areste ;
170 Illoc vit de racines ensement cumme beste,
Sul est e descuvert e en vent e en pluie ;
Dé preie nuit e jur, e de ren ne s'enuie.
L'ordre de s'oreisun ne vus sei jo retraire,
Ne la sei si bien dire cum il la saveit faire ;
175 Meis ço vus sai jo dire qu'asprement ert vestuz,
E grément travaillez e povrement peuz :
Il viveit de languestes e de salvage mel ;
Tute s'entencium ad il posée al ciel,
E près sa tendre char aveit sa vesteure
180 Ki ert de pel de chievre que mult ert aspre e dure.
Li enfes Johanz n'at guères plus de cinc anz,
Mult suffrit al desert e peines e ahanz :
Ne l'i vent conforter creature que vive,
Kar il fuit a chescun e tute gent eschiwe ;
185 Passe le meillur jur de tute la semeine
Ke il n'i ad vitaile fors ewe de funtaine
E iceles racines que par le desert fuot,

152 mauerunt — 153 ne mauerunt pas — 157 Irra, le *manque*, iurdan — 158 *le premier* e *manque* — 159 Deus, m' *manque* — 160 p. le a. — 161 resta — 162 Veste, camail — 165 age — 166 les saast — 169 Este le — 173 Deus de preie — 173 de sa oreisun — 175 jo *manque* — 176 tuaillez — 178 Tute sa e., il *manque* — 180 de la pele de. *Le dernier* e *de* pele *effacé, correction ancienne* — 181 Johanz *manque*, guers — 182 *le premier* e *manque*, hauz — 183 veneut — 184 fud — 186 kil.

Quant la faims li destreint e il juner ne pot.
Issi vesquit lung tens e fit sun abitacle :
190 Genz l'aloent veer e oir a miracle.
Vint e cinc anz vesquit de tel vivre al desert,
Ainz que il se mustrat a la gent en apert ;
Meis des que il out tant espruvée sa vie,
E Deus li out doné le dun de prophecie,
195 Començat li prophètes a faire ses sermuns,
E les mals a reprendre, a blamer les feluns ;
Des qu'il ont certement sa vie espermentée
E virent sun habit plusur de la contrée,
Venent a lui a turbes e a processiun,
200 E il lur dit sovent paroles de sermun.
Issi cum l'um les trove en seintes escritures.
. . . . . . . . . . . . . . . .
Il lur dit e preesche la salu de lur almes,
N'i esparnie fols homes de ren ne foles femmes.
205 De plusurz paiz vienent, e il sermune a tuz.
Jo vus voldreie asquanz retraire de ses moz,
Si cum jos trois escris, si jo saveie feire :
Bons fussent a oir, mes gref sunt a retreire.
Il lur dit que il facent hastives penitances,
210 Kar Deus les volt ardeir a sun feu cumme cences ; r° b
A la raiz de l'arbre est mise la cuignée,
Al feu l'estot chaer des quez serat trenchée ;
Les humes apele arbre, la cuignée justice,
E dit que Deus se volt venger de lur malice ;
215 Lignée de serpent les apele, e si crent
Qu'il ne puissent fuir a l'ire ki survient :
« Lignée de serpent, e ki vus salvera
De l'ire ki survent, quant Deus vus jugera ?
Uns hom vent après mei ki devant mei fu faiz,
220 Ki vent pur amender e vus e vos mesfeiz.
Cil vus vent preescher e vus vent amender ;
Ne sui dignes de lui deslier sun sodler.
Gerpisez vos pechez e recevez baptesme
Tant cum il vus esparnie, kar ço est Deus meesme.
225 Li serpenz mist al munt par Adam conveitise,

188 le faims, il *manque* — 190 Lesgenz, a *manque* — 191 tele — 193 desquil, issi espruue — 195 a faire *manque* — 197 Desquil out sa vie certeinement espermentee — 198 lurent sun — 203 presche — 206 vus *manque*, asquant — 207 si cumme jo, sauei — 209 llur dit quil, hastiue — 210 deu — 211 mis — 213 cuigne — 217 Ligne — 219 Uns home — 220 e *manque* — 222 solder — 224 ico est d. meisme.

   Cil est fiz de serpenz en qui ele est esprise;
   Kar de lui neist orguil e li autre mal tuit,
   Deceuz est li hom ki sun quor ne li fuit.
   Assez petite chose suffireit a nature;
230 A chescun deit suffire vivres e vesteure.
   Mult se mesfunt vers Deu cil ki sunt orgoillus
   U glutun u aver, larun u envius.
   Des ke Sathan chai del ciel e vit sa perte,
   Fist la veie d'enfer delitable e aperte;
235 Li feu d'enfer fera icels carbun e cendre
   Ki eschiwent le ciel e la volent decendre.
   L'eschele est doleruse par quei l'em i devale;
   E pur neent tient pleit e jugement en sale
   Ki ben ne se purpense de s'alme e de sun cors,
240 E cument Deus le fist e dedenz e dehors.
   Deus nus mist en nos cors e ordenat cinc sens :
   Uir, veer, guster, sentir e tuchemenz.
   A ço sunt nostre membre tuit feit e ordené,
   Chescun ad sun mester del dun de Damnedé;
245 Ico sunt les cinc portes de la riche cité,
   E chescun de nus garde ço que tenum de Dé.
   Par cestes portes vait al quor sens u folie......... »

  Ici se termine, à la moitié du v° du f° 146, première colonne, ce fragment de la vie de saint Jean, et la première partie du manuscrit.

### DEUXIÈME PARTIE

  Cette deuxième partie, que le hasard de la reliure a réunie à la première, en diffère par la qualité du parchemin, qui est inférieure, la forme des lettres, qui sont d'une écriture gothique ronde, presque cursive, plus petite (2 mm. de hauteur), et par le dialecte employé, qui est celui de la France continentale.
  Ce manuscrit ne se compose que de deux cahiers, qui contiennent le commencement (la moitié environ) d'une

---

229 suffrient — 230 suffrir e viures e pesture — 231 ver — 232 *Entre* aver *et* larun *un u effacé, correction ancienne* — 235 fra cels c. — 237 i *manque* — 238 Pur neent — 240 *le second* e *manque* — 242 ver — 244 de *manque* — 246 ço *manque* — 247 portes *manque*.

traduction en vers octosyllabiques du livre III d'un ouvrage qui fut très répandu au moyen âge, l'*Elucidarium* d'Honorius d'Autun, mort vers 1140. C'est un dialogue entre un disciple et son maître, où celui-ci lui explique ce que devait savoir un chrétien : les mystères de la trinité et de l'incarnation, la morale chrétienne, l'eschatologie. C'est au jugement dernier que s'arrête notre fragment, qui comprend environ 1600 vers. On connaît de la même version deux autres mss., que M. P. Meyer a indiqués *(Romania,* VIII, 327, note 1) ainsi que le nôtre. Voici les premiers et les derniers vers du texte contenu dans notre manuscrit.

Fol. 147 1° a
    Chiers fréres, oez ma reson,
    Que Dieu vos face voir pardon
    De vos pechiez a icel jor
    Que tot le mond sera en plor.
    A vos di je qui Deu amez,
    & qui por lui gerpi avez
    Vos chiers amis, péres e méres,
    Oncles, cosins, serors e fréres,
    Terrienes possessions,
    E vos pais e vos maisons,
    Religion avez requis
    E le jou Deu sor vos cox mis.
    Gerpi avez la vanité
    De vostre bone volenté,
    Soz autre main vos estes mis
    Por aquerre le doz pais,
    Le celestien chasement
    Ou viv e)rez pardu[ra]blement,
    Si le porposement tenez
    Que vos a Deu pramis avez;
    A vos avant meismement,
    E puis a tote bone gent,
    Vos voil une chose mostrer
    Dont vos poez toz amender.
    En un livre trovai l'autre ier
    Ce que [je] vos voil prononcier.
    . . . . . . . . . .

Fol. 162 d
    Por quoi est escrit des felons,
    Issi com el sautier lisons,

Que au jugement resordront,
Mais sans jugement periront.

Ces derniers vers répondent à un passage du § 14 du livre III de l'*Elucidarium* (Migne. *Patrol. latine,* CLXXII, col. 1167). — On lit au-dessous, dans notre manuscrit, les mots : *De un auctor*, qui sont la réclame du cahier qui suivait, mais qui a disparu.

II

*Date, patrie, auteur du poème.*

Le manuscrit de Florence est de la première moitié du XIIIe siècle : la *Vie de saint Gilles* est donc à tout le moins de cette époque; mais comme la forme en est fort maltraitée par le copiste, on peut croire que celui-ci était séparé du poète par un assez long intervalle de temps. Le poète se désigne à deux reprises sous le nom de *Guillaume de Berneville*, et nous apprend qu'il était chanoine : c'est tout ce que nous savons de lui. Il faut essayer de déterminer le pays et le temps où il vivait.

Il n'y a aujourd'hui en France, à notre connaissance, d'autre *Berneville* que le village voisin d'Arras dont le célèbre trouveur Gilebert de Berneville, au XIIIe siècle, tirait son nom ; or il ne saurait être question de faire de notre poète un Artésien. C'est en Normandie ou en Angleterre qu'il faut chercher son berceau. L'Angleterre ne nous offre aucun Berneville ; en Normandie il semble d'abord qu'on n'en trouve pas non plus [1]; mais une com-

---

1. On pourrait songer au *Brenneville* qui, d'après toutes nos histoires de France, fut le théâtre de la victoire remportée sur Louis VI par Henri I en 1119; mais il y a longtemps qu'Aug. Le Prevost a restitué le vrai nom de ce lieu, la plaine de *Brémule* (Order. Vital, IV, 356).

mune de la Manche porte le nom de *Besneville*, et un texte du xiiie siècle nous présente ce nom sous la forme latine *Bernevilla* [1] : c'est sans doute de cette localité que la famille de notre poète était originaire [2]. Mais elle avait pu, comme tant d'autres, quitter son pays natal pour s'établir en Angleterre après la conquête : c'est ainsi que Philippe de Than, bien que portant le nom d'un fief de Normandie, vivait et écrivait en Angleterre. Quant à Guillaume, il n'est pas douteux qu'il n'appartienne à l'une de ces deux contrées ; mais il est difficile au premier abord de dire à laquelle. Plusieurs des traits qui nous indiquent l'une s'appliquent aussi bien à l'autre. Ainsi notre poète connaît par le menu et évidemment *de visu,* et, comme beaucoup de poètes normands et anglo-normands, il aime à décrire les choses de la mer, les agrès des vaisseaux, la manœuvre, les vicissitudes des flots [3] ; il emploie les *roumeisins*, monnaie de Rouen [4] ; il est familier avec les gros

---

1. *Hist. de Fr.*, t. XXIII, p. 538. *Bernevilla* y est rendu à tort par *Biniville*. — Nous devons ce renseignement à l'obligeante érudition de M. Aug. Longnon.

2. M. Longnon nous signale encore dans le Calvados, arr. de Vire, deux hameaux qui portent le nom de *Benneville* (communes de Cahagnes et de Jurques), lequel pourrait fort bien être *Berneville,* comme *Bennerey* et *Benouville*, dans le même département, sont les formes modernes des noms anciens *Bernerei* et *Bernouville*.

3. Voy. notamment *S. Brandan*, pass. ; Wace, *S. Nicolas*, v. 234 ss. ; *Brut*, v. 11484 ss. (on retrouve là la plupart des expressions de notre auteur) ; *Conception*, début ; Huon de Rotelande, *Protesilaus*, dans l'abbé de La Rue, *Essais*, II, 294 ; Thomas, *Tristran*, éd. Michel, t. II, p. 74-75 ; Marie de France, *Eliduc*, v. 813 ss.

4. Du Cange et Carpentier (aux mots *Romesina, Romesinus*) voient dans le *roumeisin* une monnaie romaine, parce qu'elle est mentionnée dans des textes du sud de l'Italie ; mais elle y avait été importée par les Normands. MM. Michel (sur Benoit, *Chron.* v. 26297) et Andresen (sur Wace, *Rou*, III, 279) y reconnaissent une monnaie normande. C'est proprement le sou du comté de Rouen, du *Roumeis, pagus Rodomensis*. Le *roumeisin (romoisin)* avait passé d'ailleurs dans l'usage assez général de la France, car on le trouve

draps, les *burels* anglais ; il se sert du mot anglais *wel-come* ¹; il mentionne avec les Français, autour de Charlemagne, des barons normands et bretons ; il dit que la réputation du saint s'étendit de son vivant jusqu'en Normandie ². La Normandie fut d'ailleurs un des pays où, à partir du xi<sup>e</sup> siècle, la dévotion à saint Gilles se répandit le plus ³; il y est le patron d'un grand nombre de paroisses, et plusieurs villages portent encore son nom : l'un d'entre eux, Saint-Gilles en Cotentin, près de Saint-Lô, était jadis l'objet d'un pèlerinage, motivé par la singulière prétention de ce lieu à posséder le corps du saint ⁴. Mais l'Angleterre ne le cède pas à la Normandie sous ce rapport : beaucoup de lieux y portent le nom de *Saint-*

---

dans des chansons de geste qui n'ont rien de normand, comme *Garin* (cité par Du Cange), *Girbert*, *Jehan de Lançon*, *la Prise d'Orange* (v. 513), la *Destruction de Jérusalem* (Du Cange), *Oger*, *la Prise de Barbastre*, l'*Alexis* p. p. Herz (v. 513), etc.

1. Cf. Benoit, *Chron.*, v. 18609, etc.
2. On aurait la preuve positive qu'il écrivait en Angleterre si on conservait au v. 28 la leçon du ms. *En tut[e] France ne de ça*; *de ça* signifierait, comme d'habitude, l'Angleterre par opposition au pays *de là*; mais il faut certainement *Grèce* au lieu de *France*, et dès lors *de ça* désigne simplement les pays occidentaux.
3. Au xii<sup>e</sup> siècle, Jean, moine de Saint-Évroul, mit en vers la légende de notre saint (voy. *Hist. litt. de la France*, t. XI, p. 15.
4. Cette prétention s'appuyait, comme souvent, sur une vision. En 1164, saint Gilles apparut à un paysan du Beauvaisis, lui prédit qu'il trouverait le lendemain une croix de fer en labourant, et lui dit de la porter à son église : « Tunc rusticus quaesivit ab eo utrum ad Sanctum Egidium de Provincia deberet eam portare ; cui sanctus Egidius respondit : Non, sed ad Sanctum Egidium de Constantino, ubi est corpus meum. Quod cum factum fuisset, multae ibi virtutes factae sunt » (R. de Torigni, éd. Delisle, I, 351). M. L. Delisle remarque qu' « on manque de renseignements sur la vie du saint Gilles dont le corps était conservé dans l'église de Saint-Gilles en Cotentin. » Mais c'était tout simplement le saint Gilles de Septimanie ; le récit de Robert lui-même l'atteste, et ce qui le montre bien encore, c'est l'usage, mentionné par le savant éditeur, de lui offrir un cerf (à cause de la biche qui joue un rôle dans sa légende).

*Giles*, qui est celui d'un grand quartier de Londres, et on a pu dire qu'après saint Georges saint Gilles était le saint le plus populaire de l'Angleterre. Enfin le manuscrit unique de la *Vie de saint Gilles* est anglo-normand, et c'est en Angleterre, comme nous le verrons plus loin, qu'on trouve la seule trace de la connaissance au moyen âge de l'œuvre de Guillaume.

Pour arriver à nous décider entre l'ancienne et la nouvelle conquête des Normands, c'est à l'étude linguistique qu'il faut avoir recours. Or cette étude met en lumière deux faits importants et en apparence contradictoires : l'archaïsme du style, du vocabulaire, de la conjugaison et en partie de la phonétique, et l'état au contraire avancé et relativement moderne de la déclinaison et d'un trait phonétique important. Ce sont ces deux faits qu'il s'agit d'établir et de concilier.

L'archaïsme du style frappera tous ceux qui sont habitués à lire de l'ancien français : il paraît antérieur non-seulement à Chrétien et à Gautier d'Arras, mais à Benoit et même à Wace. Le vocabulaire contient un assez grand nombre de mots anciens qui ne dépassent pas, dans les exemples que nous en connaissons, à tout le moins le XIIe siècle : tels sont *ambure* [1], *berseret* [2], *di* [3], *enteimes* [4],

---

1. Voyez, sur ce mot, outre l'art. du *Dictionnaire* de M. Godefroy, G. Paris, *Étude sur l'accent latin*, p. 62. *Ambeure* ne signifie pas seulement « ensemble, à la fois », comme le dit M. Godefroy; il implique l'idée de dualité (cf. l'anc. it. *amburi*).

2. Voyez les exemples dans Godefroy; add. *Godefroi de Bouillon*, éd. Hippeau, v. 856. C'est à tort que M. Godefroy donne au mot le sens de « carquois » dans les passages cités de Marie de France, de *Foucon de Candie* et de *Girart de Roussillon* : il signifie « [chien] de chasse » là comme dans *Tristran*, dans *Lancelot*, dans *Godefroi de Bouillon* et dans notre poème.

3. *Di* est fréquent, au XIIIe s., dans les locutions comme *puiscedi*; mais isolé je ne l'ai pas rencontré passé le XIIe siècle.

4. *Enteime* ou *entesme, entesmes, entemes*, est connu (outre plusieurs passages dans des mss. de romans en prose de la Table Ronde) par le v. 3089 du *Bel Desconeu*, et le v. 29 du fragment du

*fie* [1], *fol chien* [2], *mustabet* [3], *seus* [4], *suschier* [5]. La conjugaison est remarquablement fidèle aux lois primitives, toutes phonétiques, qui rattachaient les formes françaises aux formes latines correspondantes [6] : on ne trouve nulle part l'addition d'un *e* féminin à la première personne du singulier du présent de l'indicatif, ou au singulier du présent du subjonctif de la première conjugaison [7]; les formes *esmes, faimes* sont à peu près inconnues après le XIIe siècle [8]. De plus, on trouve une

---

*Donat des Amanz* publié par M. Michel (*Tristan*, t. II, p. 150). Il faut y joindre le v. 333 de la *Charete : que nus N'osast penser n'entesmes faire* (M. Jonckbloet imprime *antemès*, M. Tarbé *meimes*, le ms. de Chantilli a *enteme*). Ce mot paraît être un composé de *ipsimus* et être avec *enteis*, qu'on trouve dans Etienne de Fougères (voy. *Romania*, t. VII, p. 343), dans la même relation que *meesmes* avec le prov. *medeis;* sur la forme *eim*, voy. Diez, *Gramm. d. l. rom.*, II, 417.

1. *Fie*, forme française, a été remplacé de bonne heure par la forme méridionale *figue;* de m. *fier* a cédé à *figuier* (v. Littré, à ces mots). Je trouve encore *fie* dans Paien Gastinel, p. 144.

2. *Fol chien* se trouve dans Wace : je ne le connais pas ailleurs.

3. Le sens de *mustabet* est donné dans un passage d'*Athis et Porphilias*, cité par M. Michel, *Recherches sur la soie*, t. I, p. 259. Le mot se retrouve dans *Partenopeus*, v. 5070.

4. Ce mot est employé par Béroul (*Tristan*, éd. Michel, t. I, p. 77 ; lire : *J'oi ja dire qu'un seus* au lieu de *uns teus;* cf. t. I', p. 172), par Thomas (*Tristan*, éd. Michel, t. III, p. 84), et par Wace (*Rou*, éd. Andresen, II, 3910, III, 524 ; cf. *Romania*, IX, 608). C'est l'italien *segugio;* cf. Diez sous ce mot, que Diez n'avait pas retrouvé en français.

5. Ce mot (= lat. *suspicari*) se trouve dans le Psautier de Montebourg (LXVI, 16), dans les *Reis* (III, 21, 18), dans une ancienne version des *Paralipomènes* (voy. Roquefort), dans *Renart* (éd. Méon, I, 291), dans Paien Gastinel (p. 48) et encore dans *Auberée* (Jubinal, *Contes*, I, 220), où l'éditeur a lu *fuse* pour *sousche*.

6. Dans le même ordre d'idées, on peut signaler *severer* au lieu de *sevrer*, qui paraît dû à l'analogie des formes comme *separat*.

7. Des fautes contre cette règle se trouvent déjà, au contraire, dans de nombreux textes du XIIe siècle.

8. Voy. dans Burguy, t. I, p. 269-70, une liste d'exemples de la forme *esmes;* aucun n'est plus récent que 1173. *Faimes*, outre les exemples donnés dans G. Paris, *Etude sur l'Accent latin*, p. 71 (aj. Ps.

douzaine d'exemples du maintien du *t* à la finale de la troisième personne du singulier du présent de l'indicatif de la première conjugaison, ou du présent du subjonctif des autres [1]. Enfin la phonétique, comme on le verra par l'analyse donnée plus loin, montre que le système général des voyelles et des consonnes appartient encore, sauf quelques exceptions, à la même période que celui des ouvrages composés en Normandie avant la fin du xiie siècle.

Mais d'autre part deux traits importants, inconnus au plus grand nombre de ces ouvrages, indiquent pour notre poème un autre temps ou un autre pays. Si la conjugaison est archaïque dans le *Saint Gilles*, il s'en faut qu'il en soit de même de la déclinaison. Celle-ci est en pleine décomposition, ou plutôt en pleine transition vers l'état moderne, où il n'y a plus de cas. Il ne s'agit pas ici du manuscrit, où la décadence de l'ancienne dé-

---

Monteb. LXXIII, 9), se trouve encore dans le *Besant de Dieu* de Guillaume le Clerc (v. 3393) au commencement du xiiie siècle, et, ce qui est tout à fait isolé, à la fin du xive s. dans le poème du *Bon Jehan de Bretagne* (v. 800, 2101).

1. Le ms. écrit très souvent ce *t*, mais, par un étrange hasard, il ne l'écrit dans aucun des cas où il est nécessaire à la mesure, sauf un (v. 756). Voici les vers où la mesure le réclame : 70 (*Mais il dunet a povre gent*), 135 (*Getet un cri e puis s'estent*), 482 (*Si s'en comencet a aler*), 617 (*Mais ki ki dormet e ki nun*), 634 (*E floutet e chalemele*), 776 (*Il esgardet en haute mer*), 1329 (*Il lur clinet e bel respunt*), 1386 (*Recleimet il Deu sun seignur*), 1581 (*Des bisses k'il trovet el bois*), 2844 (*Ke ke en venget e quei nun*), 3524 (*Ke entre vus ne surdet ire*). Nous l'avons écrit dans tous ces passages, sans rejeter d'ailleurs l'opinion de M. Suchier (*Reimpredigt*, p. xxxiii), d'après laquelle l'élision de l'*e* féminin, dans ce cas, ne se fit, dans les vers, qu'un certain temps après que le *t* avait cessé de se prononcer. Il ne faut pas oublier d'ailleurs que dans l'immense majorité des cas la mesure ou la rime atteste que le *t* de ces formes verbales était complètement éteint. — On peut encore regarder comme une forme assez archaïque *estait*, dont Jean Bodel a fourni à Burguy l'exemple le plus récent. La forme *va* pour *vait* appartient au copiste et non à l'auteur.

clinaison à deux cas est encore plus avancée : il ne s'agit que des faits attestés par la rime et la mesure. Or nous voyons constamment, ainsi établi comme émanant du poète lui-même, l'emploi du cas-régime pour le cas-sujet, c'est-à-dire l'état moderne. Ce n'est pas seulement l'absence de l's au sujet singulier ou sa présence au sujet pluriel, comme dans *veud* 157 (: *fud*) pour *veuz*, *né* 23 (: *cité*) ou 57 (: *recercelé*) pour *nez*, *mesaaisé* (: *pité*) 179 pour *mesaaisiez*, *eisseillé* 315 (: *peché*) pour *eisseillez*, *venu* 483 (: *fu*) pour *venuz*, *gari* 472 (: *di*) pour *gariz*, *feit* 604 (: *veit*) pour *feiz*, *parti* 2992 (: *ci*) pour *partiz*, *malade* 139 pour *malades*, *murne* 154 (: *tresturne*) pour *murnes*, *curage* 534 pour *curages*, *Gire* 618, 1022 pour *Gires*, etc., etc., ou au pl. *liez* 39 (: *baptisiez*) pour *lié*, *asemblez* 151 (: *alez*) pour *asemblé*, *pez* 450 (: *drescez*) pour *pé*, *venuz* 456 (: *vertuz*) pour *venu*, *mendis* 700 (: *vis*) pour *mendi*, *hummes* 149 pour *humme*, etc ; les noms dont les formes casuelles sont plus différentes ne voient pas moins souvent remplacer leur sujet par leur régime : on trouve ainsi, entre autres exemples, *hume* pour *hom* 244, 2529, *seignur* pour *sire* 568, 2972, *mainteneur* pour *maintenere* 2204, *jugeur* pour *jugiere* 3098, *abé* pour *abes* 2228, et même *celui* pour *cil* 2385. — A ce trait grammatical il faut joindre un trait phonétique assuré par la mesure, c'est la contraction d'un *e* féminin intérieur (ou d'un *a* devant *a*) qu'on y remarque déjà dans un certain nombre de mots, et que la mesure des vers oblige de mettre à la charge du poète : ainsi *ju* 106, 1118 pour *jeü*, *derein* 190 pour *dereain*, *conu* 766 pour *coneü*, *pluriz* 512, 3239 pour *plureïz*, *marchandie* 846 pour *marcheandie*, *veue* 1109 pour *veüe*, *granter* 2553, 3354, 3357 pour *graanter*, *sels* 2555 pour *seels*, *treu* 1546 pour *treü*, *poestis* 2020 pour *poesteïs*, *eschariment* 2282 pour *eschariement*. Beaucoup de formes de ce genre sont, il est vrai, du fait du copiste, et ont dû être corrigées dans notre texte, comme *mesaise* 179, *lelment* 382, *pust* 775, *maille* 835, etc. et d'autres auraient pu l'être (ainsi au v. 2004 au lieu de *Ne sai ki tramist une sete,* il vaut certainement mieux lire : *Ne sai ki traist une seete*); mais la plupart des exemples donnés ci-dessus sont assurés.

Si maintenant nous comparons les résultats contraires de ces deux séries de faits, nous verrons qu'ils ne sont conciliables que si l'auteur était un Anglo-Normand et non un Normand continental. Nous avons longtemps hésité avant de nous résoudre à cette conclusion ; mais elle nous paraît inévitable. Il est vrai que la déclinaison à deux cas, telle que le français l'avait héritée du gallo-roman, a commencé dans l'Ouest, la Normandie comprise, plus tôt que dans le reste de la France, à s'effacer pour faire place à la déclinaison moderne, qui rejette les cas (sauf dans quelques pronoms) et ne marque plus que le nombre et le genre; mais si des traces de cette évolution, qui devait gagner tout le domaine de la langue d'oïl, se montrent déjà dans Guillaume de Saint-Pair, avant 1180 [1], si elles sont tout-à-fait communes dans Guillaume *le Clerc* de Normandie [2], qui florissait dans le premier quart du xiiie siècle [3], il ne s'en rencontre jamais dans Wace, dont les écrits occupent environ le demi-siècle qui se termine en 1175 [4]. En Angleterre au contraire la langue importée par les conquérants perdit très vite ce reste de son ancien organisme : déjà dans les ouvrages de Philippe de Than, écrits vers 1119 et 1130, l'observation des règles de la flexion nominale n'est qu'intermittente, et visiblement due à un effort du poète, qui d'ordinaire se laisse aller au courant de la langue

---

1. Il a écrit son roman du Mont-Saint-Michel, à ce qu'il nous dit, *el tens Robert de Torignié* : c'est de 1156 à 1180 que Robert fut abbé du Mont.
2. Voyez Sceger, *Ueber die Sprache des Guillaume le Clerc* (Halle, 1881), p. 21.
3. Voyez Martin, *Le Besant de Dieu,* p. xlii.
4. Voyez Romania, IX, 594-97.

vulgaire. Il en est de même de son contemporain l'auteur de la *Vie de saint Brandan* (vers 1125); il en est de même à plus forte raison de Geoffrei Gaimar (vers 1150), de Béroul (même date), de Jourdain Fantosme (1173-74), du moine Benet auteur de la *Vie de saint Thomas* (vers 1172), de Thomas (vers 1175), et surtout de Chardri (xiie-xiiie siècle). Voilà le premier trait qui nous indique dans notre auteur un Anglo-Normand. Le second, l'élision de l'*e* féminin atone précédant immédiatement, par la chûte d'une consonne intermédiaire, une voyelle dans le corps des mots, est peut-être encore plus décisif. M. Suchier a mis, en effet, hors de doute le fait que cette élision, devenue de règle en français moderne, s'est produite en anglo-normand bien avant qu'elle eût pénétré dans les dialectes continentaux. Il en a établi l'existence sporadique dans le Psautier de Cambridge, écrit vers la fin du second tiers du xiie siècle, et plus fréquente dans les *Livres des Reis*, un peu postérieurs, dont il a, grâce à cet indice et à quelques autres, démontré l'origine anglo-normande[2]. Les

---

1. Voyez Mall, *Li compoz Philipe de Thaün* (Strasbourg, 1873), p. 97.
2. Voyez *Zeitschr. für rom. Philologie*, I, 569; *Ueber die Vie de seint Auban* (Halle, 1876), p. 2. — M. Tobler, dans son excellent ouvrage sur la *Versification française* (Leipzig, 1880), p. 41, renvoie, pour des exemples du xiie siècle, à la p. xxvii de sa préface au *Dit dou vrai aniel* (Leipzig, 1871); mais il n'a réuni là que des exemples de participes (*jut, dut, reçut, aperçut, mut*, etc.), où l'analogie est en jeu plutôt que la phonétique. — M. Suchier, dans un autre article (*Zeitschr.* II, 281), accepte, il est vrai, des formes contractées dans *Huon de Bordeaux* et le *Josaphaz* de Gui de Cambrai; mais il est très dangereux de puiser des exemples dans des textes qui ne sont connus ou publiés que d'après un seul manuscrit. Des trois exemples de *Josaphaz*, deux, *excuseur* et *acuseur* se trouvent dans un passage (p. 14) tellement embrouillé qu'il est incompréhensible; le troisième, *vesture* (p. 108, v. 32) est assuré, mais *vesture* peut être le représentant régulier de *vestitura*, tandis que *vesteure* pour *vestedure* repose sur la substitution du suffixe *-atura* au suffixe *-itura* (voy. *Romania*, V, 161). Les exemples pris à *Huon* peuvent se corriger : v. 7201 et 7331 *jougleur*, l. *jougler*;

formes contractées n'apparaissent pas encore dans Philippe de Than ni dans *Saint Brandan* [1] et se montrent à peine

v. 7595. *Plus de set ans ot sun age passé*, l. *son eage ot passé*; v. 3437 *Et de tel poir*, l. *Et del pooir*, comme au v. 3349; v. 3954 *De celui mismes*, l. *De cel meismes*; v. 10327 *Mismes li abes*, l. *Meismes l'abes*; v. 4338 et 4359 *benois* se changera en *beneois* en supprimant au début de chaque vers *Et* et *Que* qui sont inutiles; reste *connustes* au v. 3049 pour *coneustes*, ce qui rentre dans l'analogie de conjugaison, et *abie* (trois fois), qui peut être un mot refait sur *abes* : cf., dans le pays d'où provient ce poème, *Abevile* pour *Abévile* (notons en passant que les trois exemples de *diable* disyllabique allégués par M. Suchier doivent aussi être attribués au copiste : v. 5111 *n'a diable ne maufé*, l. *ou maufé*; v. 6523 *a (cent) diables le rent*; v. 7132 *A (cinc) cent diables*). Les exemples d'élision qu'on a relevés dans *Oger* (Fiebiger, *Ueber die Sprache der Chevalerie Ogier*, p. 35) sont également fort douteux, sauf les participes. A quelle époque l'élision de l'*e* dans ces conditions se produit-elle en France? C'est un sujet d'étude qui mérite d'être traité. M. Suchier la signale dans le *Brut* de Munich, où nous ne l'avons pas rencontrée (sauf *meismes* p. xix), et dans les fragments d'un ms. wallon du xiiie siècle publiés par M. P. Meyer (*Documents*, p. 185 ss.); nous trouvons, en effet, outre *mimes, connut, aviez, voliens, quareme, ganie, derrains, posteit*, qui sont dans des conditions particulières, la forme *tremmelor* (188, 20); mais il faudrait lire tout le poème pour assurer qu'elle appartient à l'auteur. L'élision se rencontre fréquemment dans des poèmes comme *Auberon* (voy. *Zeitschr. f. rom. Phil.*, II, 612, 616), *Venus* (*ib.* IV, 419) et autres ouvrages composés dans la seconde moitié du xiiie siècle; mais c'est surtout dans les chartes qu'il faudrait la rechercher : celles d'Aire (p. p. M. de Wailly), de Saint-Quentin (p. p. Le Proux), du Pontieu (p. p. M. G. Raynaud), de Joinville même (p p. M. de Wailly) n'en offrent pas d'exemple, si nous ne nous trompons; mais la chose est à vérifier de plus près. Du reste, certains mots ont été contractés plus tôt que les autres : ainsi *ruser* pour *reüser* est déjà dans Guillaume de Saint-Pair (v. 3017, 3063), dans P. Gastinel (p. 61), *Amadas* (v. 6282), Adam de le Hale, Jean de Meun, etc.; *nis* se trouve très anciennement à côté de *neis*. Dans ces deux cas, la consonne qui séparait les deux voyelles était une gutturale; mais comment expliquer *mesme* ou *misme*, également très ancien ? peut-être le latin vulgaire avait-il *me ipsimo* à côté de *met ipsimo* ; cf. esp. *mismo*, port. *mesmo*. *Benoit*, qui apparaît de bonne heure à côté de *Beneoit*, est difficile à expliquer; mais *beneoit* lui-même est irrégulier : il faudrait *bendoit*.

1. Les formes contractées *sousum, ousum, pouse* sont un phéno-

dans le *Tristran* de Béroul [1]; mais elles sont fréquentes dans Jourdain Fantosme [2], dans Benet (dont le nom même en est un exemple) [3], dans *Horn* [4], dans le *Tristran* de Thomas [5]. Employées avec l'abondance où elles le sont dans notre poème, elles suffisent à en attester la provenance anglo-normande. Les quelques cas de rime d'*é* avec *ié*, qui seront relevés plus loin, ne suffiraient pas à autoriser la même conclusion, car on trouve cette rime, bien que rarement, dans des textes normands du xiie siècle; mais ils sont loin de la contredire.

Nous devons donc regarder Guillaume de Berneville comme un clerc d'origine normande, mais de famille anglaise, et cette qualité d'Anglo-Normand fait comprendre à la fois la tournure archaïque de son style et les traits modernes de son langage. Il nous reste à savoir à quelle époque nous devons le placer. La fréquence des formes où l'*e* féminin intérieur est élidé nous indique en tout cas la seconde moitié du xiie siècle; l'état de dégradation de la déclinaison nous amène à la même conclusion. On peut encore signaler les rimes qui attestent que pour notre poète la vocalisation de l'*l* après une voyelle et devant une consonne était un fait accompli : *Nemaus*, nom maladroitement tiré du latin *Nemausensis*, rime pour lui avec *leals* (v. 1755), c'est-à-dire *leaus*, *plout* de *placuit*

---

mène différent, comme le remarque M. Suchier (*Seint Auban*, p. 27).

1. Nous n'y trouvons que *posteis* (p. 178) et *asur* (p. 202); *vu* (p. 180) est douteux, cf. *veu* p. 182.

2. Voyez le travail de M. Rose dans les *Romanische Studien*, t. V, p. 301 ss. — Il est difficile de rien décider en ce qui concerne Geoffrei Gaimar, à cause de l'état peu assuré du texte.

3. Ces formes se présentent à chaque instant dans la *Vie de saint Thomas* de Benet, et elles doivent être attribuées au poète, bien que l'irrégularité de la mesure de ses vers rende le contrôle moins assuré.

4. Les exemples se trouvent à chaque page.

5. Citons p. 54 (éd. Michel) *seusse*, p. 57 *enveisures*, p. 64, 67 *marchandise*, p. 69 *promistes*, etc.

avec *volt* (v. 3619), c'est-à-dire *vout*. On trouve des rimes semblables dans Wace, et déjà dans son *Saint Nicolas*, sans doute le plus ancien de ses ouvrages qui nous soit parvenu ; on en trouve en abondance dans Benoît de Sainte-More [1] ; mais nous n'en connaissons pas d'exemples plus anciens.

C'est donc après 1150, au plus tôt, qu'il nous faut placer la *Vie de saint Gilles*, d'après les faits grammaticaux. Une observation d'un autre genre nous force à la faire descendre encore un peu. M. Hartmann, dans une excellente dissertation spéciale [1], a prouvé récemment que les noms, aujourd'hui vulgaires, des trois rois mages, Melchior, Gaspar et Balthasar, ne furent répandus en Occident qu'après la prétendue découverte de leurs corps qui eut lieu à Milan en 1158 [3]. Jusqu'à cette époque, ces noms n'apparaissent absolument nulle part, excepté dans une compilation chronologique connue sous le nom d'*Excerpta latina Barbari*, traduite elle-même du grec [4], et conservée dans un ms. de Paris du VIIe ou VIIIe siècle [5]. Les noms qui y sont donnés ne sont pas tout à fait ceux qu'on connaît ; on y lit : « Magi autem vocabantur Bithisarea, Melichior, Gathaspa. » Ces noms paraissent être des noms vraiment perses plus ou moins gravement altérés [6]. Ils restèrent profondément

---

1. Voy. Suchier, *Reimpredigt*, p. XXXIII ; Andresen, *Roman de Rou*, t. II, p. 529 ; Stock, *Romanische Studien*, III, 473.

2. K. A. M. Hartmann, *Ueber das altspanische Dreikœnigsspiel, nebst einem.... Excurs über die Namen der drei Kœnige Caspar, Melchior, Balthasar* (Bautzen, 1879), p. 51-86.

3. Voy. Hartmann, *l. c.* ; cf. Robert de Torigni, éd. Delisle, t. I, p. 316, 349.

4. Je ne sais pas si on trouve quelque chose sur le nom des mages dans les apocryphes byzantino-slaves.

5. Publié par M. Schœne dans : *Eusebi Chronicorum libri duo*, I (Berlin, 1875), p. 228.

6. M. Hartmann, qui reconnaît (p. 85) que les recherches étymologiques sur le nom de *Gaspar* doivent prendre pour point de départ la forme *Gathaspa* (et non *Gathaspar*) des *Excerpta*, qualifie

inconnus jusqu'en 1158 : Zacharie de Besançon, qui écrivait à Laon vers 1157[1] son commentaire évangélique appelé *Unum ex quatuor*, connaît deux triades de noms pour les mages : l'une hébraïque *(sic)* : *Apellius, Amerus, Damascus*, l'autre grecque *(sic)* : *Magalath, Galgalath, Saracin*. Mais Pierre *Comestor*, qui rédigeait son *Historia scholastica* vers 1170, après avoir rapporté ces deux séries *hébraïque* et *grecque* (il y avait eu évidemment une interversion dans le texte utilisé par Zacharie et par Pierre [2]), dit que leurs noms *latins* sont *Gaspar, Melchior* et *Baltasar*[3]. Tous les auteurs postérieurs qui citent ces noms les donnent sous cette même forme altérée[4] ; ils ont donc tous puisé à une même source qui présentait cette altération. La personnalité des mages, comme le remarque fort bien M. Hartmann,

cependant de « très corrompue » la forme *Bithisarea*. L'évidente antiquité de *Gathaspa* (cf. les nombreux noms perses en *-aspa*) nous paraît faire une présomption suffisante en faveur des autres formes des *Excerpta*. On comprend très bien qu'on ait changé *Bithisarea* en *Baltasar*, nom que le livre de Daniel avait rendu familier ; on ne comprendrait pas l'inverse. *Melchior* est aussi inconnu, en dehors du nom des mages, que *Melichior*, et cette dernière forme a pour elle d'être dans les *Excerpta* (cf. d'ailleurs ci-dessous, n. 4). Que les noms soient ou veuillent être perses, c'est ce qu'on peut affirmer *a priori*, les « mages » étant considérés comme des Perses à l'époque où ces noms ont été inventés, et c'est ce que confirme visiblement le nom *Gathaspa*.

1. Voy. Hartmann, p. 61.
2. Il est probable en effet, comme le dit M. Baist *(l. c. infra)*, que ces deux auteurs sont indépendants l'un de l'autre et ont puisé à une source commune. Mais que cette source eût déjà les noms « latins » et que Zacharie les ait omis, voilà ce qui est fort peu vraisemblable.
3. Hartmann, p. 76.
4. Cependant on remarque quelques variantes, qui prouvent qu'au début on hésita quelque peu : ainsi *Carpas, Caspar, Yaspar, Hiaspar* pour *Gaspar* ; *Melchion* pour *Melchior* ; *Patisar* (dans Herrad de Landsperg) pour *Baltasar* (voy. Hartmann, *pass.*).

n'avait pas intéressé[1] en elle-même jusqu'à ce qu'on eût découvert leurs corps à Milan (ou d'ailleurs cette trouvaille paraît avoir rencontré peu de foi[2]), et surtout jusqu'à ce que Rainald, archevêque de Cologne et chancelier de l'Empire, eût transporté ces corps à Cologne, où on donna un grand éclat à leur culte et où leur châsse devint bientôt l'objet de nombreux pèlerinages. Cette translation eut lieu en 1164, et il fallut bien un certain temps pour que le nom des trois rois mages, adopté sans doute à Cologne d'après les recherches érudites de quelque clerc, se répandît. Or notre poète les connaît (v. 2113-14) sous la forme courante de *Gaspar, Melchior* et *Baltasar*. Nous devons donc placer son œuvre au plus tôt vers 1170 [3].

L'examen des rimes du poème, — abstraction faite de la graphie du ms., — constate, pour le vocalisme, le consonantisme et la flexion un certain nombre de faits que nous allons relever et que nous rapprocherons ensuite des résultats que nous avons déjà atteints.

Voyelles. — La diphthongue *ai* est distincte de *ei*, soit qu'elle termine le mot (d'un côté *sai avrai*, de l'autre *fei sei*, etc.), soit qu'elle précède une consonne : *ais* ne rime pas avec *eis*, ni *ait* avec *eit* (sauf une seule fois : *fait espleit* 3307), ni *aite* avec *eite*. *Ain* ne rime pas davantage avec *ein* (*plein* 935 rimant avec *premerein* est *plano* et non *pleno*; *farrins* ou *farreins*, qui rime avec *dains* 1233 et 1557, doit être écrit *farains* et vient d'un type *feramen).* En revanche, *ais, airme, aistre* riment

---

1. Dans les *Jeux des Rois Mages*, si fréquents aux xie et xiie siècles, ils ne sont jamais nommés.
2. Voy. Hartmann, p. 75.
3. M. Baist (*Zeitschr. für rom. Philologie*, III, 451 ss.) a essayé d'ébranler les résultats des recherches de M. Hartmann, mais nous ne pouvons trouver qu'il y ait réussi. Il regarde, lui aussi, les formes données dans les *Excerpta Barbari* comme provenant par corruption des formes vulgaires, tandis que l'inverse nous paraît beaucoup plus probable.

avec *ès (mais près* 1561, 1385, *mais confès* 2793, 3129, *mais desconfès* 2875, *mais ciprès* 3423, *fais après* 1659, *pais après* 3315), *erme (terme lairme* 597, 2605), *estre (estre maistre* 2203) et même *erre* avec *aire (terre faire* 2773). — Cet *e* provenant de *e* latin bref tonique entravé, qui rime avec *ai* devant une consonne, ne rime pas avec l'*e* provenant de *e* long ou *i* bref entravé. Ainsi nous avons d'un côté les rimes provenant de *e* ouvert ($=$ *e* bref) : *el (juvencel sainterel* 87, *veissel batel* 773, *bel marinel* 801, *bel batel* 927, *batel Provencel* [1] 1827, etc.), *els* [2] *(bels damoisels* 55, *oisels bels* 1551, *bels Provencels* 2313), *ele (bele maisele* [3] 61, *bele nuvele* 1431, *chapele apele* 2465, etc.), *erbe (herbe superbe* 2099), *es (adès* [4] *près* 1735, *après confès* 2905, 3095, etc.), *erme* (voy. ci-dessus), *erre (terre guerre* 313, *terre querre* 519, etc.), *erres (terres guerres* 2887), *ers (convers sers* 1953), *erse (converse presse* 495 [5]), *ert (suffert appert* 211, *overt sert* 591, *desert fert* 1733, etc.), *erte (poverte deserte* 3071) [6], *esmes (esmes pesmes* 959), *est (est prest* 1791, 3713), *este (moleste tempeste* 1009, *foreste geneste* 1251, *preste requeste* 3687), *estre (estre destre* 223, *estre celestre* 227, *estre ancestre* 317); de l'autre côté, les rimes provenant de *e* fermé ($=$ *e* long et *i* bref) : *ece (leece tristece* 595, 3103), *ers (clers fers* 2241), *ete*

---

1. Si ce mot venait de *Provincialis*, il devrait rimer avec les autres mots où *e* provient d'*a*, mais il est toujours traité en ancien français comme s'il venait de *Provincellus*, sans doute par analogie à *juvencel*, etc.

2. Ces mots, en réalité, devaient se prononcer *eaus* ; voy. ci-dessus, p. XXIV.

3. Les mots en -*illus*, -*illa* ont, d'ordinaire, été traités comme s'ils avaient -*ellus*, -*ella*.

4. Le fait que ce mot, ici et toujours, rime avec l'*e* provenant d'*e* bref, rend très douteuse l'étymologie *ad ipsum*, d'autant que le même fait s'observe en provençal.

5. Il y a ici une assonance (cf. la note suivante), à moins qu'on ne lise *convresse*.

6. Nous ne savons pas bien expliquer la rime *barete* et *erte* 1805.

(*mucete sete* 2003 [1]), *ez* (*vallez berserez* 1799); quoique les rimes employées dans le poème ne soient en collision que pour *-ers*, il est difficile d'admettre que ce soit par hasard qu'aucun mot où l'*e* provient d'*e, i* ne figure, par exemple, aux rimes en *el* (où on pourrait avoir *chevel, cel*), *ele* (*cele*), *ert* (*vert*), *est* (*cest*), *este* (*areste*), etc. — Un troisième *é* est celui qui provient d'*a* tonique libre : il ne se confond ni avec celui qui provient d'*e* ouvert, ni avec celui qui provient d'*e* fermé (*cruel* rimant avec *tel* 91 répond, comme on l'a démontré, à *crudale*); notons que devant *l* l'*a* s'est maintenu dans *leaus* (: *Nesmaus* 1755), mot qu'on trouve rarement avec un *e*. Sous l'influence d'une palatale précédente, l'*a* tonique libre, en ancien français, donne *ié* et non *é* : dans notre poème, *é* et *ié* sont le plus souvent distincts, mais la distinction n'est pourtant pas absolue. Nous avons compté 309 rimes pures en *é* (*é* 137, *ée* 35, *ées* 1, *éf* 4, *él* 5, *ér* 77, *ére* 3, *éres* 1, *érent* 5, *és* 1, *éz* 40) et 180 rimes pures en *ié* (*ié* 66, *iée* 10, *iées* 1, *iéf* 3, *iél* 1, *iér* 66, *iére* 3, *iéres* 1, *iérs* 10, *iéve* 3, *iéz* 16), en tout 489 rimes pures, contre seulement 18 rimes mixtes (*é : ié* 7, *ée : iée* 1, *ér : iér* 8 [2], *éz : iéz* 2). Encore plusieurs de ces rimes mixtes sont-elles, ou faciles à corriger, ou explicables par certaines circonstances. Ainsi, dans trois cas, il suffit d'intervertir deux mots pour avoir une bonne rime (v. 3459, l. *erré et chevalché*, 3761 *traveillé et pené*, 3357 *dunné congié* [3]); d'autre part, au v. 734, *dener* doit plutôt être traduit par *dîner* que par *denier* (cf. v. 1268) et rime alors très bien avec *aler*; *engrosser* 793 ne rime pas avec *perillier*, mais il n'y a qu'à substituer la forme *engroissier*, qui est aussi usitée; enfin *oiez* pour *oez* se rencontre anciennement et

---

1. Il faut corriger *seete*; cf. ci-dessus, p. XXI.
2. La rime *aler : veir* 2495 est une faute qui n'aurait pas dû subsister dans le texte; il faut *moveir* au lieu d'*aler*.
3. Cette correction est faite dans le texte.

est facilement explicable. Restent douze exemples assurés; c'est peu en comparaison de près de cinq cents contraires, mais cela suffit pourtant à établir que notre poète commençait à confondre ces deux sons. — L'*e* ouvert tonique donne, comme on sait, *ie*, qui rime avec *ie* issu d'*a*; rien à remarquer, si ce n'est que *Dé*, pour *Deu,* rime avec *trové,* et par conséquent, par une exception qu'on retrouve dans un très grand nombre de textes, ne diphthongue pas son *e*. — Quand l'*e* ouvert tonique se trouve placé devant une palatale qui s'amollit en un *yod*, il se forme un groupe *iei* (*medio, media, lecto, pejor = miei, mieie, lieit, pieire*), qui a été modifié diversement dans les différentes régions de la langue d'oïl; dans le français ordinaire, il s'est contracté en *i*. Notre texte ne connaît pas cette contraction : on ne trouve pas de mots ayant originairement *iei* dans les rimes en *i* (46 rimes), en *ice* (4), en *ie* (45), en *ies* (4), en *ient* (1), en *in* (10) ou *ins* (2), en *is* (50), en *ise* (4), en *ist* (8), en *it* (14), en *ite* (4), en *iz* (9). Il n'y a qu'une rime où figurent des mots de ce genre, c'est *delit* et *despit* qui riment ensemble (v. 73) et qui dès lors peuvent tout aussi bien avoir été terminés en *ieit, iet, eit* ou *et*. Cependant il y a une exception : c'est *lire*, de *lieire*, rimant (v. 3773) avec *escrire;* mais, si on considère que ce cas unique se trouve dans un morceau destiné à invoquer l'appui de saint Gilles pour ceux qui se font copier et lire sa vie, on sera bien tenté de l'attribuer, ainsi que tout ce morceau, à un copiste plutôt qu'à l'auteur [1]. — L'*e* fermé accentué devient *ei;* ici cet *ei* est intact, et ne se mêle ni, comme nous l'avons vu, avec *ai*, ni avec *oi*, qu'il soit final ou suivi d'une consonne. — L'*o* tonique ouvert (= *o* bref latin) libre a donné en français *uo*, devenu généralement *ue;* nous ne savons laquelle de ces diphthongues

---

1. *Sire*, qui rime trois fois en *ire*, ne prouve rien, ce mot rimant ou assonant de même dans d'autres textes, qui d'ailleurs ne connaissent pas la réduction de *iei* à *i*.

employait notre auteur, mais il distinguait le produit de cet *o* de celui d'*o* ouvert tonique entravé et d'*o* fermé (= *o* long et *u* bref) : il fait rimer les mots de ce genre entre eux seulement : *doill soill* 2089, *orguill voil* 1127, *volt dolt* 547, *rove trove* 3735 [1] ; il paraît même avoir opéré la diphthongaison devant les nasales, car on ne trouve jamais *om, bon, bons* dans les rimes en *om, on, ons*, et *bons* ne figure qu'une fois à la rime, accouplé à *sons* 3099, où la voyelle est, dans tous les textes qui diphthonguent l'*o* ouvert dans ce cas, traitée comme un *o* ouvert. L'*o* ouvert accentué suivi de *yod* donne la triphthongue *uoi* ou *uei*, devenue en français *ui* (comme *iei* est devenu *i*) : notre poème possède cette forme, il fait rimer cet *ui* avec *ui* provenant de *u*; ainsi *lui cui* 187, 1197, 2423, *lui ui* 463, *lui ennui* 1225, *conduit nuit* 1215, *nuit deduit* 1273, *estruiz nuiz* 735, 1935. Il sépare absolument cet *ui* de *oi* provenant de *au + yod* (*oi esjoi* 1007, *poi oi* 2451, 3135) [2], ainsi que de *oi* provenant de *o* fermé + *yod* (*voiz croiz* 201, 2943).

Consonnes. — Les rimes ne nous révèlent, pour les consonnes, qu'un petit nombre de faits. Toute trace du *t (d)* latin devenu final après une voyelle accentuée a disparu; ainsi on trouve à la rime : *truvé Dé* 1361, *trové benedicite* 2429; *sei palefrei* 643, *mei crei* 1109, 2637, 3305, *sei conrei* 1269, 3855, *conrei rei* 1577, 1803, *esfrei sei* 1723, *palefrei rei* 1767, *tei esfrei* 1955, 2057, *esfrei mei* 2001, *rei crei* 2179, 2899, 3183, *mei quei* 2455, *rei quei* 2469, *mei fei* 3115; *di gari* 471, *ci gari* 509, *ici escharni* 551, *merci di* 869, *ici vi* 987, *di deguerpi* 1013, *ici merci* 1951, *ici deservi* 2007, *guerpi enemi* 2519, *merci enemi* 2923, *esbai enemi* 2929, *ci parti* 2991, *ici fini* 3079, *di fi* 3143, *di afebli* 3491, *ici servi* 5551, *esbahi Oliveti* 3677, *ami oi* 3755, *i cri*

---

1. *Demore* rime avec *ure* 1527; l'o de *demorat* (comme celui de *devorat*) était devenu long de très bonne heure.
2. *Bois* (: *chois* 1581, 1697) soulève des questions particulières.

3791 [1]; *venu tu* 1949 [2]. — Mais la distinction entre *s* et *ʒ* (= latin *t + s*) à la fin des mots est, au contraire, absolue : nous trouvons, d'un côté, les rimes *as, eis, ens, és, is, ois, os, us*, de l'autre, les rimes *aʒ, eiʒ, eʒ, iʒ, oiʒ, uʒ*, sans qu'elles se mêlent jamais [3]. — L'*n* a disparu à la fin des mots où elle suivait une *r* : *jur* rime avec *labur* 35, 99, 767, 3493, *dolur* 119, 719, 745, 751, 2036, 3789, *seignur* 609, 723, 1495, 2377, 2661, 2801, 2971, *amur* 813, 2163, 2891, 3691, *tur* 1145, *colur* 1155, *veneur* 1563, *peur* 1585, *peiur* 1879, *tendrur* 2797, *jugeur* 3097; la rime *jurn atur(n)* 2607 ne signifie donc rien. — Nous avons déjà parlé de la vocalisation de *l* devant une consonne. L'*l* mouillée a une tendance à se confondre avec *l* simple : *Marsile* (= Marseille) rime avec *vile* 1035, 1045, 1059 [4], *Gile* avec *vile* 3765. D'autre part, l'*l* précédant *yod* se change volontiers en *r*, soit qu'elle provienne d'un *d*, comme dans *Gile* (de *Gidie Gilie*) devenu *Gire* [5] (: *sire* 1203, 1359, 3041, 3779) [6], soit qu'elle soit originaire, comme dans *apostolie* devenu *apostorie* et rimant avec *estorie* 561.

Déclinaison. — Les résultats de l'étude des rimes au point de vue de la déclinaison ont été donnés plus haut.

1. On pourrait voir une rime contraire dans *cri David* 3639; mais il faut en conclure qu'on disait non *crid* ou *crit*, mais *Davi*, forme attestée par de nombreux textes (cf. angl. *Davy*).

2. Les parfaits en -*ut* où le *t* est stable, comme *dut jut conut*, riment entre eux et jamais avec les participes passés en *u(t)*. On peut ranger ici les rimes de *cui* (*cogito*) avec *lui* 187, 1197, 2423, *andui* 1907; cette forme appartient au verbe *coier*, qui a existé à côté de *coidier* comme *voier* à côté de *voidier*.

3. La rime *curs jurs* 911 montre que le poète ne prononçait pas *jurʒ*, comme d'autres.

4. La vraie forme de ce mot est *Marseille* et non *Marsille*; on peut croire que Guillaume de Berneville s'est permis de le traiter arbitrairement.

5. De même *envie* (= *envirie*) rime avec *martire* (= *martirie*) au v. 2121. Voy. sur ces mots *Romania* VI, 129, 254.

6. Ainsi le poète emploie concurremment les formes *Gile* et *Gire*.

Le poète, tout en employant encore les anciens paradigmes, a une tendance marquée à remplacer partout, comme la langue moderne, le cas-sujet par le cas-régime.

Conjugaison. — Nous avons dit que notre auteur conservait fidèlement les formes anciennes de la conjugaison. Nous pourrions en citer beaucoup d'exemples isolés (comme *place* 147, 2287 et non *plaise*), mais il suffit de dire qu'on n'en trouve pas de contraires. — La première personne du pluriel des temps autres que le parfait est tantôt en *-on* (*-um*), tantôt en *-ons :* trente rimes attestent la première forme, cinq la seconde[1]; on ne trouve pas la forme *-omes*. — Les imparfaits de la première conjugaison ont à la troisième personne du singulier (il n'y a pas d'exemple des autres) *-out*, mais la seule rime où ils figurent (*urout depreiout* 1505) n'est pas probante, puisqu'elle en accouple deux. Les imparfaits des autres conjugaisons ont à la première personne du singulier *-eie* (ne riment qu'entre eux), à la deuxième *-eies* (de même), à la troisième *-eit* (*pleigneit endreit* 397, *veit conduieit* 637, *dreit freit* 1135, *esteit destoleit* 1205, *dreit esteit* 2427, 3673, *dreit convendreit* 3343). — La troisième personne du singulier des parfaits en *-avit*, *-ivit*, de *fuit*, d'*habet* et des futurs formés avec *habet* a complètement perdu son *t*[2], comme le prouvent les rimes suivantes : *remeindra ja* 489, *herberja Theotrita* 1193, *la grevera* 3431, *pesa osanna* 3647; *servi di* 2309, *trahi ici* 2809, *fini di* 3723 [3]; *fu veu* 157, 923 etc , *fu venu* 447,

---

1. Il n'en faut pas conclure que *-on* fût plus familier au poète; mais les rimes en *-on* sont plus fréquentes que celles en *-ons*.

2. Dans la langue littéraire moderne, ce *t*, qui n'a pas reparu aux parfaits en *-a* ni dans *a* et les futurs, figure aux parfaits en *-it* (et dans *fut*) sous l'influence des parfaits de même terminaison où il est justifié (*vit, eut, but*, etc.); mais au moyen âge, dans le français propre pas plus que dans la plupart des autres dialectes, il n'avait d'existence ni phonétique ni graphique.

3. *Atendit vit* 1179 serait une exception : il faut peut-être corri-

483, 707, 1475, *fu salu* 797, *fu vescu* 1521, *fu issu* 869 etc., *fu receu* 1835 etc., *fu vestu* 2759 etc.[1]. On trouve à la fois, pour *habuit*, *ot* et *out* : *ot* est attesté par sa rime avec *trot* 1721, tandis que *out* ne rimant qu'avec *sout* 2681, 2915 et *plout* 3671, on pourrait lire *sot* et *plot* et admettre la forme -*ot* pour tous ces parfaits. Mais *plout* rime avec *volt*, 3619, c'est-à-dire nécessairement *vout*, ce qui nous oblige à admettre comme forme normale *plout sout out*, sans doute aussi *pout* et *estout*[2], et -*ot* comme forme abrégée, attestée seulement pour le parfait d'*aveir*. — Les parfaits de cette classe sont distincts des parfaits en *ut*, *aperçut*, *but*, *conut*, *crut*, *dut*, *estut*, qui ne riment qu'entre eux. — On ne trouve pas, mais ce n'est sans doute qu'un hasard, de parfaits faibles en -*u* ou -*ié*[3].

Si nous embrassons maintenant d'un regard l'ensemble des faits réunis dans cette étude sommaire, nous constaterons que la langue de notre poète, sauf en ce qui concerne la déclinaison, l'élision de l'*e* féminin intérieur et la confusion accidentelle d'*ie* avec *e*, ne présente pas, à vrai dire, de traits anglo-normands. En certains points elle est même remarquablement fidèle à la phonétique de l'âge antérieur : citons la distinction de *ai* et *ei*, *ain* et *ein*, la séparation de *ie* + *yod* d'avec *i*, le maintien (probable) de la diphthongaison de l'*o* ouvert tonique devant les nasales, la distinction sévère de *s* et *z*. Nous avons

---

ger *atendeit veit*; cependant ces formes en -*it* substituées par analogie aux formes en -*iet* ont dans différents textes un *t* que *it* = *ivit* ne présente pas. — Voyez sur la destinée du *t* dans ces mots les excellentes remarques de M. Suchier, *Reimpredigt*, p. xix-xxiv.

1. On pourrait dire que le poète a rimé *fut venut*, etc., mais : 1° ces participes riment ailleurs en -*u* (voy. ci-dessus); 2° *fu* ne rime jamais avec les troisièmes personnes en -*ut*, *but*, *crut*, etc.

2. La rime *estot pot* 1705 peut s'interpréter *estoet poet* (prés.) ou *estout pout* (parf.).

3. *Atendit* 1729 attesterait l'emploi par le poète des parfaits analogiques en -*it* substitués aux parfaits en -*iet* (= *edit*); mais cette forme est suspecte; voy. ci-dessus.

déjà signalé la belle conservation de la conjugaison : mentionnons encore l'absence de toute confusion entre les imparfaits des verbes en -*er* et ceux des autres verbes. Il semble au premier abord surprenant de rencontrer une langue aussi correcte, et notamment un vocalisme aussi pur et aussi nuancé chez un auteur anglo-normand de la fin du règne de Henri II : si on compare par exemple Guillaume de Berneville à Benet ou à Jourdain Fantosme, on trouve son langage bien supérieur, c'est-à-dire bien plus fidèle aux lois traditionnelles du français de France. Mais c'est que l'anglo-normand n'est pas à proprement parler un dialecte : il n'a jamais été qu'une manière imparfaite de parler le français; ceux même qui s'en servaient avaient conscience de cette imperfection et cherchaient à l'atténuer soit chez eux, soit chez leurs enfants. Suivant qu'on avait eu des maîtres venus de France ou qu'on y avait soi-même séjourné, ou qu'on était resté borné à la conversation des insulaires, on parlait plus ou moins bien, sans que jamais on pût empêcher quelques traits anglo-normands de se glisser dans ses discours ou ses écrits; ainsi deux contemporains, deux compatriotes pouvaient employer le français avec des degrés d'altération très divers. Notre poète l'écrit en somme avec pureté et avec talent. Le caractère particulièrement archaïque de son style s'explique sans doute par le milieu retiré où il vivait, peut-être aussi par son âge. Wace avait soixante ans passés quand il fut nommé chanoine à Bayeux; peut-être notre bon chanoine n'était-il guère plus jeune, et, né quelque dix ans après Wace, avait-il gardé la langue de sa jeunesse. Quoi qu'il en soit, le nom de Guillaume de Berneville doit désormais s'ajouter à ceux des écrivains qui, au xiie siècle, ont fait fleurir en Angleterre une poésie en langue française qui appelle à bien des titres l'intérêt de l'historien; il y tiendra un rang honorable à côté de Philippe de Than, de l'auteur du *Saint Brandan,* de Béroul, de Geoffrei Gaimar et de Thomas.

## III

*Le poème français et la* Vie *latine.*

Guillaume de Berneville n'a eu d'autre source pour son poème que la biographie latine de saint Gilles que nous ont conservée de nombreux manuscrits et qui a été publiée dans les *Acta Sanctorum* (1ᵉʳ septembre). Il ne connaît aucune circonstance de la vie du saint qui ne se trouve dans cette biographie, et les amplifications considérables auxquelles il s'est livré sont toutes puisées dans son imagination. Nous allons comparer sommairement son poème à la *Vita sancti Egidii*[1], en relevant les omissions, les divergences et les additions qui le caractérisent. Les manuscrits de la *Vita* que nous avons examinés à la Bibliothèque Nationale[2] ne présentent pas de variantes importantes avec le texte des Bollandistes. Ce texte a été l'objet d'un remaniement amplifié, écrit dans un mauvais style emphatique et fleuri, assez curieux en ce que les phrases y sont le plus souvent rhythmées et rimées; on en a des mss. du XIIᵉ siècle; c'est ce que Stilting appelle les *Acta ampliora*[3] : cette composition

---

1. Les Bollandistes impriment *Ægidii*, mais les manuscrits les plus anciens de la *Vita* portent d'ordinaire, conformément à l'usage du moyen âge, *Egidii, Egidius*.

2. Le ms. lat. 5340 (fol. 91) est du XIᵉ siècle; peut-être aussi le ms. 5353 (fol. 4). Au XIIᵉ siècle appartiennent les mss. 12605, 13772, 18006; au XIIIᵉ, les mss. 2025, 5278, 8995, 14364; au XIVᵉ, les mss. 5360, 11759, 12616. Nous devons aux obligeantes recherches de M. G. Raynaud la connaissance des divers manuscrits de la vie latine de saint Gilles conservés à la Bibliothèque Nationale.

3. *AA. SS. Sept.*, I, p. 300 E; voy. aussi Mabillon, cité par Stilting, *ibid.*, p. 289. Cf. Rembry, t. I, p. 27, n. 3.

de rhétorique ne présente aucun fait nouveau et a certainement été inconnue de notre auteur [1].

La plupart des vies de saints en vers français traitent leur original latin avec une grande liberté : les auteurs, pour embellir et égayer la matière, se plaisent à décrire les lieux ou les instruments de l'action, à motiver les événements, à analyser les sentiments des personnages, à leur mettre dans la bouche des discours inventés, et se permettent même souvent de leur prêter des actions qu'ils ne trouvaient pas dans leur source ou de modifier gravement les circonstances. Guillaume fait de cette dernière liberté un usage restreint, bien qu'il ne s'en prive pas absolument; aucun poète, en revanche, n'a pris plus largement les premières. Le récit sec et incolore de l'hagiographe devient entre ses mains détaillé, dramatique, pittoresque. Les moindres incidents servent de prétexte à des descriptions abondantes et curieuses; les sentiments du saint sont exposés dans de longs monologues, où on ne trouve pas seulement de la naïveté, mais de la vérité et souvent de la finesse; les rapports des divers personnages entre eux sont présentés généralement sous la forme de dialogues vifs et spirituels; un réalisme un peu gauche, joint à une crédulité enfantine et à la piété la plus sincère, rappelle d'une manière frappante ces vieilles peintures murales où l'observation de la vie journalière, la reproduction des costumes contemporains, des gestes vrais, des attitudes familières, se fait jour à travers le merveilleux des sujets et la raideur hiératique de l'ensemble. Il va sans dire que Guillaume de Berneville n'a pas peint l'époque

---

1. Le plus ancien ms. de cette rédaction est le lat. 3801 (fol. 79 ss.), mais le texte présente une lacune que comble le ms. 13779. Les mss. 5298 et 5365 ne contiennent que des fragments de cette vie. Le ms. 17347 suit d'abord le texte amplifié, mais à partir de la rencontre de Gilles avec Veredemius il revient au texte ancien. Le ms. 11753 (encore du XIIe siècle) est une rédaction abrégée et simplifiée de ce remaniement.

du saint — il le croyait contemporain de Charlemagne — mais la sienne propre, et nous ne pouvons que lui en savoir gré. Nous apprenons dans ses vers la manœuvre des marins du xiie siècle et la construction de leurs bateaux, la composition d'une riche cargaison de marchandises orientales, le train des chasses royales, l'organisation des monastères ; nous entendons les discours des princes, des chevaliers, des moines, des petites gens ; nous assistons à la conversation quotidienne de nos aïeux d'il y a sept siècles dans ce qu'elle avait de plus libre et de plus naturel. C'est là un mérite que nous apprécions fort, et qui assure au vieux chanoine anglo-normand une place durable dans l'histoire de notre littérature.

Le prologue de la *Vita,* qui manque d'ailleurs dans plusieurs mss., ne se retrouve pas dans le poème, où il est remplacé par dix-sept vers de préambule. Dès son début, le poète inaugure le procédé qu'il suivra constamment, en développant l'éloge de Pélagie, confondu en quelques mots dans la *Vita* avec celui de son mari. Les vers 37-42 sont également ajoutés, ainsi que la mention de l'âge de sept ans. Le premier grand morceau dû entièrement à Guillaume est le portrait de Gilles (v. 55-66) avec ce qui suit. Ce portrait est tracé d'après le type idéal ou plutôt banal de la beauté virile au moyen âge : cheveux blonds et bouclés, teint blanc, yeux *riants,* nez droit, dents *claires,* belle bouche, joues imberbes, mains blanches, buste allongé, ceinture étroite, large *enfourchure,* on trouverait dans plus de cent textes épiques chacun des traits de ce signalement. Les vers qui nous racontent les railleries des enfants de la ville sont plus originaux et nous montrent déjà le goût de l'auteur pour la langue familière.

Nous ne nous astreindrons pas à comparer ainsi minutieusement les deux récits : on connaît le procédé, il est partout le même ; disons une fois pour toutes qu'aucun discours, aucun dialogue ne se trouve dans le texte latin, non plus qu'aucune description. Nous nous bornons à signaler les différences vraiment importantes. Quand Gilles a donné sa tunique (la *cote* du français) au pauvre malade qui est guéri en la revêtant, le latin ajoute simplement : « Domum reversus Egidius et ubi tunicam amisisset, ut puer, interrogatus, respondit quemdam non sibi satis notum illam abstulisse: cujus rei facile sibi venia conceditur. » Cela ressemble bien peu au récit de Guillaume, où le père connaît l'aumône et le miracle qui l'a suivie, et où Gilles raconte sans détour ce qu'il a fait et y joint une longue exhortation religieuse. Il est facile de deviner pourquoi notre poète a modifié son texte : il a été choqué (comme plus tard Stilting[1]) du mensonge attribué au saint enfant[2], et il l'a effacé. On reconnaît là la hardiesse avec laquelle les auteurs du moyen âge accommodaient à leur manière de voir les textes qu'ils prétendaient reproduire. Certes, Guillaume de Berneville était un homme vraiment pieux, et nous n'avons garde de le confondre avec les rédacteurs de tant de vies de saints qui ne sont que des impostures d'un bout à l'autre; mais le respect absolu de la vérité historique était alors à peu près inconnu. C'est ainsi que l'auteur d'une vie de saint Léger, Fruland, déclare lui-même avoir, sur les conseils de son abbé, raconté les rapports de Léger et d'Ebroïn autrement que la source où il puisait, parce que, dit-il, on ne peut admettre qu'il y ait jamais eu des relations amicales entre le crime et la vertu[3]. Il est bon de signaler au passage ces traits ca-

---

1. *AA. SS.*, t. I., 300 E.
2. M. Rembry (voy. plus loin) regarde également (t. I, p. 61) la réponse de Gilles comme « inadmissible » et la supprime. Il nous semble qu'on peut interpréter plus favorablement les paroles de l'hagiographe. L'enfant, interrogé sur ce qu'il a fait de sa tunique, répond « *quemdam non sibi satis notum illam abstulisse.* » Il n'y a pas là de mensonge : en effet, quelqu'un qu'il ne connaissait pas l'avait emportée.
3. Voy. *Romania*, t. I, p. 300, n. 1; cf. G. Paris, *Alexis*, p. 202.

ractéristiques et incontestables, qui nous donnent la mesure de la confiance qu'on peut accorder à l'historiographie et particulièrement à l'hagiographie du moyen âge, quand elle ne se présente pas avec des garanties suffisantes.

Les murmures des barons de Gilles contre lui, leurs discours, si intéressants pour la connaissance du monde féodal, la ruse qu'emploie Gilles avec eux, les détails de sa fuite, la surprise et la douleur touchante de son chambellan, les regrets des siens et leurs recherches, tout cela est absolument de l'invention, cette fois aussi innocente qu'heureuse, du poète français. Le latin dit seulement : « Dum clam suis omnibus ad littus maris solus deveniret. » Notre poète passe sous silence la délivrance d'un démoniaque, racontée ici par le latin; mais, en revanche, il affirme expressément et rapporte à un même jour les guérisons des nombreux malades accourus de toutes parts sur la réputation de Gilles, guérisons que le latin se borne à indiquer assez vaguement.

Tout le récit du voyage du saint est allongé dans Guillaume de la façon la plus agréable. On ne comprend pas plus chez lui que chez son modèle comment, partant d'Athènes et voulant aller à Rome, les mariniers arrivent à Marseille; cependant l'invraisemblance du latin a été quelque peu atténuée dans le français. Là, en effet, quand Gilles dit qu'il voudrait aller à Rome, les mariniers lui offrent de l'y mener en ajoutant : « nos de illis partibus sumus »; tandis que dans le français ils disent *ke de la terre de Provence sunt nez* (v. 844); il est vrai que cela s'accorde assez mal avec ce qui est dit plus tard : arrivés à Marseille, *li marinier orent bon vent, vers lur païs vunt léement* (v. 1059): il nous semble qu'ils y étaient; mais Guillaume, comme nous le constaterons encore par la suite, avait des notions géographiques fort peu précises. L'épisode de l'ermite rencontré dans l'île est ici très amplifié et plein de charme.

L'arrivée à Marseille, le départ pour Arles, la guérison de la fille[1] de Theocrita (appelée Theotrita dans notre ms. par une faute de lecture très habituelle), le séjour auprès de Césaire, n'ont fourni à Guillaume que la matière d'une amplification modérée (v. 1039-1224). L'ignorance géographique de notre poète s'y fait voir dans la manière dont il rend les mots « Arelatensem regebat ecclesiam » : *a Arrelais ert s'evesked* (v. 1068); il a forgé ce mot d'*Arrelais* sans se douter qu'il s'agissait d'Arles, ville dont le nom ne lui était sans doute pas inconnu.

L'épisode suivant, qui raconte le séjour de Gilles dans le désert en compagnie de Veredemius (v. 1225-1454), est plus développé. Le miracle que le saint fait malgré lui, notamment, est présenté d'une façon dramatique. Il est bizarre que notre poète, empressé d'ordinaire à grossir tout ce qui peut accroître la gloire de son héros, passe sous silence le prodige de la sécheresse détruite par ses prières. Nous relèverons plus bas un cas semblable, encore plus surprenant. Cet épisode donne lieu à deux remarques géographiques. Guillaume nous dit que la forêt où Gilles trouva Veredemius était *entre le Rodne e Munpellers* (v. 1224) : Montpellier n'est pas mentionné dans le latin. Plus loin encore le poète français met à Montpellier le séjour du roi du pays, tandis que le latin le place expressément à Nîmes. Montpellier était, au XIIe siècle, en pleine prospérité, et le nom en était arrivé à notre poète; mais il en ignorait la situation exacte, car il nous représente le roi Flovent envoyant de Montpellier, dans la forêt voisine, des chasses qui poursuivent les cerfs jusqu'au Rhône. Quand Gilles s'éloigne de Césaire pour chercher les lieux déserts, le poète dit

---

[1]. Le latin dit, en effet, *filia*; le français fait de la malade la mère de Theotrita. Sans doute le ms. qu'a suivi Guillaume portait *mater*; nous n'avons trouvé cette leçon dans aucun de ceux que nous avons consultés.

(v. 1227-8) : *le Rodne passe a un batel, des or vot estre Provencel*. Il semble que c'est le contraire qu'il aurait fallu dire : en quittant Arles et en passant le Rhône (*transito Rhodano* dans le latin), Gilles aurait plutôt cessé d'être Provençal, le Rhône étant la limite occidentale de la Provence. Mais le nom de Provence avait autrefois, par souvenir de son ancienne valeur, une extension plus grande que celle que nous sommes accoutumés à lui donner ; aussi pendant tout le moyen âge, la ville de Saint-Gilles, bâtie autour du monastère fondé plus tard par le saint, est considérée, au moins par les Français du Nord, comme étant en Provence [1]. En tout cas Guillaume n'aurait pas dû dire que Gilles devenait Provençal seulement après avoir passé le Rhône : les pèlerins auraient dû, semble-t-il, l'éclairer au moins sur ce point. Remarquons encore l'étrange accumulation de bêtes fauves et de reptiles plus ou moins fantastiques, — ours, lions, cerfs, daims, sangliers, laies, loups-cerviers, éléphants, rhinocéros [2], guivres, tigres [3], tortues [4], sagittaires [5], — que Guillaume fait vivre dans cette forêt riveraine du Rhône : les pays du midi étaient évidemment, pour son imagination, aussi lointains que

---

1. Voyez *Elie de Saint-Gilles*, éd. de la Société, p. xvii.
2. C'est quelque chose d'analogue qu'il faut sans doute entendre par *bestes cornues* (v. 1235).
3. On peut voir dans *Doon de Maience* (v. 1387 ss.) la description merveilleuse d'*une tygre*.
4. Le nom de *tortue* paraît appliqué, dans plusieurs textes du moyen âge, à des reptiles venimeux.
5. *Sagittarius* est déjà en latin le nom d'une des constellations du zodiaque, celle qui s'appelle en grec Κένταυρος et qui est encore représentée par un centaure armé d'un arc et de flèches. C'est ainsi que *sagittarius* reçut le sens de « centaure », qu'il doit avoir eu dans des textes bas-latins, où l'aura pris Benoit de Sainte-More pour faire figurer dans son poème le « saietaire » dont il donne une si terrible description. C'est sans doute du roman de *Troie* que les sagittaires ont passé dans des chansons de geste, notamment dans la *Mort Aimeri*. Mais Guillaume de Berneville paraît avoir puisé les siens directement aux mêmes sources que Benoit.

les contrées fabuleuses de l'Orient. Gilles quitte Veredemius et trouve, près d'une fontaine, la grotte où il va s'établir seul ; il y vit trois ans, n'ayant d'autre nourriture que les herbes et l'eau, sauf le lait que, par la volonté de Dieu, une biche vient lui présenter chaque jour dans ses mamelles gonflées. Tout cela, simplement indiqué dans le latin, est développé par Guillaume avec d'aimables détails.

L'amplification est bien plus considérable dans le récit de la chasse du roi, de la fuite de la biche auprès du saint, de la blessure que lui fait un archer, de la piété du roi et de l'évêque et de la fondation de l'abbaye. Il suffit de la signaler. Le roi dont il s'agit ici est dans le latin « Flavius, qui tunc temporis Gothorum monarchiam tenebat. » Notre poète, qui ne sait ce que c'est que les Goths, dit qu'il était roi *de Tulusane e de Gascoine e de Provence e de Burguine*; ce royaume est de pure invention. Trouvant d'ailleurs le roi Charles mentionné plus loin, il concilie tout en faisant du premier de ces deux rois le vassal du second. Il appelle ce premier roi *Flovent* et non *Flavius ;* la ressemblance des deux noms lui a suggéré l'adoption du second, mais il ne l'a pas inventé : Flovent est le nom du héros d'une chanson de geste aujourd'hui perdue, mais conservée dans des versions ou imitations italienne et scandinave ; il est, dans cette chanson, le premier roi de France, neveu de Constantin de Rome et père de Floovent. *Flovent* n'est qu'une imitation du poème consacré à Floovent, et Floovent n'est autre que Dagobert, au nom duquel s'est substituée l'épithète de *Flodovinc* (descendant de *Clovis, Chlodoveus* ou *Floevié),* qui était accolée à ce nom dans un vieux poème allemand perdu [1]. Il est intéressant de constater, par l'introduction du nom de Flovent dans le récit de Guillaume, que ce poème de *Flovent* était connu en Angleterre avant la fin du XIIe siècle ; peut-

1. Voy. *Romania,* t. VI. p. 162.

être cependant le *Flovent* de Guillaume n'est-il qu'une forme contractée de *Floovent ;* son ouvrage offre, comme on l'a vu plus haut, d'autres exemples de semblables contractions. — Le roi, quand il apprend de son veneur la merveilleuse disparition de la biche deux fois poursuivie, appelle auprès de lui l'évêque « Nemausensis urbis, ubi tunc forte erat. » Il est arrivé ici à notre bon chanoine, avec *Nemausensis*, le même accident qu'avec *Arelatensem ;* il ne savait pas que *Nemausus* est le nom latin de Nimes, et il a bravement envoyé chercher l'évêque *dedenz la cité de Nesmaus* (v. 1755); il met d'ailleurs, comme nous l'avons vu, le séjour du roi à Montpellier, et non dans cette ville inconnue qui évidemment l'inquiétait. — Notons un trait touchant de son cœur : il s'étonne qu'on ne dise plus un mot, quand l'ermitage de Gilles se change en abbaye, de la biche qui avait si longtemps été sa « nourrice » ; mais, tout chagrin qu'il est de cet oubli, il n'ose pas y suppléer par son imagination. Il omet le nom de saint Privat comme patron de la seconde église de l'abbaye (*Vita*, § 16), sans doute parce qu'il ne connaissait pas ce saint, si célèbre dans le midi [1].

La réputation des vertus de l'abbé Gilles se répand au loin ; elle arrive « aux oreilles du roi de France, Charles. » Ce roi Charles, pour notre poète, ne peut être naturellement que Charlemagne, et il fait rappeler expressément par Gilles, quand il s'entretient avec lui, un épisode de la *Chanson de Rolland :* « Dieu, lui dit-il, vous montra un grand amour, en faisant pour vous le jour de la nuit, à Roncevaux, quand vous passâtes les ports pour venger la mort de Rolland » (v. 2891-94). On pourrait croire que cette allusion se réfère à la chroni-

---

1. Il laisse aussi de côté ce que raconte le § 17 sur une rencontre du roi avec Gilles à cinq milles de l'abbaye, à cause de laquelle le roi lui aurait donné cinq milles de territoire. Cette historiette, dont le sens et le but sont clairs, n'avait d'intérêt que pour les moines ; l'auteur de la seconde Vie latine la délaye avec complaisance.

que de Turpin; mais 1° la forme *Rencevals*, employée par Guillaume, est propre aux poèmes français; 2° dans Turpin, le miracle ne consiste pas seulement à allonger le jour aux dépens de la nuit, mais à arrêter le soleil pendant trois jours, ce qui serait indiqué; 3° l'expression *as porz passant* paraît empruntée à la chanson elle-même [1]. — Tout le voyage des messagers de Charles, leur réception par l'abbé, la délibération des moines, l'accueil du roi, le repas, le coucher ascétique du saint, les longs entretiens entre Charles et lui, tout cela est ajouté par Guillaume. Il a compris, comme l'ont fait tous ceux qui au moyen âge, et même depuis, ont extrait ou abrégé ce passage de la *Vita*, que le séjour de Gilles auprès de Charles et le miracle de la lettre envoyée du ciel avaient eu lieu à Orléans, tandis que le contraire ressort clairement du texte latin (voyez ci-dessous, p. LXVI, n. 1). Cette interprétation a poussé Guillaume à déplacer dans son récit le miracle du possédé guéri dans l'église Sainte-Croix d'Orléans : si Charles était à Orléans quand Gilles y arriva, l'accueil que le roi fit au saint devait nécessairement être le premier épisode de son séjour.

En revenant chez lui (*Vita*, § 22), Gilles ressuscita le fils du « prince de Nîmes ». Ce miracle, raconté sans aucune observation par l'hagiographe, a-t-il semblé trop fort à Guillaume? ou la *Nemausensis urbs* lui a-t-elle inspiré de la réserve? Quoi qu'il en soit, il l'a complètement omis, ainsi que la prédiction faite par le saint, après son retour, de la prochaine destruction du monastère par les ennemis.

Dans la dernière partie du poème, qui raconte le voyage de Gilles à Rome et sa mort, Guillaume, sauf les

---

1. *Si l'orrat Carles ki est as porz passant* (v. 1071); *Carles l'entent ki est as porz passant* (v. 1766). Dans cette locution, *les* contenu dans *as* ne dépend pas immédiatement de *a*, mais bien de *passant* : *as porz passant*, c'est « à (= en) passant les ports »; *passant* est un gérondif et non un participe.

amplifications ordinaires, a suivi d'assez près le latin. Il omet cependant encore un miracle, assez peu intéressant il est vrai, celui du paralytique guéri à Cavaillon; peut-être encore ici le mot *Cabinonensem* l'a-t-il arrêté. Il n'a garde, en revanche, de ne pas rapporter la belle histoire des portes qui, jetées par Gilles dans le Tibre, arrivèrent droit, guidées par Dieu, au port de son abbaye; il commet, à propos de ces portes, une légère erreur, qu'il peut être utile de relever : elles portaient l'image, non des douze apôtres (v. 3426), mais de saint Pierre et saint Paul (*Vita*, § 23); elles n'ont également reçu de l'or et de l'argent que dans l'imagination de notre poète.

Après avoir raconté la mort du saint et l'apparition, la nuit suivante, des anges qui l'emportèrent en chantant, le poète termine en nous parlant de sa riche sépulture, des miracles qu'il fait et des pèlerins qui, de toute la chrétienté, vont l'invoquer en Provence; enfin il se nomme, et demande avec ferveur l'intercession, auprès de Dieu, de saint Gilles *le bon baron* pour lui-même et pour tous les fidèles [1].

IV

La *Vita sancti Egidii*.

Nous ne possédons sur le héros de notre poème d'autre document biographique que la *Vita* publiée dans les *Acta Sanctorum* (Septembre, t. I, p. 299 ss.) [2]. Elle ne saurait être antérieure à la fin du ixe siècle, puisqu'elle fait de Charlemagne, mort en 814, un contemporain de

1. Les vers 3733-3780 paraissent bien, comme on l'a déjà remarqué plus haut (p. xxx), être une addition de copiste.
2. Sur les mss. de cette vie, et sur le renouvellement qu'elle a subi, voy. ci-dessus, p. xxxvi.

saint Gilles ; elle ne peut, d'après le Bollandiste Stilting, qui l'a éditée le premier, être postérieure au x$^e$ siècle, à cause de l'antiquité de quelques-uns des manuscrits qui la contiennent. Bien que nous n'en connaissions aucun qui soit antérieur au xi$^e$ siècle, nous admettons la date assignée par Stilting à la *Vita*, car elle a été utilisée par Fulbert de Chartres (mort en 1029) pour la composition d'un office en l'honneur du saint [1]. C'est d'ailleurs au x$^e$ siècle que commença à se manifester de toutes parts, dans le monde latin, une activité hagiographique plus zélée que vraiment louable, en grande partie sous l'influence des vies de saints orientaux (Georges, Nicolas, Catherine, Marguerite, etc.), qui apparurent tout à coup en latin et enflammèrent les imaginations. Chaque église, chaque abbaye surtout voulut posséder la vie du saint sous le patronage duquel elle était placée, et, pour se la procurer, on suppléa souvent largement à l'absence de documents historiques. On trouvait, d'ordinaire, dans les couvents un moine capable tant bien que mal d'accomplir cette pieuse besogne ; mais parfois on était obligé de recourir au talent de quelque écrivain du dehors : on lui demandait plus d'imagination que de scrupules ; aussi les gens honnêtes se refusaient-ils à ce métier, tout lucratif qu'il pût être. Guibert de Nogent nous dit, dans son curieux traité sur les reliques des saints (qui mérite d'être lu tout entier) : « Il y en a beaucoup qui, tout en attribuant à leurs saints la plus grande antiquité, veulent faire écrire leurs vies par un contemporain. On me l'a souvent de-

---

[1]. Voy. Migne, *Patrolog.*, CXLI, 343. L'office ne paraît pas complet, car le récit s'arrête à la vie érémitique de Gilles ; mais il s'appuie bien sur la *Vita* que nous possédons, car il en reproduit textuellement certaines expressions. La *Vita* doit être aussi la base d'un hymne que le P. Gall Morel a publié d'après un manuscrit qu'il dit être du x$^e$ siècle, mais qui n'est sans doute que du xi$^e$ (*Lateinische Hymnen des Mittelalters*, p. 186). Nous ne voyons pas d'autre auteur qui se soit servi de ce document jusqu'à Sigebert de Gembloux († 1112).

mandé à moi-même. Moi, qui me trompe sur ce qui se passe sous mes yeux, que pourrais-je dire de vrai sur ce que personne n'a jamais vu ? On me priait cependant de répéter ce que j'entendais dire, de m'étendre sur les louanges d'inconnus, de les prêcher même au peuple ; si j'avais consenti à le faire, j'aurais été digne, aussi bien que ceux qui m'y poussaient, d'être flétri publiquement [1]. » Mais tout le monde n'avait pas la réserve de Guibert [2], et l'hagiographie apocryphe foisonna.

Pour apprécier la valeur historique d'une biographie écrite plusieurs siècles après la mort du personnage, il faut naturellement savoir à quelles sources le biographe a puisé. Ces sources peuvent être de quatre ordres : 1° des documents authentiques ; 2° des biographies plus anciennes ; 3° des renseignements contenus dans des ouvrages historiques qui n'ont pas le personnage en question pour sujet principal ; 4° des traditions. Le dernier ordre de sources a naturellement une valeur très restreinte : l'étude attentive de la transmission des faits historiques nous apprend que, sauf des exceptions très rares et toujours particulièrement motivées, il n'y a pas de tradition orale qui ait quelque durée et quelque fidélité. Les noms les plus illustres, les événements les plus frappants s'oublient en deux ou trois générations ; l'histoire n'existe que par l'écriture. Les auteurs des vies de saints du genre de la nôtre ont eu recours, autant qu'ils l'ont pu, aux biographies antérieures, aux textes historiques et aux documents quand il en existait, et ils ont pu puiser quelques faits locaux dans des traditions plus ou moins anciennes. Voyons ce que nous devons penser pour la *Vita Egidii* [3].

---

1. Guibert de Nogent, *De pignoribus sanctorum*, p. 335.
2. Lui-même, dans d'autres écrits, est loin de montrer cette sagesse.
3. Un ouvrage rempli d'érudition et, sur tous les points où la question est purement historique, de judicieuse critique, vient d'être consacré à saint Gilles par M. l'abbé Ernest Rembry, chanoine honoraire de la cathédrale de Bruges : *Saint Gilles, sa vie,*

On voit, au premier abord, qu'elle n'est pas une pure invention de l'auteur : ce qui le prouve, c'est la mention de « *Flavius, qui tunc temporis Gothorum monarchiam tenebat* ». Un moine du xe siècle n'aurait assurément pas songé à l'ancienne domination des Goths en Septimanie, encore moins aurait-il su que les rois wisigoths d'Espagne prenaient le titre de *Flavius*. Il faut qu'il ait trouvé cela dans un acte authentique, car de biographie antérieure à la sienne, il n'en existait assurément pas, et aucun texte historique ancien ne parle de Gilles. Mais nous possédons encore le document que notre auteur avait sous les yeux. En 878, le pape Jean VIII, passant à Arles, eut à juger une contestation entre Léon, abbé de Saint-Gilles, et Guilbert (ou Girbert), évêque de Nîmes, qui prétendait être maître de ce monastère, tandis que l'abbé affirmait que saint Gilles en avait fait don au Saint-Siège, qui le lui avait rendu en s'en réservant la propriété éminente et en le soustrayant à toute juridiction autre que la sienne. On fit faire, à ce qu'assurent les deux bulles dont nous allons parler, des recherches dans les archives romaines [1], et on y trouva, dit une première bulle du 21 juillet, la preuve que saint Gilles tenait son monastère du roi Flavius et l'avait offert au Saint-Siège : *monasterium S. Petri.....*

---

*ses reliques, son culte dans la Belgique et le nord de la France* (Bruges, Gailliard, 1881, 2 gros volumes in-8°). M. Rembry, avec la plus aimable courtoisie, a bien voulu nous envoyer les bonnes feuilles de son livre au fur et à mesure qu'elles lui arrivaient. Tout en ne partageant pas sur la valeur de la *Vita sancti Egidii* l'opinion du pieux auteur, nous avons lu avec plaisir et souvent avec profit ses recherches faites avec autant de sincérité que de zèle. Toute la partie relative au culte de saint Gilles dans le Nord offre un véritable intérêt pour l'histoire de la dévotion au moyen âge.

1. C'est du moins ce que disent les deux bulles : *Cum in nostro archivo monimenta* (deuxième bulle *munimina*) *chartarum requireremus, ibi illud preceptum beato Egidio traditum reperimus.* Il s'agit là d'un « précepte » du pape adressé à Gilles, et non d'un acte émané de Gilles; c'est donc à tort que dans la seconde bulle, la copie du cartulaire de Saint-Gilles intercale *a* entre *preceptum* et *beato*.

*in quo quiescit corpus beati Egidii, in valle Flaviana, in pago Nemausensi, in finibus Gothie, quam vallem Flavius quondam rex prefato beato Egidio donavit.* Un mois plus tard, le 18 août, Jean VIII reproduisait à peu près les mêmes expressions dans une seconde bulle qu'il faisait souscrire par les évêques réunis au concile de Troyes : *monasterium S. Petri, in quo quiescit corpus beati Egidii, in valle Flaviana, in comitatu Nemausensi, in finibus Septimanie, quam vallem Flavius quondam Gothorum rex prelibato beato Egydio dedit* [1]. C'est sur cette dernière bulle que l'hagiographe a visiblement travaillé; la première ne lui aurait pas appris que Flavius était *rex Gothorum*, et, livré à lui-même, il en eût fait sans doute un roi de France; la seconde seule a également pu lui fournir le nom de *Septimania*, qu'il a tenu à employer, mais dont, dans son ignorance, il n'a su que faire : *Pervenit..... ad quemdam locum, haud longe a Rodani fluvii decursu in mare, cui Septimania vocabulum est, frutetis et arboribus obsitum.*

Voilà donc un point assuré : l'auteur de la *Vita* s'est servi de la bulle de Jean VIII, du 18 août 878, où il était dit qu'un roi goth, nommé Flavius, avait donné jadis à saint Gilles la « vallée Flavienne, » en Septimanie, et que saint Gilles avait plus tard fait hommage au Saint-Siège du monastère construit par lui dans cette vallée. Nous croyons ces faits authentiques, et en les relatant l'hagiographe a rapporté la vérité; mais ils constituent absolu-

1. Ces deux bulles, conservées en copie dans le cartulaire de Saint-Gilles, petit manuscrit du XIIIe siècle, appartenant aujourd'hui à la Bibliothèque Nationale (ms. lat. 11018), ont été publiées par Ménard dans son *Histoire de Nismes*, t. VII, *Preuves des additions*, p. 719 (où on renvoie à d'autres passages). Voy. aussi *Hist. de Fr.*, IX, 167, et l'ouvrage de M. le chanoine Rembry, t. I, pp. 40, 51, 140. Leur authenticité est établie par les *Gesta Johannis VIII* (voy. ci-dessous), qui reproduisent textuellement la première : « *Monasterium... in quo quiescit corpus beati Egidii, in finibus Gothie, in valle Flaviana, quam vallem Flavius quondam rex beato Egidio donavit.* »

ment tout ce qu'il y a dans son récit d'authentique et sans doute de vrai. Grâce à un document qu'il ne connaissait pas, nous pourrons déterminer la date où Gilles vécut et fonda son abbaye; quant à lui, il ne l'a pas sue, il n'a rien su absolument en dehors de ce qui vient d'être signalé, et il a bâti, autour de ce maigre noyau authentique, toute une histoire de pure imagination, dont il est cependant possible, en certains traits, de démêler les sources ou au moins les modèles. Avant de faire sommairement cette étude, établissons le temps où vivait le personnage dont il a prétendu nous raconter l'histoire. Avec son nom et sa fondation de monastère, son époque est absolument tout ce que nous savons de lui : encore, grâce à son pseudo-biographe, cette dernière a-t-elle été pendant des siècles ignorée ou controversée.

L'auteur des *Gesta Johannis VIII*, petit écrit contemporain de ce pape, rédigé sous ses yeux, et presque uniquement consacré à l'affaire de Saint-Gilles, ajoute aux renseignements donnés par les bulles une circonstance précieuse : *Dominus Johannes papa,* dit-il, *cum munimenta chartarum ejusdem monasterii requireret, privilegium quod Rome venerabilis papa Benedictus sancto Ægidio corporaliter tradiderat ei oblatum est* [1]. Comme l'a déjà reconnu Stilting, ce pape ne peut être que Benoit II, car Benoit I mourut en 578, et le titre de *Flavius* ne fut pris par les rois goths d'Espagne qu'à partir de Recared, qui commença à régner en 586 [2]. Benoit II occupa le siège

1. *AA. SS. Maii, Propylæum : Conatus.... ad catalogum Pontificum,* p. 143; voy. encore Baluze e Muratori. La mention du pape Benoit est déjà dans un passage antérieur (p. 142), où le texte de Baluze l'omet.

2. Ce furent les empereurs romains de la maison de Constantin qui adoptèrent les premiers ce prénom de *Flavius,* prétendant sans doute se rattacher aux Flavii du premier siècle; Théodoric se l'adjugea, à leur exemple, et le transmit à ses successeurs, puis aux rois lombards; Recared le prit pour faire comme eux. L'usurpateur Paul, qui disputa la couronne à Wamba, s'appelle dans sa lettre *Flavius Paulus unctus rex Orientalis* (Migne, xcvi, 762).

pontifical du 26 juin 684 au 8 mai 685 : c'est donc dans cet intervalle de temps que Gilles fit son voyage à Rome et offrit au pape le monastère qu'il venait de construire dans la vallée dont le roi des Goths Flavius lui avait fait don. Ce roi ne peut dès lors avoir été que Wamba, lequel, en 673, peu de temps après son avénement, vint en Septimanie pour combattre le comte Paul, révolté contre lui, l'assiégea et le prit dans Nîmes [1]. Il dut connaître Gilles dans cette expédition [2] et lui donna, pour y établir un couvent, la vallée appelée *vallis Flaviana* ou « vallée royale », sans doute parce qu'elle faisait partie des domaines de la cou-

---

1. C'est ce qu'a déjà vu Stilting et ce qui est très bien établi par M. Rembry (t. I, pp. 39, 55). Il est probable que dans l'original de Benoit II au prénom de *Flavius* s'ajoutait le nom de Wamba, et que les archivistes de Jean VIII, qui ne connaissaient pas ce nom bizarre, l'ont simplement omis.

2. On serait tenté de reconnaître notre saint dans le personnage mentionné par Julien, évêque de Tolède, dans son histoire de cette expédition où il accompagnait Wamba. Comme l'armée, après la prise de Nîmes, était campée autour de la ville, la protection dont Dieu la couvrait se manifesta miraculeusement : « Divina protectio evidentis signi ostensione monstrata est. Visus est enim, *ut fertur, cuidam externæ gentis homini* angelorum excubiis protectus religiosi principis exercitus esse, angelosque ipsos super castra ipsius exercitus volitatione suæ protectionis signa portendere (Migne, *Patrol.*, XCVI, 788) ». Les mots imprimés en italique ne se trouvent pas dans Lucas de Tuy, qui a reproduit ce passage, mais reparaissent dans Rodrigue de Tolède, d'après lequel Stilting le cite (*l. c.*, p. 296). Si Gilles a raconté à Wamba une vision comme celle qui est rapportée ici, elle a pu lui faire un titre considérable à la faveur du roi. Mais il faut avouer que le point d'appui pour cette hypothèse est bien étroit (cf. ci-dessous, p. LVIII, n. 3). Tant que nous n'avions connu ce passage que par Rodrigue de Tolède, nous avions cru qu'il pouvait bien provenir de quelque épopée wisigothique, et nous songions à en rapprocher la part attribuée par divers textes à saint Gilles dans l'épopée carolingienne. Mais les choses changent d'aspect du moment que l'histoire se trouve chez un auteur sérieux et contemporain du fait, et d'ailleurs nous expliquerons d'une manière suffisante l'immixtion de saint Gilles dans le récit de Roncevaux.

ronne. Douze ans après, l'abbé de la *cella* ¹ *sancti Petri in valle Flaviana* allait, pour assurer l'avenir de sa fondation, la mettre sous la protection directe du Saint-Siège, en lui en faisant don moyennant un *privilegium* que lui accorda le pape Benoit II ².

1. *Cellula* est le nom donné à cet établissement dans un diplôme de Louis le Pieux, qui ajoute d'ailleurs déjà *juri subdita sancti Petri.*

2. Le Cartulaire de Saint-Gilles, mentionné plus haut, débute par ce *privilegium*, daté du six des calendes de mai (26 avril 685), qui a été publié d'après ce ms. par Ménard (et reproduit par M. Rembry, t. I, p. 141). Mais cette pièce (que ne mentionnent, soit dit en passant, ni Jaffé ni les nouveaux éditeurs de l'*Histoire du Languedoc*) est plus que suspecte : elle ne porte nullement le caractère du viie siècle. M. Ulysse Robert, à qui nous avons fait part de nos soupçons sur l'authenticité de cet acte, a bien voulu nous communiquer les raisons suivantes qui le lui font rejeter : « La formule du début, *Gratia Dei summus pontifex Benedictus*, est insolite, la formule usitée au viie siècle était *servus servorum Dei* (voy. *Nouveau traité de diplomatique*, pp. 127-129). Dans la seule lettre qu'on ait de lui, adressée à Pierre, notaire régionnaire (Migne, xcvi, 423), Benoit II s'intitule *Benedictus presbyter et in Dei nomine electus sanctæ sedis apostolicæ;* il est vrai que cette lettre est aussi très suspecte. La formule *omnibus fidelibus beato Petro obedientibus* est bizarre. Il est encore plus étonnant que cette bulle, au lieu d'être, comme tous les privilèges, adressée à celui qu'elle concerne, revête la forme d'une *encyclique :* ces formules générales *sive regibus sive ducibus necnon et comitibus* sont toujours suspectes; on les retrouve dans les bulles fausses de Calixte II. — Ce qui est le plus surprenant, c'est la date. En parcourant le *Regestum* de Jaffé jusqu'au ixe siècle, on ne trouve pas un exemple de bulle datée ainsi : *Rome Lateranensi palatio;* on y trouve quelquefois *in Lateranensi basilica, in Lateranensi episcopio, in ecclesia Salvatoris Lateranensi,* mais jamais *palatio;* quand ce mot apparaît, ce n'est pas comme lieu de date (ainsi pour Etienne II : *in Lateranense palatium ducitur, in Lateranensi palatio moritur*). — *Per manus Lini archidiaconi :* on ne connaît aucun nom de fonctionnaire de la chancellerie romaine avant le pontificat de Zacharie (741-752) d'après les Bénédictins, de Léon III (795-816) d'après Jaffé; Linus est d'autant plus invraisemblable que l'archidiacre ne paraît pas avoir été chargé de la transcription des bulles : elle incombait aux notaires, bibliothécaires et chanceliers. » Ajoutons que si l'auteur

Nous pouvons donc déterminer avec certitude le temps où vécut l'abbé Gilles : s'il fonda un monastère en 673, il dut mourir vers la fin du viie siècle, il dut naître vers 630 ou 640. C'est tout ce que nous savons de lui. Mais son biographe, qui n'en savait pas tant, l'a mis en relation d'une part avec saint Césaire, évêque d'Arles, qui mourut en 542, d'autre part avec Charlemagne, qui devint roi en 768. Cela ne l'embarrassait guère, mais a terriblement embarrassé ceux qui ont voulu écrire d'après lui l'histoire de son héros. On a employé les procédés les plus variés pour tout concilier : le plus raisonnable a consisté à sacrifier saint Césaire, à supposer que le *Carolus rex* de notre auteur était Charles Martel et non Charlemagne, et à prolonger la vie de saint Gilles jusqu'en 720 au moins, ce qui ne laisse pas que d'être difficile pour ceux qui placent en 673, cinquante ans auparavant, sa rencontre avec Wamba, où l'hagiographe le représente comme un vieillard vénérable par ses cheveux blancs [1]. Toutes ces combinaisons sont aussi vaines que possible : elles ont pour point de départ l'idée fausse que la *Vita* mérite quelque confiance, et le désir de sauver des récits de l'auteur tout ce qui n'est pas manifestement absurde. C'est là une méthode de critique qui doit être aujourd'hui complètement abandonnée. Nous connaissons assez bien les procédés des auteurs de vies de saints du genre de la nôtre pour savoir qu'ils n'ont aucune autorité historique quelconque au-delà des sources qu'ils ont consultées ; or le biographe de saint Gilles n'a pu en avoir d'autres que la bulle de Jean VIII indiquée plus haut : il n'a pu trouver nulle part la mention simultanée de saint Césaire et d'un roi

---

de la *Vita* avait connu le nom du pape que vit saint Gilles, il l'aurait inséré dans son écrit; cette pièce dut être fabriquée plus tard sur quelque indication recueillie à Rome ou d'après les *Gesta*.

1. Ce système est déjà celui qu'indique Stilting, avec une hésitation et une défiance visibles ; M. le chanoine Rembry a cherché à le rendre vraisemblable. Il expose en détail toutes les controverses auxquelles a donné lieu cette inextricable question.

de France Charles comme contemporains de son héros ; et, s'il avait eu des renseignements conformes à l'histoire telle que la reconstruisent les hagiographes modernes, il n'aurait pas déplacé de trente-cinq ans, comme ils admettent qu'il l'a fait, sa visite à Charles-Martel, ni fait prédire par le saint, comme devant arriver après sa mort, l'invasion des Sarrasins qui, d'après eux, eut lieu de son vivant et le contraignit de quitter son monastère, ni omis la destruction de ce monastère, qu'ils lui font retrouver en ruines à son retour de France[1]. L'auteur de la *Vita* a tout simplement mis saint Gilles en relation avec saint Césaire parce que saint Césaire était très illustre dans la région où il écrivait[2], ne sachant d'ailleurs au juste quand il avait vécu[3]. Quant à Charlemagne, il est probable que la légende de ses relations avec Gilles s'était formée dans le nord de la France, comme nous chercherons à le montrer plus loin, et que l'hagiographe l'a adoptée avec empressement, sans avoir la moindre idée du double anachronisme qu'il commettait. Il n'y a qu'à laisser tout cela de côté ; l'histoire n'a rien à voir dans de pareilles fables.

1. Que reste-t-il d'autorité à une biographie où on constate un anachronisme de deux siècles, — où on admet qu'un homme de trente ou quarante ans est représenté comme un vieillard, — où on veut que la visite au roi franc soit mentionnée avant le voyage à Rome par une erreur de trente-cinq ans, — où l'invasion des Sarrasins, qui aurait motivé cette visite, est rejetée après la mort du saint, etc., etc. ? Nous ne parlons pas des miracles, dont l'un au moins (celui des portes jetées dans le Tibre et arrivant droit en Septimanie) a paru tellement puéril à M. Rembry qu'il l'a complètement supprimé.

2. Une autre célébrité locale, saint Vrême ou saint Frédême (*Veredemius*), a été mise en rapport avec saint Gilles ; l'hagiographe en fait un Grec comme lui. On ne sait absolument rien de positif sur ce personnage ; voyez les savantes notes de M. Rembry (t. I, pp. 66-67).

3. Quelques-uns des biographes modernes de notre saint ont inventé un second Césaire, pour le faire vivre à l'époque de Gilles (voy. Rembry, t. I, p. 17).

Les autres traits de la vie de Gilles, dans les *Acta* du xe siècle, n'ont rien de plus authentique : la plupart sont calqués sur d'autres vies de saints. L'étude critique des légendes pieuses du moyen âge est encore à faire [1] : elle appartient à l'histoire littéraire et non à l'histoire [2]. Certains écrits anciens, dont il faudrait examiner avec soin la formation, sont devenus des répertoires de lieux communs où tous les hagiographes ont puisé à pleines mains. Au premier rang se placent les écrits de Sulpice Sévère sur saint Martin (inspirés en grande partie par les récits sur la vie des Pères du Désert), et le célèbre *Dialogue* de Grégoire le Grand. Sur ces thèmes et quelques autres, il n'était pas difficile de faire des variations à l'infini ; mais toutes se ramènent, en général, à un certain nombre de types. Ce n'est pas ici le lieu de soumettre à une analyse rigoureuse les traits de ce genre que contient la *Vita sancti Egidii* : nous nous contenterons de les indiquer brièvement, en insistant sur deux ou trois d'entre eux qui ont un intérêt particulier. Il suffit, par exemple, de rappeler que Gilles, comme saint Martin, donne son vêtement à un pauvre (§ 2) ; — qu'il apaise une tempête comme saint Nicolas (5) ; — qu'il se dérobe par la fuite aux honneurs et à la richesse, comme saint Jean l'aumônier, saint Alexis et beaucoup d'autres (5) ; — qu'il guérit les maladies (3, 8, 10, 23), les morsures de serpent (5), qu'il ressuscite même les morts (22) ; — qu'il délivre les possédés (3), et que les démons, quand il approche du

---

1. M. Alfred Maury l'a esquissée il y a près de quarante ans, dans son beau livre sur les *Légendes pieuses du moyen âge;* mais il a eu en vue l'explication des légendes plutôt que l'examen de leurs relations historiques.

2. Une excellente application de cette méthode vient d'être faite par M. Kohler dans son *Étude sur la vie de sainte Geneviève (Bibliothèque de l'École des Hautes-Études,* fasc. XLVIII). Voilà un travail critique dont nous ne saurions trop recommander la lecture et l'imitation à ceux qui s'occupent de l'hagiographie mérovingienne au point de vue historique.

corps où ils ont élu domicile, se sentent à la torture et se hâtent de s'échapper (19); — qu'il fait cesser la sécheresse (9); — qu'il prédit l'avenir (22) et notamment sa mort prochaine (25); — et qu'enfin, quand il trépasse, on voit distinctement les anges emporter son âme au ciel (25). Tout cela n'a rien d'extraordinaire ni même de particulier et ne peut prétendre à être regardé comme historique, étant raconté pour la première fois trois siècles après la mort du prétendu thaumaturge. Nous arrivons à quelques traits qui ont un caractère un peu plus personnel.

Gilles, dit le biographe, était Grec et de naissance illustre : il naquit à Athènes; son père Théodore et sa mère Pélagie étaient tous deux de race royale (*regia stirpe progeniti*). Cette dernière circonstance est évidemment inventée : à quelle race royale des Athéniens du viie siècle pouvaient-ils bien se rattacher ? C'est un ornement qui se trouve en tête de beaucoup de vies de saints fabuleuses, et qui n'est qu'une adaptation de la généalogie du Christ. Mais le fait en lui-même mérite-t-il créance? On en a vu une preuve dans les noms grecs des parents du saint et du saint lui-même; mais cela ne nous paraît nullement démonstratif. L'auteur de la *Vita* a pu savoir que le nom d'*Aegidius* était grec [1], et cela a pu lui suffire pour le faire naître à Athènes [2]; dès lors il devait donner des noms grecs à son père et à sa mère, et ceux de saint Théodore et de sainte Pélagie, dont l'origine grecque était bien connue, s'offraient naturellement à son esprit. Mais il est remarquable que le nom d'*Aegidius*, quoique visiblement grec d'origine, a été, aux

---

1. Jacques de Varaggio le savait aussi, et il en donne l'admirable explication que voici : « Egidius dicitur ab *e*, quod est sine, et *geos* « terra, *dyan* clarum sive divinum. »

2. A cause de cette origine, Gilles est souvent surnommé *Atticus*, et nous croyons bien, pour le dire en passant, que c'est par quelque confusion avec ce surnom qu'on lui a donné un *Atticus* pour successeur ou même pour concurrent (voy. *AA. SS. l. c.* p 293 A; Rembry, t. I, p. 177; cf. p. 35).

IV$^e$, v$^e$ et VI$^e$ siècles, celui d'un grand nombre de personnages latins, notamment en Gaule [1], et que nous ne le trouvons porté par aucun personnage grec [2]. Il est donc très possible, comme il semble plus probable *a priori*, que le célèbre fondateur du monastère de Septimanie fût né dans le pays même où il vécut [3].

Si Gilles était Athénien, comment est-il venu en France? L'auteur explique sa fuite, comme nous l'avons vu, par un lieu commun hagiographique. On comprend donc qu'il quitte son pays; mais pourquoi d'Athènes aller à Marseille? Ici l'auteur s'est singulièrement embrouillé. Une première fois (§ 5), il nous dit simplement que Gilles voulait « passer la mer pour mener une vie solitaire (*solitariam vitam expetens transeundum mare disposuit*). » Accueilli par des marins dans leur vaisseau, il leur déclare ensuite (§ 6) qu'il veut aller à Rome [4] *(Romam per-*

---

1. Nous citerons le général romain qui fut l'adversaire de Childéric (c'est le seul dont nous trouvons le nom, Ἀιγίδιος, dans les écrivains grecs), et un abbé du midi de la France, que saint Césaire d'Arles envoya en message au pape Léon en 514. On identifiait jadis cet Aegidius avec notre saint; on a pensé depuis que l'auteur de la *Vita* l'avait confondu avec lui et avait ainsi été amené à mettre saint Gilles en relation avec saint Césaire (voy. Rembry, t. I, p. 31). C'est faire trop d'honneur à l'érudition de l'hagiographe. S'il avait connu cet abbé du VI$^e$ siècle, il aurait fait accomplir par son héros la mission à Rome par laquelle seule le nom de l'autre Aegidius s'est conservé.

2. Au moins n'en voyons-nous aucun ni dans le dictionnaire de Pape, ni dans les tables du *Corpus inscriptionum graecarum*.

3. On pourrait trouver (et Stilting a trouvé) un appui à l'origine grecque de saint Gilles dans le passage de Julien de Tolède rapporté plus haut (p. LII). Cet *homo externae gentis*, qui a une vision angélique pendant l'expédition de Wamba à Nîmes, pourrait bien, comme on l'a vu, être notre saint. Mais c'est là une hypothèse assez peu solide, d'autant plus que les mots en question, qui manquent dans Lucas de Tuy, ont bien pu être interpolés plus tard dans le texte de Julien, par une allusion volontaire à saint Gilles. La critique du texte de Julien de Tolède est difficile et n'est pas faite.

4. Nous ne savons pourquoi M. Rembry passe cette circonstance sous silence et semble croire que Gilles partit d'Athènes avec le

*gere)*; ceux-ci lui disent : « Nous sommes précisément de ce pays, et, si tu veux t'y rendre, nous t'y transporterons volontiers gratuitement *(Nos de illis partibus sumus, et si eo pergere cupis, libenter nobiscum te sine pretio feremus)*. » Il accepte, on l'embarque et, après sept jours de navigation (§ 8), on arrive...... à Marseille ! Des marins il n'est plus question ; Gilles paraît tout à fait satisfait ; ce n'est que bien longtemps après, devenu abbé, qu'il songe à aller à Rome, accomplissant ainsi son ancien désir (§ 22 : *suum prius adimplens desiderium*). Des saints qui, d'après les desseins de Dieu, naviguant vers un endroit, sont par la tempête poussés vers un autre, ce n'est pas rare : c'est ainsi que saint Alexis, voulant de Laodicée aller à Tarse, se trouva, par un accident assurément peu ordinaire, débarquer à Rome. Mais ici on ne parle pas de vent contraire, on dit même que la navigation fut prospère et directe *(prospere directumque navigantes,* § 7). Il faut sans doute prendre *de illis partibus* au sens large de « pays occidentaux », et entendre, comme l'a fait Guillaume de Berneville (voy. ci-dessus), que les marins étaient marseillais.

Nous arrivons maintenant au plus célèbre des épisodes de la vie de notre saint [1] : dans la forêt où il se retire, une biche le nourrit de son lait, et c'est par elle que l'on découvre un jour sa retraite. Les veneurs du roi Flavius l'ayant fait lever, les chiens la poursuivent ; elle se réfugie dans le fourré qui entoure la grotte de saint Gilles,

---

dessein de venir à Arles. Ozanam (Rembry, p. 15) dit que « des moines (*sic*) grecs, comme Egidius, venaient chercher dans les Gaules un climat plus sévère et des mœurs moins faciles. » C'est ce que, dans une école historique qui heureusement commence à disparaître, on appelle « interpréter les textes. »

1. Il est bien inutile de discuter ici la légende du séjour de saint Gilles sur la montagne de Nursia en Catalogne, légende qui n'a pour elle aucun monument ancien. On est surpris de voir M. Rembry (t. I, p. 72 ss.) l'adopter et la défendre ; il est vrai qu'il y emploie des arguments (p. 77) d'un ordre tout particulier.

et, sur la prière du saint, les chiens ne peuvent approcher de plus d'un jet de pierre ; la même aventure se répète le lendemain. Le roi, averti de cette merveille, vient lui-même dans la forêt, accompagné de l'évêque de Nîmes [1] ; la biche est de nouveau pourchassée, les chiens entourent son asile sans pouvoir l'y suivre ; un des chasseurs, pour la forcer à en sortir, lance dans l'épaisseur du fourré une flèche qui atteint malheureusement le saint homme, priant pour sa « nourrice. » Mais les chevaliers du roi (*milites*) tranchent le fourré avec leurs épées et découvrent avec admiration ce vieillard en habit de moine, auguste par ses cheveux blancs, assis au seuil de sa grotte, couvert du sang de sa blessure, et caressant la biche étendue à ses pieds. Le roi et l'évêque mettent pied à terre (*pedites*) pour l'approcher, et, quand il leur a raconté son histoire, se prosternent en lui demandant pardon. Voilà assurément une scène remplie de la poésie propre aux légendes : aussi est-elle devenue très populaire [2], et la biche est inséparable du nom et des représentations de saint Gilles [3]. Mais elle n'est pas sortie tout entière, il s'en faut, de l'imagination de notre hagiographe.

Du moment qu'il voulait faire mener pendant quelque temps à saint Gilles, fondateur d'un célèbre monastère, la vie d'anachorète, il lui fallait trouver un moyen de le faire découvrir dans sa retraite par ce roi Flavius qu'il savait lui avoir donné les terres nécessaires à la fondation de ce monastère. Pour cela, un animal poursuivi à la

---

1. Remarquons que l'hagiographe nous représente le roi des Goths comme vivant habituellement et pacifiquement en Septimanie, tandis que Wamba n'y vint qu'une fois pour y faire la guerre.

2. Elle a été adaptée, presque sans changement, à un saint bohême, saint Iwan, dont l'existence paraît assez problématique, mais qui est censé avoir été trouvé de même à la chasse par le duc Borzivoï, au commencement du xe siècle, dans la grotte où une biche le nourrissait de son lait ; voy. *AA. SS. Jun.*, V, 707.

3. Nous renvoyons, pour les détails sur ce point, au livre de M. Rembry et à ceux qu'il indique.

chasse et se réfugiant auprès de l'ermite était une machine très commode. Au besoin, il aurait pu l'imaginer, mais il la trouvait toute prête. Grégoire de Tours [1] raconte que le noble Arverne Brancion, du temps de Clovis, poursuivait un jour un sanglier à la chasse : l'animal, pressé par les chiens, se réfugia auprès de saint Emilien, qui vivait solitaire et inconnu au fond de la forêt ; Emilien eut pitié de la bête hors d'haleine, et, à sa prière, les chiens s'arrêtèrent à quelque distance, aboyant avec fureur, mais sans pouvoir avancer. Brancion connut ainsi Emilien, et, sur son conseil, se fit moine [2]. Childebert eut presque avec saint Calais la même aventure que Wamba avec saint Gilles : le saint homme s'était retiré dans la forêt du Mans, et, au fond d'un taillis inaccessible, se plaisait dans la société des bêtes sauvages, devenues douces pour lui. Un buffle surtout (animal rare dans ces parages, remarque avec raison l'hagiographe) était son familier. Les chasseurs de Childebert le poursuivirent un jour, et le buffle se réfugia aux pieds du saint, où les chasseurs n'osèrent le frapper ; le roi, qui survint, ne prit pas d'abord la chose du bon côté : il querella l'ermite, et ce ne fut que plus tard, à la suite d'un miracle qui lui révéla la puissance du saint homme [3], qu'il vint lui demander pardon et lui donna le terrain sur le-

---

1. *Vit. Pat.*, c. 12.

2. C'est un des dons les plus fréquents, chez les saints mérovingiens, que d'arrêter les animaux par la seule volonté. Saint Sulpice, évêque d'Autun, immobilisa ainsi les bœufs qui traînaient le char de Cybèle (Greg. Tur.. *Glor. Confess.*, c. 77); saint Martin en fit autant, par distraction, à ceux d'un convoi funèbre qu'il prenait pour un cortège païen (Sulpice Sévère, *Dial.*, II, 12). Le même saint, et ceci se rapporte plus directement à notre sujet, prenant pitié d'un lièvre que les chiens allaient atteindre, les frappa d'immobilité malgré leurs abois (*ib.*, III, 10 ; et le même miracle est attribué à saint Marcou, qui sauva un lièvre des chasseurs de Childebert (*AA. SS. Maii*, I, 76).

3. C'est ici le cheval de Childebert qui se trouve tout à coup immobilisé, parce que le roi est parti en colère contre le saint.

quel Calais construisit plus tard son monastère [1]. Ces deux saints vivaient avant saint Gilles, et leur histoire a été écrite avant la sienne : c'est dans ces histoires [2], et surtout dans celle de saint Calais, que notre auteur aura puisé son récit [3].

Toutefois, il n'y trouvait pas la merveilleuse circonstance qui a donné à la biche de saint Gilles sa grande popularité : le sanglier d'Emilien, le buffle de Calais, comme le lièvre de Martin et celui de Marcou (voy. p. LXI, n. 2), étaient étrangers à ces saints personnages [4] avant la protection qu'ils en reçurent, ou n'avaient avec eux que des rapports simplement affectueux [5]. La biche de saint

---

1. *Vita sancti Karilefi*, AA. SS. Jul., I, 83. — On pourrait ajouter plus d'une autre légende où des saints mérovingiens protègent des animaux poursuivis (voyez Montalembert, *Les Moines d'Occident*, t. II, p. 356 ss.).

2. Nous pourrions en citer encore bien d'autres, comme celles de saint Bassien, de saint Laumer, de saint Desle, de saint Basle, de saint Fructueux, de saint Humbert, de saint Procope de Bohème, de sainte Nennok, de sainte Ida, etc.; mais elles n'ont sans doute pas été connues de notre hagiographe, et lui sont même en grande partie postérieures.

3. Il faut distinguer dans ces histoires deux éléments : l'animal chassé faisant découvrir un anachorète dans sa retraite (Emilien, Calais, Gilles), et la protection donnée à un animal faible contre ceux qui le poursuivent. Le second trait est tellement fréquent dans les légendes bouddhiques et tellement conforme à l'esprit du bouddhisme qu'il est difficile de ne pas croire qu'il vient de l'Inde. Le premier semble s'y retrouver aussi : on lit au début du *Mahabhárata* que le roi Parikchit ayant un jour percé de sa flèche une antilope, celle-ci lui échappa. En la poursuivant, il arriva près d'un anachorète auquel il demanda de lui indiquer par où elle avait fui. L'anachorète avait fait vœu de silence, en sorte qu'il ne put le renseigner, d'où une irritation de la part du roi qui amena de graves conséquences. On peut encore rapprocher, bien que les circonstances soient autres, le charmant début de *Sakountala*.

4. Encore plus éloignées de notre récit sont les légendes où un animal (renard, cerf, biche, etc.) fait trouver un gué, ou bien où, comme dans les légendes de Fécamp, de Saint-Denis, etc., il fait découvrir un saint tombeau ou des reliques.

5. Une biche vivait dans la cellule de saint Aventin (VIe s.; voy.

Gilles, au contraire, n'était pas seulement son amie, elle était encore sa « nourrice. » Ce trait d'une bête qui nourrit de son lait un être humain dans une forêt n'est pas rare dans les légendes; mais il s'applique d'ordinaire, comme on peut s'y attendre, à des enfants qui se trouvent privés du lait maternel. Il est inutile d'en rapporter ici les nombreux exemples que présente déjà l'antiquité; nous citerons seulement, sans parler de la louve de Romulus et de la chienne de Cyrus, la biche qui nourrit Télèphe, fils d'Héraclès, exposé dans le bois par son grand-père [1], et celle qui soutint de même, d'après une vieille légende ibérique rapportée par Justin, le neveu du roi des Cunètes, Gargaris [2]. Au moyen âge, ces histoires abondent [3] : nous mentionnerons seulement la « cerve » qui nourrit le jeune Tristan de Nanteuil dans un poème dont nous aurons à reparler [4]. La plus célèbre de ces biches nourricières est celle qui remplaça, d'après une légende dont on ne connaît pas de forme antérieure au xv{{e}} siècle, Geneviève de Brabant auprès de son fils [5]. Dans plusieurs de ces contes, comme dans notre récit, la biche qui a nourri l'enfant sert aussi plus tard à le faire retrouver dans le bois par ses parents. Mais faire nourrir par une biche un

---

*AA. SS. Febr.*, I, 482); mais on ne voit pas qu'elle ait amené d'incidents analogues.

1. Voy. Elien, *Var. hist.* XII, 42; Diod. Sic., IV, 44.
2. Justin, XLIV, 4. Ces exemples sont cités par M. A. de Gubernatis, *Mythol. zoologique*, I, 92.
3. Il s'agit le plus souvent de femelles d'animaux féroces (louves, ourses, lionnes) qui emportent des enfants et les nourrissent.
4. Voy. *Jahrbuch für rom. Literatur*, IX, 8; *Hist. litt. de la France*, t. XXVI, p. 235. Il est vrai que la cerve nourrit Tristan non de son lait, mais de provisions qu'elle va dérober aux alentours.
5. Dans l'étrange légende de sainte Anne, évidemment d'origine orientale, citée, d'après un poème français du xiii{{e}} siècle, par Le Roux de Lincy, *Introd. au Livre des Légendes*, p. 27, sainte Anne enfant est nourrie, dans le désert où on l'a abandonnée, non par une biche, mais par un cerf, dont les bois produisent les mets les plus délicieux. On a trouvé sans doute que le lait d'un animal était

homme adulte est une invention plus étonnante [1]; elle n'est pas absolument propre à notre hagiographe, mais on ne peut dire si les ouvrages où elle se retrouve sont antérieurs au sien [2] : on voit du moins que tous les éléments lui en étaient fournis par des légendes plus anciennes [3].

L'aventure de Gilles avec Charlemagne a joui aussi d'une grande et même d'une double célébrité : si, d'un côté, elle a passé dans la poésie épique en langue vulgaire et se trouve, comme nous le verrons, racontée ou rappelée dans plusieurs chansons de geste, de l'autre elle a soulevé une polémique théologique qui rappelle, bien que

un aliment trop grossier pour un enfant né miraculeusement sans le concours d'un homme.

1. Elle vaut mieux que celle de l'auteur de la vie de saint Siméon de Padolirona (xie siècle ?), qui raconte que, saint Siméon se trouvant avec ses frères dans le désert privé d'aliments, un cerf vint s'offrir à eux pour qu'ils le tuassent et le mangeassent, ce qu'ils firent, après l'avoir repoussé plusieurs fois, comprenant qu'il était envoyé par Dieu. Cette niaise histoire paraît imitée de la légende de sainte Macrine, grand-mère de saint Basile. Grégoire de Nazianze raconte, avec un sérieux imperturbable et toutes sortes de réflexions admiratives, que, Macrine et son mari s'étant réfugiés dans les forêts pour échapper à la persécution de Maximien, des cerfs vinrent s'offrir à leurs coups, afin qu'ils pûssent, comme ils l'avaient demandé à Dieu, manger du gibier, dont ils étaient privés depuis longtemps (*A.A. SS. Jan.*, t. II, p. 235).

2. Voyez ce que rapporte le P. Cahier, dans ses *Caractéristiques des saints*, de saint Baudelin (t. I, p. 183), de saint Mammès, de saint Gunther (p. 188). Saint Aigulf, pour rafraîchir un messager qui est venu le trouver dans la forêt, appelle une biche qui se laisse traire (p. 182) ; saint Maxime de Turin fait la même gracieuseté à un espion qui l'avait suivi dans sa retraite (p. 184), et saint Goar traite de même plusieurs espions (p. 188).

3. Ce qui montre bien que la biche de saint Gilles n'est pour l'hagiographe, comme nous l'avons dit plus haut, qu'une machine destinée à le faire découvrir dans sa retraite, c'est qu'elle disparaît une fois ce but atteint. L'auteur n'a même pas songé à nous dire ce qu'elle devint quand le saint quitta son ermitage : nous avons vu que cette omission avait surpris le bon Guillaume de Berneville.

moins vive et moins prolongée, celle à laquelle a donné lieu la délivrance de l'âme de Trajan par Grégoire le Grand. Nous n'avons pas à traiter ici ce côté de la question : disons seulement que, si on peut justifier l'hagiographe d'avoir fait remettre par Dieu un péché non confessé en observant que le pécheur le confessa lui-même ensuite, on ne peut guère interpréter favorablement ce qu'il dit de la puissance que Dieu aurait donnée à saint Gilles de remettre à tous ceux qui l'invoqueraient n'importe quel péché, pourvu seulement qu'ils s'abstinssent dorénavant de le commettre [1]. Ce qui nous importe, c'est de rechercher les origines de cette histoire. La voici d'abord en abrégé. Le roi des Francs Charles [2], ayant en-

[1]. Pour toute la discussion théologique, nous renvoyons au livre de M. le chanoine Rembry, t. I, pp. 163-171, bien que nous croyions que le savant ecclésiastique atténue beaucoup trop l'intention de l'hagiographe. Celui-ci a voulu évidemment persuader que la prière à saint Gilles pouvait dispenser le pécheur de la confession : c'était une manière de prêcher pour son saint et, par conséquent, pour son couvent.

[2]. Que ce Charles soit Charlemagne, c'est ce qui nous paraît évident, d'abord par l'absence de toute désignation particulière, ensuite parce que des textes que nous croyons indépendants de la *Vita* lui attribuent positivement cette aventure. On ne peut objecter l'impossibilité pour l'hagiographe d'avoir fait Gilles contemporain à la fois de saint Césaire et de Charlemagne, morts à 273 ans de distance : s'il a entendu Charles-Martel, mort 200 ans après saint Césaire, son ignorance est à peine diminuée. Au moyen âge, tous ceux qui racontent l'histoire en question reconnaissent Charlemagne dans le *Carolus* de la *Vita*, bien que plusieurs d'entre eux fassent florir Gilles en 700 ou dans les premières années du VIIIe siècle. D'autres, qui adoptent cette date, ne parlent pas de Charlemagne, mais ils omettent aussi complètement notre anecdote. Aubri des Trois-Fontaines (*Mon. Germ. SS.*, XXIII, 725) reproche à Sigebert de Gembloux de faire vivre saint Gilles en 715, quand, dit-il, il est authentique qu'il vivait au temps de Charlemagne (passage reproduit dans la compilation historique publiée par Pistorius, *Rer. Germ. SS.*, III, 46 ; voy. Rembry, I, 8). Aux textes mentionnés par M. Rembry comme faisant de Charlemagne le héros de notre histoire (*Ch. de Rolland*, Ph. Mousket, Jean des Prez et ailleurs Hugues de Saint-Victor, l'office de Charlema-

tendu parler des vertus du saint ermite devenu abbé, le prie de venir le voir. Il y consent, se met en route, accomplit, en traversant Orléans, un de ses miracles accoutumés, et arrive au séjour royal, qui n'est pas autrement désigné[1]. Charles s'entretient beaucoup avec Gilles, et finit par lui demander de prier spécialement pour lui à l'occasion d'un péché honteux qu'il avait commis, dont il ne s'était jamais confessé, et qu'il n'osait pas lui avouer à lui-même. « Le dimanche suivant, comme le saint homme,

---

gne composé en 1165, la châsse de Charlemagne à Aix), il faut ajouter : le *Rolandslied* de Conrad et du Stricker, la *Karlamagnus-Saga*, Aubri, le *Karl Meinet*, un vitrail de la cathédrale de Chartres (voy. Vétault, *Charlemagne*, p. 547), etc. Nous reparlerons de ceux de ces textes qui offrent un intérêt particulier. — Gilles de Paris, l'auteur du *Carolinus* dédié à Louis VIII, est seul à soutenir que saint Gilles était contemporain de Charles le Chauve ; et c'est à celui-ci qu'il attribue l'aventure du péché remis (voy. le passage à l'*Appendice*, n° I).

1. Les termes de la *Vita* sont formels : *Pergens ad regem Aurelianis hospitatus est..... Deinde vero ad Carolum regem proficiscitur.* Le vieux traducteur ne s'y était pas trompé : *Tant ala qu'il vint a Orliens ; la se herberga il une nuit... De la s'en ala li sains hom a Charlemaine* (voy. G. Paris, *Hist. poét. de Charl.*, p. 379). Nous ne comprenons pas comment on a pu s'y méprendre et faire d'Orléans le théâtre de l'aventure. Ce furent sans doute les clercs orléanais qui profitèrent de la mention dans le texte latin de leur ville et de l'église de Sainte-Croix pour lui attribuer l'honneur du miracle. Les poèmes, comme nous le verrons, le placent en des endroits divers. Jean des Prez (voy. à l'*Appendice*, n° II) le met expressément à Orléans, en ajoutant que saint Gilles faisait alors ses études dans l'université de cette ville. — Stilting (*l. c.*, p. 303) dit que le passage de la *Vita* peut signifier ou que d'Orléans Gilles alla dans une autre ville trouver Charles, ou que dans Orléans même il se rendit à son palais. Mais les expressions *hospitatus est, proficiscitur* ne permettent pas de douter que la première interprétation soit la seule vraie. M. Rembry (suivant d'ailleurs M. Teissonnier) a édifié sur la seconde tout son système chronologique. — Orléans était une étape constante pour ceux qui se rendaient du Midi dans le Nord de la France : Guillaume *au court nez*, allant d'Orange à Laon, passe aussi par cette ville d'après la chanson d'*Aleschans*.

célébrant la messe, priait, au canon, le Seigneur pour le roi, l'ange du Seigneur lui apparut et déposa sur l'autel un parchemin *(scedulam)*, dans lequel le péché du roi était exposé en détail et il était dit que, par les prières de Gilles, ce péché lui était remis, pourvu seulement qu'il s'en repentît et s'en abstînt désormais. Et à la fin on pouvait y voir encore que tous ceux qui invoqueraient saint Gilles pour un péché quelconque, pourvu seulement qu'ils cessassent de le commettre, devaient croire sans aucun doute que ce péché leur était remis par le Seigneur. Le serviteur de Dieu, voyant cela, rendit grâces au Seigneur, et, l'office terminé, donna au roi le parchemin à lire. Alors le roi, reconnaissant le crime qu'il avait commis, tomba à ses pieds, lui demandant d'être auprès du Seigneur son avocat par ses prières. L'homme de Dieu le recommanda au Seigneur par ses prières, et l'avertit, avec une sévérité bienveillante, de ne plus renouveler son péché [1]. »

A en croire une autre légende, Charlemagne ne serait pas le premier roi qui eût reçu ainsi le pardon d'un grave péché sans l'avoir confessé, ni saint Gilles le premier qui eût obtenu ce pardon par ses prières. Si on change les noms, on retrouve presque la même histoire attribuée à Clovis et à saint Eleuthère, évêque de Tournai († 531). « Le roi Louis [2], celui que saint Remi baptisa, ayant appris la renommée de l'évêque de Tournai, vint dans sa cité, et se plut beaucoup à entendre sa prédication. Celui-ci, devinant par l'inspiration de l'Esprit saint pourquoi le roi était venu, lui dit : Je sais, seigneur, pourquoi tu es venu à moi. Le roi le contredisant [3] (il avait commis depuis son

---

1. L'église Sainte-Croix, où on prétendait à Orléans que s'était passée cette scène, possédait encore au xvi⁰ siècle « la cédule de l'empereur Charlemagne, apportée du ciel par l'ange à saint Gilles (G. Paris, *Hist. poét. de Charlemagne*, p. 380). » Personne ne l'a malheureusement transcrite, sans doute par discrétion.

2. *Ludovicus;* cette forme de nom indique au moins qu'on n'a pas de cette vie des mss. bien anciens.

3. *Cui cum rex contradiceret*, phrase assez obscure, comme l'est d'ailleurs toute cette narration.

baptême un péché qu'il n'est pas permis de dire publiquement), l'évêque dit : Tu as péché, et tu n'oses pas le confesser. Alors le roi avoua en pleurant que c'était vrai, et le pria de célébrer la messe pour lui, et d'implorer la clémence divine. L'homme de Dieu, voyant la foi du roi, ne refusa pas, et, pour se préparer, passa toute la nuit à veiller dans les larmes. Le matin, comme il célébrait la messe, préparé à recevoir le corps sacré de l'agneau sans tache, l'ange du Seigneur apparut, une grande clarté remplit en un moment toute l'église dédiée à la sainte vierge Marie, et l'ange dit : Eleuthère, serviteur de Dieu, tes prières sont exaucées. Et il lui montra et lui donna par écrit le péché du roi, qu'il n'est pas permis de dire publiquement. Le roi rendit grâces à Dieu et à saint Eleuthère et retourna chez lui en laissant au saint de riches présents [1]. »

Le rapport de ces deux légendes est évident, et on croira difficilement à deux inventions indépendantes ; mais il n'est pas dit pour cela que l'une dérive de l'autre. Il n'est même nullement prouvé que celle de saint Eleuthère soit plus ancienne que celle de saint Gilles : il est vrai que l'évêque tournaisien vivait un siècle et demi avant l'abbé méridional ; mais cela ne signifie rien. Dans la plus ancienne vie de saint Eleuthère, qui paraît bien en substance remonter à l'époque mérovingienne, il n'est pas dit un mot de Clovis ni de l'écrit céleste [2] ; quant à la vie anonyme et postérieure où cet épisode a été inséré, nous ne voyons aucune raison de la croire, dans les parties qui lui

1. *AA. SS. Febr.*, III, 193. La *Vita sancti Eleutherii* de Guibert de Tournai (XIIIe s.) n'est qu'une refaçon en plus beau latin de la vie à laquelle nous empruntons ce morceau. Le passage correspondant dans Guibert est à la page 203 ; le roi est également appelé *Ludovicus*.

2. On trouve dans cette vie un trait qui a pu donner au second biographe l'idée d'y joindre le nôtre : un ange révèle à Eleuthère, pendant qu'il dit la messe, qu'un *tribunus* païen qui lui est très hostile se fera un jour baptiser par lui.

sont propres, plus ancienne que la vie de saint Gilles. L'embarras visible qui règne dans le récit de l'épisode qui nous occupe semble dénoncer la main tremblante d'un interpolateur peu sûr de lui-même, et qui enchâssait le premier dans la couronne de son saint un joyau qu'il avait dérobé ailleurs : il est fort possible qu'il ait transporté à Clovis ce qu'il avait entendu raconter de Charlemagne [1].

C'est, en effet, Charlemagne, comme dans la *Vita sancti Egidii*, qui est le héros d'une aventure semblable dans une autre légende; seulement le saint qui obtient sa grâce de Dieu est non plus saint Gilles, mais Théodule, évêque de Sion (ou de Martigni). La vie de ce saint, dont le nom même est incertain (on trouve *Theodulus*, *Theodolus* et *Theodorus*), est relativement assez récente; mais elle paraît, pour le fait en question, s'appuyer sur une tradition locale. Théodule avec d'autres évêques est invité à un concile par Charlemagne : là l'empereur leur déclare à tous qu'il a la conscience chargée d'un gros péché, et qu'il les prie de dire des messes pour obtenir que Dieu le lui pardonne. Les prélats promettent de dire, dès qu'ils seront rentrés dans leur diocèse, l'un dix messes, l'autre vingt, l'autre trente; Théodule n'en offre qu'une, et s'attire ainsi la risée de ses collègues, l'indignation de l'empereur. Revenu chez lui, il passe son temps en prières et en larmes; enfin, il célèbre la messe à l'intention de l'empereur, et un ange lui révèle le péché commis et lui annonce qu'il est pardonné. Au jour convenu, les évêques se réunissent de nouveau; aucun ne sait donner un bon conseil à l'empereur; mais Théodule le prend à part, et, en lui apprenant qu'il sait son péché, lui apprend en même temps

---

1. Il faut remarquer que le début du récit est plus naturel dans la vie de saint Eleuthère que dans celle de saint Gilles : Clovis, tourmenté par sa conscience, vient à Tournai, au lieu que Charlemagne fait venir Gilles du fond de la Gaule méridionale. Cette invraisemblance indique bien que le récit est primitivement étranger à l'abbé septimanien.

la grâce que Dieu lui a faite. En récompense de ce service signalé, Charles donna le Valais à l'église dont Théodule était évêque [1]. — On voit qu'ici l'écrit, la *cédule*, la *charte* des autres récits manque ; tout ce récit a d'ailleurs assez l'air d'une amplification faite sur une tradition orale.

Quoi qu'il en soit, l'histoire de Charlemagne et de saint Gilles se trouve racontée ailleurs que dans la vie latine du saint, et avec des circonstances différentes qui ne permettent guère de douter que nous n'ayons affaire à un récit indépendant. Nous essaierons plus loin de montrer que cette légende s'est formée dans le nord de la France, qu'elle était d'abord étrangère à saint Gilles, mais inséparable de Charlemagne, et que l'auteur de la *Vita* l'a empruntée à la tradition orale ou à quelque poème aujourd'hui perdu, non sans la modifier gravement. Il la trouvait déjà munie du nom de saint Gilles, qui était célèbre de bonne heure dans la France du nord ; mais la légende populaire, qui ne connaissait du saint que son nom, ne s'était pas préoccupée des distances de temps et de lieu qui séparaient Gilles et Charlemagne. Pour notre hagiographe, la difficulté chronologique n'existait pas, mais il n'en était pas de même de l'autre, et il dut d'abord trou-

---

1. *AA. SS. Aug.*, III, 278. L'histoire en question est rappelée dans l'hymne en l'honneur de saint Théodule usité dans l'église de Sion ; *AA. SS., l. c.*, 276 ; Mone, *Lat. Hymnen*, III, 516. — Quant à l'attribution de la même histoire à saint Leu, elle repose uniquement sur le fait que la fête de saint Leu et de saint Gilles tombait le même jour (ce qui les a fait aussi choisir pour patrons communs de l'église Saint-Leu-Saint-Gilles à Paris) ; la prose *Promat pia vox cantoris*, qui est consacrée à saint Gilles et qui rapporte le miracle de la charte, est mise par erreur au nom de saint Leu dans le vieux missel de Paris (1516, in-4º). Le P. Cahier (*Caractéristiques des saints*, t. I, p. 172) discute inutilement le rapport de cette prétendue légende de saint Leu à celle de saint Gilles. Voy. aussi Crosnier, *Iconographie chrétienne* (Paris, 1848, in-8º), pp. 277, 314 ; l'iconographie a, en effet, commis plus d'une fois la même erreur d'attribution.

ver assez malaisé de mettre son héros, ermite puis moine sur les bords de la Méditerranée, en relation avec Charlemagne. Nous avons vu le moyen qu'il a employé : Charles, ayant entendu parler du saint et espérant par lui décharger sa conscience du fardeau qui l'oppresse, le fait prier de venir le trouver, et celui-ci traverse toute la France pour aller s'entretenir avec le roi. C'est fort peu vraisemblable; et la légende française, qui, sans s'embarrasser de ces détails, représente le saint comme vivant habituellement auprès du roi, contient bien probablement la forme première du récit.

Nous reviendrons tout à l'heure sur le rôle de saint Gilles dans l'épopée carolingienne et sur les différentes formes qu'a prises le récit de la charte céleste. Pour terminer ce qui concerne la *Vita*, il nous reste à noter ce qui est dit de la destruction de l'abbaye. D'après l'hagiographe (§ 22), Gilles, bientôt après être revenu d'auprès de Charlemagne, prédit à ses frères que son monastère, dans un temps peu éloigné, serait détruit par les ennemis *(indicavit fratribus monasterii sui ab hostibus eversionem haud longo post tempore futuram)*. C'est ce pressentiment qui le décide à aller à Rome; il revient à son abbaye pour mourir, et il n'est pas question de cette destruction, que l'hagiographe se représente comme arrivée après sa mort[1]. Il est probable qu'il faut voir là un souvenir, traditionnellement conservé dans le monastère, de l'invasion des Sarrasins en Septimanie en 719; cette invasion, malgré les victoires de Charles Martel, se prolongea assez tard, et la *cella sancti Petri in valle Flaviana* ne fut sans doute repeuplée que bien des années après : on comprend qu'une interruption de possession aussi violente et aussi lon-

1. L'ingénieux système de combinaison qui a trouvé son plus habile metteur en œuvre dans M. Rembry place la visite à Rome vingt-sept ans avant le voyage en France, et donne à ce voyage, contrairement à l'assertion formelle de la *Vita*, pour motif l'invasion des Sarrasins, qui, d'après la *Vita*, ici digne de créance, n'eut lieu qu'après la mort du saint.

gue ait laissé des traces dans la mémoire des moines et n'ait pas été oubliée même au x⁰ siècle. Dès lors, il était naturel qu'on la fît prédire au saint fondateur de l'abbaye.

Résumons-nous : Aegidius, sans doute Provençal et non Grec, obtint en 673 de Wamba la concession de la vallée Flavienne pour y bâtir un monastère; il offrit ce monastère au siège apostolique en 685, et reçut en échange un *privilegium* du pape Benoit II ; il était mort avant 719, époque où les musulmans envahirent la Septimanie. Telles sont les seules données historiques que nous possédions sur ce personnage : tout ce qui les dépasse dans sa vie latine appartient au domaine de la fiction [1].

V

*Saint Gilles dans la littérature du moyen âge.*

Saint Gilles resta longtemps inconnu, comme il était naturel, hors du pays où il avait vécu. Son monastère est mentionné pour la première fois dans un acte officiel du temps de Charlemagne [2], puis au concile tenu à Aix en 817, sous le nom de *monasterium sancti Egidii in valle Flaviana*, ce qui prouve que la sainteté du fondateur était généralement admise (il n'y fallait point alors de formalités canoniques); le nom

---

1. Il y aurait encore plus d'une remarque à faire sur les rapports de l'histoire et de la vie de saint Gilles, par exemple sur l'emplacement de sa *cella*, sur la relation de la ville de Saint-Gilles avec cette *cella* et avec l'ancienne Héraclée, sur le titre de comte de Saint-Gilles, etc.; mais ces recherches dépasseraient les limites où doit se renfermer cette étude.

2. Voy. Migne, *Patrol. lat*, t. XCVIII, col. 484.

de saint Pierre, auquel Gilles l'avait dédié et qui apparaît encore dans un diplôme de Louis le Pieux (*cella quae dicitur Vallis Flaviana, quae est in honore sancti Petri principis apostolorum constructa*), fut remplacé par celui de Gilles lui-même[1]. Dans les démêlés qui se produisirent vers la fin du ixe siècle entre l'évêque de Nîmes et l'abbé de Saint-Gilles, ce dernier nom est le seul usité[2]. La forme que le nom latin *Aegidius* a prise en français atteste que le mot n'a pas constamment vécu dans l'usage populaire, où il n'aurait guère pu donner que *Eï, I,* ou, si la première syllabe était tombée de bonne heure, *Gi*. La forme *Gille* remonte à un plus ancien *Gilie*, de même que *Gire*, usité concurremment dans notre poème[3], remonte à un plus ancien *Girie*. *Gilie* et *Girie* sont des transformations, soit successives, soit parallèles[4], d'une forme *Gidie*, dans laquelle la conservation du *d*, de l'*i* et, sous la forme *e*, de la voyelle finale du latin, fait reconnaître un mot étranger, introduit à une époque relativement récente[5]. Il faut en dire autant des formes provençales *Gili* et *Giri*, qui remontent à *Gidi*, et qui indiquent que le nom *Aegidius* ne s'est pas conservé en Provence comme prénom vulgairement employé, mais que, tombé en désuétude, il a été emprunté postérieurement au saint de la vallée Flavienne devenu célèbre. L'espagnol *Gil* vient du provençal *Gili*. Nous ne savons pas à quelle circonstance l'obscur fondateur d'un petit couvent du fond de la Septimanie dut la gloire qui entoura tout à coup son nom et qui valut à son tombeau, pendant des siècles, la visite d'innombrables pèlerins. C'est certaine-

---

1. Voy. *AA. SS. Sept.*, I, pp. 284, 292.
2. Voy. ci-dessus, p. xlix.
3. Voy. ci-dessus, p. lxxxii.
4. Sur le rapport et l'explication de ces formes, voy. *Romania*, VI, 254, et les passages qui y sont cités.
5. *Gilles* est la forme du cas-sujet, qui s'est maintenue dans beaucoup de noms propres (*Charles, Jacques, Georges, Louis*, etc.) au détriment du cas-régime.

ment en qualité de thaumaturge qu'il obtint cette faveur si lucrative pour son monastère; mais on ne sai̇t pas ce qui lui attira cette réputation et quand elle commença. Saint-Gilles est déjà mentionné comme un des buts les plus fréquentés de pèlerinages dans un acte de 1046 [1], ce qui indique que les pèlerins s'y dirigeaient depuis assez longtemps déjà. La *Vita* ne fait aucune allusion à ces visites pieuses [2], mais elle dut contribuer beaucoup à les susciter, en racontant les miracles accomplis par le saint de son vivant et surtout, peut-être, en rapportant la rémission du péché de Charlemagne et la promesse faite par l'ange d'une semblable rémission pour tous les pécheurs qui invoqueraient saint Gilles. Quoi qu'il en soit, le culte du saint, à partir du x$^e$ siècle, se répandit par toute l'Europe avec une singulière rapidité. Nous avons vu que Fulbert de Chartres avait composé pour lui un office; à la fin du xi$^e$ siècle [3], un jongleur nommé Gondran, natif de Saint-Gilles en Septimanie, bâtit sur le Publémont, près de Liège, un ermitage qu'il dédia au patron de son lieu natal et qui devint le centre d'une abbaye; au commencement du xii$^e$ siècle, nous voyons de toutes parts s'élever, en l'honneur du saint narbonnais, en France, en Angleterre, en Allemagne, et jusqu'en Hongrie et en Pologne [4], églises et abbayes richement dotées. Nous n'avons pas à faire l'histoire du culte de saint Gilles, que divers historiens ont déjà traitée plus ou moins à fond. Nous restreignant à la litté-

---

1. *AA. SS.*, l. l.
2. Guillaume de Berneville, au contraire, fait prédire par le saint au moment de sa mort, les pèlerinages qu'attirera son tombeau (vv. 3549-55), et les mentionne ensuite expressément (vv. 3744-55).
3. Jean des Prez, il est vrai, place cet événement en 968, et la plupart des auteurs postérieurs le mettent en 976, également du temps de saint Rotger, évêque de Liège; mais le seul écrivain ancien qui le rapporte, Rupert de Saint-Laurent († 1128), le présente comme un fait contemporain, et d'autres raisons appuient cette date (voy. Rembry, t. II, pp. 291, 313).
4. Voy. Rembry.

rature, nous devons surtout parler de la place singulière qui a été faite à ce personnage dans l'épopée carolingienne.

Nous avons émis plus haut la conjecture que l'auteur de la *Vita* avait emprunté l'histoire du péché remis à Charlemagne par l'intercession de saint Gilles à une tradition répandue au nord de la France. Ce qui nous le fait penser, c'est d'abord que cette légende se retrouve attribuée soit à Charlemagne avec saint Théodule, soit à Clovis avec saint Éleuthère; c'est surtout que, rapportée même à Charlemagne et à saint Gilles, elle nous apparaît dans l'épopée française sous une forme qui semble bien indépendante de la *Vita*. On lit dans la *Karlamagnus Saga*, compilation de récits sur Charlemagne rédigée en norvégien dans la première moitié du XIIIe siècle, l'histoire suivante[1] : Charlemagne, étant revenu à Aix après son couronnement à Rome, y trouva sa sœur Gisle[2] et eut avec elle un commerce coupable. Plus tard, il confessa tous ses péchés à l'abbé Egidius[3], excepté celui-là. Egidius lui donna l'absolution et alla dire la messe. « Et pendant qu'il disait sa messe, Gabriel l'ange de Dieu vint et déposa un écrit sur la patène. Et il y avait dans l'écrit que le roi Charlemagne ne s'était pas confessé de tous ses péchés. » L'écrit révélait le péché commis, et ajoutait qu'il fallait marier au plus tôt la jeune princesse à Milon d'Angers : dans sept mois, elle mettrait au monde un fils, auquel on devrait donner le nom de Rollant. Egidius porte l'écrit au roi et lui en fait lecture : le roi tombe à ses pieds, avoue sa faute, et, conformément à l'écrit, donne

---

1. *Karlamagnus Saga ok kappa hans....* udgivet af C. R. Unger (Christiania, 1860), p. 31 (I, 36).

2. C'est la *Gisla* d'Eginhard; *Gisla* ou *Gisela*, en anc. fr. *Gisle Gille*, n'a rien à faire avec le nom de notre saint (c'est le nom que nous rendons par *Gisèle*). Les mss. norvégiens portent ici *Gilem* ou *Gelem*; c'est la forme du cas-régime, fr. *Gislain, Gilain*.

3. La rédaction A de la *Saga* porte simplement *Egidium*; la rédaction B, confirmée par la version danoise, *Egidio abota*.

sa sœur à Milon, qu'il fait duc de Bretagne. Sept mois après naît un garçon qu'on appelle Rollant ; l'abbé Egidius [1] se charge de le faire élever.

Il paraît, d'après la forme des noms propres qui figurent dans ce morceau, que le traducteur norvégien avait sous les yeux un texte français *(Gilem=Gislain)*, traduit lui-même du latin et ayant conservé le nom latin *Egidius*. Ce récit est, en tout cas, indépendant de la *Vita* [2] : l'important est ici le péché du roi et non la rémission qui lui en est faite ; ce péché, passé sous silence dans la *Vita*, est spécifié ; Charles ne déclare pas à Gilles qu'il lui cache une faute, et Gilles ne prie pas Dieu de la lui pardonner ; la charte contient, outre l'absolution, des dispositions pratiques ; enfin, la scène du miracle est à Aix. Cette légende semble être une addition postérieure faite au récit plus ancien d'après lequel Rolland était le fils de Charlemagne et de sa sœur [3]. Ce récit, qui est emprunté sans doute à une épopée antérieure et qui avait originairement un caractère mythique [4], dut scandaliser quand il se fut appliqué à Charlemagne, regardé comme un saint autant que comme un héros. Tout en admettant la faute du grand empereur, on voulut établir que Dieu, en considération de ses autres mérites, la lui avait pardonnée : l'ange Gabriel, intermédiaire ordinaire entre Dieu et Charlemagne [5], dut apporter du ciel une charte en bonne et due forme pour remettre à l'empereur son péché [6] et

1. La rédaction A de la *Saga* porte ici *Ligger aboti* ; la rédaction B a simplement *aboti*, ce qui désigne Egidius.
2. C'est par erreur qu'il est dit dans l'*Histoire poétique de Charlemagne*, p. 378, que la source latine où a puisé la *saga* est la *Vita Egidii*. Les deux récits diffèrent trop visiblement.
3. Voy. là-dessus l'*Histoire poétique de Charlemagne*, p. 381. Il faut seulement modifier l'appréciation des récits d'après ce qui est dit ici.
4. *Hist. poét. de Charlemagne*, p. 433.
5. *Hist. poét. de Charlemagne*, p. 359.
6. La rémission du péché n'est pas formellement exprimée dans le récit norvégien, mais il est clair qu'elle ne manquait pas, soit

régler le mariage de Gisle avec Milon, mariage qui, arrangé par l'empereur seul, aurait pu paraître choquant, mais auquel il n'y avait rien à dire du moment qu'il était ordonné par Dieu même. Quant à l'abbé qui reçut la charte divine et la transmit à Charles, il ne joue qu'un rôle secondaire; il ignore que son pénitent lui a caché la plus grave de ses fautes, et ce n'est pas, par conséquent, sur son intercession qu'elle lui est remise. Peut-être, dans la première forme du récit, n'était-il pas nommé, et reçut-il plus tard le nom de Gilles à cause de la célébrité que le tombeau de ce saint, objet de pèlerinages, prit à partir du x<sup>e</sup> siècle. L'auteur de la *Vita*, en tout cas, si notre conjecture est fondée, a connu la légende déjà munie de ce nom, mais il l'a transformée en donnant à Gilles un rôle bien plus important et en attribuant la grâce faite à Charlemagne non à ses propres mérites, mais aux prières du saint [1].

Nous retrouvons, semble-t-il, une forme de la légende assez voisine de celle qu'a connue l'auteur de la *Vita* dans la chronique rimée de Philippe Mousket. Cet auteur, qui écrivait à Tournai dans la première moitié du xiii<sup>e</sup> siècle, connaissait en gros la vie de saint Gilles telle qu'elle est dans la *Vita*, ce saint ayant été de bonne heure très populaire dans le nord de la France; mais il n'avait pas lu la *Vita*, car, par une confusion très naturelle et que nous reverrons encore ailleurs, il fait trouver Gilles dans son ermitage, avec sa biche, par Charlemagne lui-même et non par Flavius. Depuis cette aventure, ajoute-t-il, le roi visita souvent l'ermite. Il avait commis un péché qu'il n'avait jamais osé confesser, mais pour lequel il s'était imposé à lui-même de

---

qu'elle fût déjà dans la charte, soit qu'elle suivît la confession subséquente de l'empereur.

1. Naturellement l'interpolateur de la *Vita Eleutherii*, en adaptant à son saint l'histoire de saint Gilles, lui en a transporté tout le mérite. La légende de saint Théodule, si elle repose sur le même récit primitif, l'a altéré de même.

dures pénitences. Or, un jour qu'il entendait la messe que Gilles disait dans son ermitage, l'ange de Dieu déposa sur le missel une charte où était raconté le péché de Charles, avec l'assurance qu'il était pardonné. Gilles montra la charte au roi, qui en fut très joyeux et rendit à Dieu mille grâces [1]. Mousket ne connaît plus le péché de l'empereur; mais ce qui rattache visiblement ce récit à la version de la *Karlamagnus Saga*, c'est que Gilles n'est pas prévenu de la situation pénible où se trouve Charles, et que son intercession n'est pour rien dans le miracle.

C'est avec une certaine hésitation que nous émettons l'hypothèse qu'une allusion à la légende du péché de l'empereur se trouve dans la *Chanson de Rolland*. Saint Gilles y est mentionné dans un passage qui a déjà provoqué beaucoup de commentaires. L'archevêque Turpin, renversé, percé de quatre lances, se relève, et, tirant son épée Almace, fait autour de lui, avant de mourir, un terrible carnage de païens. « Charlemagne, ajoute le poète, dit plus tard qu'il n'en épargna aucun; Charles en trouva autour de lui quatre cents, les uns le corps ouvert, les autres fendus par le milieu, d'autres qui avaient perdu la tête. » Et non content de ce témoignage, il poursuit [2]:

> Ço dist la geste e cil ki el camp fut,
> Li ber [sainz] Gilie, por qui Deus fait vertuz,
> E fist la chartre el muster de Loum,
> Ki tant ne set ne l'ad prod entendut [2].

1. Voy. le texte de Philippe Mousket à l'*Appendice*, n° III.
2. Telle est la leçon du ms. d'Oxford. Le ms. de Venise de l'ancienne rédaction a, au v. 2, *san Guielmo*, par une faute évidente; au v. 3, *Cil fist l'escrito in lo munister de Leuns*; au v. 4, *Quel contradist n'i ait pros intendus*. Les renouvellements se séparent en deux rédactions : l'une, qui comprend T (ms. de Cambridge) et P (ms. de Paris), rime en *uz* et donne la leçon suivante (sauf que T n'a que les deux premiers vers) :

> Li ber saint Gilles pour qui Dieus (P qui por Deu) fait vertuz
> En fist l'escrit (P l'estoire), encore est bien creuz (T tenuz);

On a toujours compris ce passage comme le fait, par exemple, M. Léon Gautier : « Voilà ce que dit la geste, et aussi celui qui était sur le champ de bataille, le baron saint Gilles, pour qui Dieu fait des miracles. Il en écrivit le récit au moustier de Laon. Qui ne sait ces choses n'y entend rien [1] ». C'est déjà ainsi que comprenaient les traducteurs du moyen âge. Conrad le clerc, qui mit le *Rolland* en vers allemands avant 1139, dit, après avoir brièvement décrit les prouesses de Turpin : « Saint Egidie le fit écrire dans la ville de Leun, comme l'empereur le lui ordonna (v. 6646) [2] ». Le traducteur

> Enz el moustier de Loon est veuz ;
> Qui ce ne croit n'a les moz entenduz,
> N'est pas merveille s'il en est mescreuz.

L'autre, comprenant E (ms. VII de Venise) et C (ms. de Châteauroux), rime en *u*, et, conservant le premier vers omis par T P, altère d'ailleurs ce passage d'une façon inintelligible, le brouille avec les vers précédents, et supprime le nom de Gilles :

> Ce dit la geste e cil qui el champ fu,
> Et Charlemaines quant il fu revenu,
> Onque tel clerc n'ot oi ne veu.
> Por Charlemaine fist Dieus mainte vertu.
> A Monleon est escris cest salu :
> Qui ce ne croit ne l'a pro entendu.

Si nous regardons O, V et la source des renouvellements, R, comme trois versions indépendantes, nous voyons que le v. 1 est attesté par O, V et R[2] ; au v. 2 *sainz* par V et R[1], *Gilie* par O et R[1]; *por qui* (l. *cui*) par O, V et T ; au v. 3 O a comme premier mot *E*, V *Cil*, R ne peut aider ; *chartre* est dans O, V et R ont *escrit* ; au v. 4, nous trouvons trois leçons différentes pour le premier hémistiche : *Qui tant ne set* O, *Quil contredit* V, *Qui ce ne croit* R ; mais au second hémistiche *ne l'at prod entendut* est attesté par O et R[2] contre *n'i ad prod entendut* de V (R[1] ne peut servir). Mais si, au contraire, V et R appartiennent à la même famille, la leçon O, sauf pour l'omission de *sainz* au v. 2, peut se maintenir, même quand elle est isolée contre V et R, comme pour *chartre* au v. 3 ; au v. 2 il est difficile de se prononcer.

1. Le sens de ce dernier vers serait plus clair avec la leçon de R.
2. *Das Rolandslied*, hgg. von K. Bartsch (Leipzig, 1874), p. 254. Le renouvellement du poème de Conrad dans le *Karl Meinet* omet le passage ; nous verrons plus loin comment le Stricker l'a développé.

néerlandais du xiiie siècle paraît avoir eu sous les yeux un manuscrit français qui, comme celui d'Oxford, avait omis l'épithète de *saint* donnée à Gilles : il ne l'a pas reconnu et en a fait un comte, mais il comprend bien aussi que ce fut lui qui écrivit l'histoire du combat : « C'est ce que nous apprend, dit-il, celui qui fut sur le champ de bataille ; c'est le bon comte Jelijs qui fit cette geste, sachez-le bien [1] ». Le traducteur norvégien a omis ce passage, qui ne se retrouve pas non plus, que nous sachions, dans les versions italiennes de la *Chanson de Rolland*. — Malgré cet accord dans l'interprétation, il nous semble qu'on pourrait en proposer une autre. Si la leçon du ms. de Venise, *Cil fist l'escrit*, est la bonne, la traduction reçue est seule admissible ; mais si on garde la leçon du ms. d'Oxford, *E fist la chartre*, la construction grammaticale semble s'opposer à cette traduction : le sujet de *fist* doit être non pas *Gilies*, mais *Deus*, et le sens serait alors : « C'est ce que dit la geste, et celui qui fut sur le champ de bataille, le baron saint Gilles, pour qui Dieu fait des miracles [aujourd'hui] et fit [de son vivant] la charte dans l'église de Laon. » On aurait donc là une allusion au miracle de la charte céleste, et la scène du miracle serait placée à Laon. Mais, quoiqu'il en soit de cette interprétation, le passage, même réduit à ses deux premiers vers, attribue à saint Gilles une relation quelconque, soit simplement de la mort de Turpin, soit de la bataille de Roncevaux [2]. On

---

1. Bormans, *La Chanson de Roncevaux*, fragments d'anciennes rédactions thioises (Bruxelles, 1864), pp. 73, 94.

2. Le Stricker, renouvelant au xiiie siècle le poème de Conrad, a pris ce passage pour point de départ d'une invention toute personnelle. Il savait que Gilles était un ermite vivant dans une grotte de Provence, et il n'avait pas sous les yeux le passage du poème français où on le présente comme s'étant trouvé à Roncevaux. Il s'est donc demandé comment il avait pu connaître cette histoire, et il a trouvé le moyen de dissiper tous les doutes que l'on pouvait entretenir sur la véracité des récits de cette bataille, à laquelle personne n'avait survécu : « Entendez, dit-il (v. 8233 ss.), comment

ne trouve nulle part aucune trace de cette relation [1], et il est fort possible qu'elle n'ait existé que dans l'imagination de l'auteur de ces quatre vers, qui, à dire le vrai,

il est arrivé qu'on ait su la vérité sur ce qu'ils ont dit et fait : ils n'ont pu le raconter eux-mêmes, puisqu'ils ont tous été tués. Saint Gilles le pur était depuis longtemps en Provence dans une grotte; Charles l'y savait, et, poussé par Dieu, y venait très souvent (même confusion que dans Mousket entre Charlemagne et Flavius). Or le saint ange lui avait rapporté tout ce récit. Il l'écrivit pour la vérité et le donna ainsi écrit à Charles. Et depuis ce temps, le livre nous est resté sans être faussé. Ce combat plut tant à Dieu que son ange le fit écrire et nous en fit savoir la vérité (*Karl der Grosse*, hgg. von K. Bartsch, 1857, p. 217). » L'idée de faire envoyer un ange à saint Gilles a été suggérée au Stricker par la légende du péché remis, qu'il connaissait d'ailleurs. La Chronique de Weihenstephan (voy. ci-dessous, p. LXXXV) reproduit cette histoire d'après le Stricker (f° 49 *a-c*); seulement elle ne fait visiter saint Gilles par Charlemagne que plus tard, et raconte à ce moment l'incident de la biche, substituant à son tour Charles à Flavius. Gilles remet au roi le récit de Roncevaux qu'il a écrit sous la dictée de l'ange, et Charles fait de lui son chapelain. Nous donnons le texte à l'*Appendice*, n° IV.

1. M. Léon Gautier allègue un autre document qui est, d'après lui, le plus précieux que l'on puisse consulter sur cette tradition, et qui met aussi saint Gilles en rapport avec Roncevaux : il s'agit de la chronique danoise de Charlemagne. « Après avoir énuméré les prodiges qui annoncèrent la mort de Roland, l'auteur danois cite, à l'appui de son récit, le témoignage de saint Gilles : *Le même jour il arriva un grand miracle chez les Franks. Il se fit aussi obscur que s'il avait été nuit. Le soleil ne donna plus de lumière, et maint homme craignit pour sa vie. Saint Gilles* (Egidius) *dit que ce miracle arrivait à cause de Roland, parce qu'il devait mourir ce jour-là* ». Mais « l'auteur danois » (que M. Gautier cite d'après un rajeunissement moderne; voy. l'original dans Brandt, *Pedersen's Skrifter*, t. V, p. 111) n'a fait que traduire en l'abrégeant, au XVe siècle, la *Karlamagnus Saga*; c'est donc à ce texte qu'il faut se reporter. Or la version la plus ancienne, rapportant les prodiges observés en France, dit : « Et il est écrit dans les histoires de saint Denis que tout cela arrivait à cause de Rollant, etc. (VIII, 26). » La rédaction B porte, par une altération visible : « Et on dit qu'il fut attesté par saint Denis... » Le rédacteur danois, sachant sans doute que saint Denis n'était pas contemporain de Charlemagne, lui a substitué Egidius, qu'il connaissait par la légende citée plus haut.

*f*

nous font l'effet d'une interpolation. Le poète avait attesté les exploits de Turpin mourant en rapportant que Charlemagne vit autour de lui, quand il trouva son corps, quatre cents cadavres [1] ; c'était parfaitement suffisant, et il semble que ce soit une seconde main qui est venue ajouter le témoignage de saint Gilles à celui de l'empereur [2]. Quand même le vers 3 n'aurait pas le sens que nous proposons de lui donner, et quand même les vers en question seraient de la même main que ceux qui les entourent, il faudrait toujours chercher dans la légende du péché remis la source de ce passage : c'est cette légende qui avait établi un rapport intime entre saint Gilles et Charlemagne, et dès lors, quand on cherchait un clerc qui eût pu mettre par écrit l'histoire de Charles, on pensait naturellement à Gilles ; on n'avait pas encore eu l'idée de lui donner pour historiographe Turpin lui-même, qu'il fallut pour cela, contrairement à la tradition, écarter du champ de bataille de Roncevaux, où les poèmes lui faisaient trouver la mort.

Les deux autres versions de la légende du péché remis que nous présente notre littérature épique, dans le poème de *Tristan de Nanteuil* [3] et dans la chronique de Jean des Prez [4], remontent, par une transmission plus ou moins directe, à la *Vita,* ce qui se voit à l'importance qu'elles attachent à l'intercession de saint Gilles, et à l'ignorance où elles sont du péché qu'avait commis Charlemagne. Jean des Prez et l'auteur de *Tristan*

---

1. Ce témoignage est même assez mal appliqué ; car Turpin ne meurt pas, dans le poème, à l'endroit où il a livré son dernier combat.
2. La forme *Leum* pour *Loon* ne prouve pas l'interpolation, comme l'insinue un passage de l'*Histoire poétique de Charlemagne* (p. 493). *Loün* de *Lauduno* est même plus correct que *Loon* ou *Laon*. Mais la mention de cette ville indique en tout cas que le passage en question n'appartient pas au noyau primitif du poème, où Charlemagne réside toujours à Aix.
3. Voy. le passage à l'*Appendice* (n° V).
4. Voy. le passage à l'*Appendice* (n° II).

rattachent cependant l'inceste dont Rolland fut le fruit [1] à la légende de la charte céleste, mais avec hésitation, et, à ce qu'il semble, par simple conjecture, en sorte qu'on ne peut affirmer qu'ils représentent l'ancien récit dans sa forme indépendante de la *Vita*. Ce récit, conservé dans la *Karlamagnus Saga* et peut-être dans le *Rolland* et dans Philippe Mousket, s'effaça de bonne heure devant l'arrangement contenu dans la *Vita*, qui dut son succès à la popularité du saint et aux récits que les pèlerins rapportaient de son tombeau.

C'est de la *Vita* que proviennent les différentes versions de notre légende que nous offre l'ancienne poésie allemande. La *Chronique en vers des Empereurs*, composée en Bavière vers 1135, raconte que Charles était oppressé sous le poids d'un péché qu'il ne voulait pas révéler; ayant entendu parler de la sainteté de Gilles (*Egidius*), il lui dit ce qui le tourmentait; le lendemain, après que l'un et l'autre eurent passé la nuit sans sommeil, Gilles, en disant la messe, reçut un *brief*, que n'avait écrit aucune main humaine, où il était dit que tout péché dont on se repent peut être pardonné. L'auteur n'ajoute pas expressément que l'absolution du péché de Charles y était contenue; mais cela ressort du contexte et du dernier mot du récit : « Voilà ce que procura à Charles saint Gilles, le noble saint [2]. » — A peu près en même temps que la *Chronique des Empereurs*, et en Bavière également, paraissait la traduction de *Rolland* par le clerc Conrad. Outre la mention de saint Gilles rapportée plus haut, celui-ci, d'après la légende latine, a introduit dans son poème un court résumé de l'histoire de la charte céleste. Après avoir fait l'éloge de la piété de Charles, il ajoute : « Il ne voulut porter sur lui aucun

---

1. Sur d'autres allusions à cet inceste, sans mention de la rémission du péché, voy. *Hist. poét. de Charlemagne*, p. 381.
2. *Kaiserchronik*, éd. Massmann, v. 15031 ss. Voy. le texte à l'*Appendice* (n° VI).

grave péché. Nous avons le témoignage de saint Gilles (*Egidie*), qu'il pria Notre Seigneur pour lui, qu'il lui pardonna son péché ¹. » Le Stricker, poète autrichien qui composa vers le commencement du xiii⁰ siècle un renouvellement du poème de Conrad, amplifie quelque peu ce passage de manière à montrer qu'il connaissait la légende latine ou peut-être le texte de la *Chronique des Empereurs* ².

Mais notre légende devait prendre en Allemagne un nouveau développement. Dépouillée par l'auteur de la *Vita* de ce qui en faisait primitivement l'objet principal, l'inceste de Charlemagne, elle le remplaça en s'annexant un autre récit, absolument inconnu en France, et d'après lequel Charles, sous l'influence d'un charme, aurait longtemps entretenu un commerce criminel avec le corps mort d'une femme qu'il avait aimée vivante ³. Le compilateur d'une histoire de Charlemagne désignée assez improprement sous le nom de *Karl Meinet* a mis ce récit en rapport avec celui de la charte céleste, mais d'une manière incertaine, et tout à fait comme des auteurs français cités plus haut font pour le récit de l'inceste. Après avoir raconté d'après la *Vita* l'heureuse intercession de saint Gilles, il ajoute : « J'ai vraiment entendu dire à des gens qui l'expliquent ainsi que ce péché caché, c'était celui que commit Charles en dormant avec la femme morte ⁴. » Ce compilateur écrivait

---

1. V. 3003 ss., éd. Bartsch. Cette phrase mal bâtie est difficile à rendre. On pourrait croire que, par les mots *Thaʒ urkunde wir vone sente Egidien haben*, Conrad indique qu'on montrait encore (comme plus tard à Sainte-Croix d'Orléans, voy. ci-dessus, p. LXVII, n. 1) la charte même envoyée du ciel ; mais ce serait sans doute prendre ces mots trop à la lettre.

2. V. 3541 ss., éd. Bartsch. Voy. le texte à l'*Appendice* (n° VII).

3. Sur les diverses versions de ce conte, sans immixtion de la légende de saint Gilles, voy. *Histoire poétique de Charlemagne*, pp. 382 ss.

4. *Karl Meinet*, éd. Keller, pp. 490-494 (fol. 317-321). Voy. le texte à l'*Appendice* (n° VIII). C'est M. Bartsch (*Ueber Karl Meinet*,

vers le commencement du xiv<sup>e</sup> siècle ; dès le xiii<sup>e</sup>, et sans la même hésitation, le chroniqueur poète Jans Enenkel, de Vienne, rattachait étroitement l'histoire de la charte et celle de l'amour posthume. D'après lui, Charles, à l'insu de tout le monde, se livrait à son étrange passion ; un jour saint Gilles [1] disait la messe, quand une colombe lui apporta une lettre tracée en caractères d'or, où était révélé le péché de l'empereur. Gilles montre à Charles l'écrit céleste, et, conduit près du cadavre, il en fait ouvrir la bouche close, d'où tombe la pierre magique qui produisait l'enchantement : aussitôt le corps se réduit en cendres. Charles se repent du fond du cœur, et Gilles lui impose une dure pénitence [2]. Ce récit d'Enenkel, mis en prose, forme le dernier chapitre de la chronique de Weihenstephan [3].

Telles furent, dans les littératures de la France et de l'Allemagne, les vicissitudes de la légende du péché remis à Charlemagne par l'intermédiaire de saint Gilles. Nous parlerons beaucoup plus brièvement du succès de la *Vita*. Elle ne paraît pas avoir suscité d'autres imitations en vers vulgaires que celle de Guillaume de Berneville ; elle fut traduite en prose française au xiii<sup>e</sup> siècle [4],

---

p. 43) qui attribue au compilateur des divers poèmes dont se compose le *Karl Meinet* la composition de ce morceau. Le résumé de ce passage donné dans l'*Histoire poétique de Charlemagne*, p. 384, n. 1, est inexact.

1. *Egidius* : divers mss. omettent son nom et disent simplement « un évêque »; c'est une mauvaise leçon.

2. Le passage d'Enenkel est imprimé dans Massmann, *Kaiserchronik*, t. III, pp. 1020 s. Nous le reproduisons à l'*Appendice* (n° IX).

3. Von Aretin, dans son résumé des douze derniers chapitres de la chronique, ne nomme pas le saint en analysant le xviii<sup>e</sup> et dernier, intitulé (en marge) *Hic peccavit*. Le ms. de l'Institut (voy. *Romania*, XI, p. 110, ss.) porte à plusieurs reprises *Gylg*. Nous donnons à l'*Appendice* (n° IV) ce texte, qui suit de fort près Enenkel, sauf qu'il ajoute à la fin le trait relatif à la fondation d'Aix, qui manque dans celui-ci.

4. M. Raynaud a bien voulu rechercher pour nous les mss. de cette traduction qui se trouvent à la Bibliothèque Nationale. Le

et, insérée dans la *Legenda aurea* de Jacques de Varaggio, elle fut aussi traduite en français sous la forme abrégée qu'il lui donna [1]. Il est superflu d'indiquer ici toutes les compilations historiques du moyen âge qui en ont reproduit des extraits plus ou moins longs. Disons seulement qu'elle a servi de base à diverses poésies liturgiques latines faites en l'honneur de saint Gilles [2], et que le trait de la charte céleste a été admis dans la prose composée en 1165 pour la fête de saint Charlemagne [3]. Remarquons aussi que la *Vita* a servi de source à un poème allemand du moyen âge [4]. Quant au culte de saint Gilles et aux miracles qu'on lui attribue, nous n'avons pas à nous en occuper; on trouvera ailleurs la liste curieuse des maladies ou des périls contre lesquels

---

plus ancien, du commencement du XIIIe s., est le n° 23112 (fol. 254); au XIIIe s. encore appartiennent le 23117 (fol. 356) et le 412 (fol. 128), au XIVe le 411 (fol. 170), au XVe le 413 (fol. 291). Une rédaction remaniée, mais sans différences essentielles, se trouve dans le 20330 (fol. 230), du XIVe s. Les autres vies de saint Gilles en prose française font partie des versions de la Légende dorée.

1. Inutile de relever les mss. du texte et de la traduction de la *Legenda aurea*. Jacques de Varaggio s'est borné à abréger la *Vita* ; nous avons cité plus haut son étymologie d'*Egidius*.

2. Voy. Mone, *Lateinische Hymnen des Mittelalters*, t. III, pp. 165 ss., nos 759-761 ; Kehrein, *Lateinische Sequenzen des Mittelalters*, pp. 340-41, nos 487-88; cf. ci-dessus, p. XLVII, n. 1. Deux proses sur saint Gilles, *Congaudentes exultemus*, et *Promat pia vox cantoris*, admises par M. Léon Gautier dans les œuvres d'Adam de Saint-Victor, sont maintenant reconnues par ce savant comme ne lui appartenant pas (*Œuvres poétiques d'Adam de Saint-Victor*, 2e édition, p. 220, 241). Voy. encore d'autres poésies liturgiques sur ce sujet, ainsi que divers offices en l'honneur du saint, dans les *Analectes liturgiques* qui terminent le grand ouvrage de M. Rembry (t. II, pp. 437-514). Cf. aussi ci-dessus, p. XVI, n. 3.

3. Voy. G. Paris, *Histoire poétique de Charlemagne*, pp. 64, 380.

4. On n'en a qu'un fragment récemment découvert à Trèves, imprimé dans la *Zeitschrift für deutsches Alterthum*, XXI, 331, et de nouveau dans la *Germania*, XXVI. Un autre fragment, plus anciennement publié, paraît appartenir à un remaniement du même poème (*Zeitschrift*, XXI, 407).

sa protection passe pour être particulièrement efficace [1].

Quant au poème de Guillaume de Berneville, il ne paraît pas avoir eu beaucoup de succès. Nous ne l'avons trouvé cité ou employé nulle part, et nous aurions pu croire que personne ne l'avait lu au moyen âge si une publication toute récente ne nous avait montré qu'en Angleterre au moins, dans le pays où il avait été écrit, on le connaissait encore au bout de deux siècles. John Lydgate a composé en strophes de huit vers une courte vie de saint Gilles, qui vient d'être imprimée par M. Horstmann [2], et pour laquelle il s'est visiblement servi de notre poème. C'est ce qu'on reconnaît au trait suivant : nous avons vu que Guillaume de Berneville avait fait de *Flavius, rex Gothorum*, séjournant à Nîmes, un *Flovent, rei de Tulusane, de Gascoine, de Provence e de Burguine*, résidant à Montpellier et vassal du roi de France. Lydgate a encore enchéri sur cette confusion, en changeant *Tulusane* en *Tuskan*, en sorte que son roi *Fluent*, qui tient sa cour à *Mountpilerys*, règne sur la *Burgogne*, comme sujet du roi de France, tandis que Gilles est ermite à *(sic) Tuskan, adjacente à Gascoigne* (la Provence a disparu) [3]. Lydgate n'a pu trouver ces noms ailleurs que dans le poème

---

[1]. Nous renvoyons encore les curieux aux abondants renseignements fournis par M. Rembry.

[2]. *Altenglische Legenden*. Neue Folge. Heilbronn, 1881, p. 371. La notice donnée sur saint Gilles par l'éditeur est assez bizarre. Il doute que Gilles ait été abbé : c'est la seule chose assurée dans sa biographie.

[3]. Voici ces vers vraiment curieux (v. 113-121) :

> This myracle and this uncouth thing
> Was at Tuskan, to Gascoigne adjacent,
> Upon Burgogne rengyng there a (*éd.* as) kyng,
> As I reede, his name was Fluent,
> Which in huntyng set al his entent,
> Curteys, gentyl in al his governaunce;
> To conclude shortly in settlement,
> He was soget to the kyng of Fraunce;
> At Mountpilerys holding his sejour.....

français de Guillaume. Il déclare cependant (v. 31) qu'il travaille sur le latin, et il dit vrai, car sur plusieurs autres points où le poème français s'écarte du texte latin, il est d'accord avec la *Vita* : ainsi la malade guérie par Gilles à Marseille est fille et non mère de Theotrita (v. 76), les miracles de la sécheresse détruite et du fils d'un prince ressuscité, omis dans le français, se retrouvent dans l'anglais (v. 78, 114), etc.[1]. Lydgate avait sous les yeux la légende latine, et à côté le poème de Guillaume, dont il ne pouvait d'ailleurs faire que bien peu d'usage pour la rapide esquisse qu'il a tracée.

Telle est la seule trace qu'ait laissée l'œuvre du bon chanoine qui aimait tant saint Gilles et qui espérait si fermement qu'il le récompenserait d'avoir « translaté » sa vie. Malgré la popularité du saint[2], malgré le mérite du poème, malgré les privilèges promis à ceux qui l'entendront lire et le feront écrire, il ne s'est conservé que dans un seul manuscrit; encore c'est grand hasard qu'après avoir survécu au moyen âge il n'ait pas péri par la suite. Transporté par quelque aventure singulière, de la bibliothèque anglaise où il reposait, dans les Apennins, recueilli par les *Camaldoli*, enlevé à leur couvent à la suite des conquêtes françaises, il a enfin trouvé un asile définitif dans la bibliothèque Laurentienne, où il n'a été découvert que récemment; notre édition sauvera l'œuvre de Guillaume de Berneville d'une destruction toujours à craindre et d'un oubli immérité.

1. Au v. 207 apparaît une ville, *Aralatence*, qui a l'air de devoir son existence moitié à l'*Arelatensem* (*urbem*) du latin, moitié à l'*Orliens* de Guillaume.
2. La fréquence du nom de Gilles atteste cette popularité. Ce nom fut comme on sait, celui d'un type de bouffon populaire, dont la mémoire se perpétue probablement dans le nom de *gilet* donné à un vêtement semblable à celui qui le caractérisait, et dans l'expression *faire Gilles*, pour *faire Gilles Déloge* (on trouve aussi *faire Jacques Déloge*), tirée d'une farce de son répertoire.

Cette édition, par suite de circonstances diverses, s'est trouvée étrangement retardée. Le texte est imprimé depuis plus de cinq ans ; l'introduction a été faite en partie il y a longtemps déjà et remaniée à plusieurs reprises. Ces délais ont eu l'avantage de nous permettre d'utiliser plusieurs travaux récents qui nous ont rendu de grands services. Nous avons pu aussi communiquer le texte à M. Ad. Tobler, qui nous a fourni pour plus d'un passage d'excellentes corrections. Nous avons apporté un soin tout particulier à la confection du glossaire ; nous espérons qu'on en approuvera le plan et qu'il rendra service non seulement pour la lecture de notre poème, mais pour la connaissance du vieux français en général. Il comprend tous les mots et toutes les formes du texte, avec des renvois précis et l'indication exacte de la leçon du ms. quand elle a été corrigée dans l'édition. Les mots qui diffèrent du français moderne ont seuls été traduits, mais la différence la plus légère dans la forme ou dans le sens a suffi pour qu'ils le fussent. Nous devons faire remarquer que ces traductions n'ont pas la prétention de donner tous les sens du mot traduit, mais se bornent à celui ou à ceux qu'il a dans le poème : c'est, croyons-nous, la meilleure méthode à suivre pour le glossaire d'un texte particulier. Nous nous sommes aussi abstenus de tout rapprochement avec d'autres textes, bien que nous ayons naturellement comparé, pour établir le sens, ceux dont nous avions connaissance. Nous croyons qu'à l'aide de ce glossaire la *Vie de saint Gilles* n'offrira de difficulté sérieuse à aucun lecteur de bonne volonté.

# APPENDICE

## I (p. LXIV).

### Le Carolinus de Gilles de Paris.

Voy. sur cet ouvrage G. Paris, *Histoire poétique de Charlemagne*, p. 106. La raison que donne Gilles de Paris pour faire vivre saint Gilles sous Charles le Chauve est curieuse : c'est, dit-il, que le pape auquel Gilles dédia son abbaye était Benoit III (855-858), successeur de Sergius II (il oublie Léon III, qui régna entre les deux). Gilles de Paris avait donc trouvé dans une chronique (peut-être les *Gesta Joannis VIII*) la mention d'un pape Benoit comme contemporain de saint Gilles, et il a écarté Benoit II, parce que ce pape était mort avant la naissance du premier des Charles. Sa critique a fait fausse route, comme celle des modernes qui substituent Charles-Martel à Charlemagne, parce qu'il a supposé l'hagiographe plus véridique et plus instruit qu'il ne l'était. Voici le passage relatif au miracle de la charte céleste ; c'est à propos de Charles le Chauve qu'il est raconté (ms. de la Bibl. Nat. lat. 6191, f° 28 ss.) :

> Nomen avi tenuit, nec degener extitit, hujus
> Moribus egregiis heres, cognomine calvus,
> Unicus ut princeps toto tunc temporis orbe;

Cui studium majus et erat magis insita cura
Nosse bonos omnes et sese reddere notum
Omnibus; idque fuit in cognitione requirens
Tanquam ex condigno ut qui diligerentur ab illo
Diligerent et eum, si non aliunde futurum
Esset ei virtutis opus meditamine sancto,
Sollicitus vel sic admitti in sorte bonorum.
Quod mox complevit Domini dignatio votum :
Nam per idem tempus, quanquam tunc temporis evo
Grandior, et forsan ab avito tempore natus,
Clarebat meritis felix confessor et abbas
Inclitus alte et [1] vir conditionis et ortu
Atticus Egidius, sed, ea regione relicta,
Tunc heremita, loco qui Septimania fertur [2],
Cum Benedictus adhuc, qui nominis extitit hujus
Tercius, ut legitur, postquam jam Sergius alter
Sederat, ecclesie romane papa preesset;
Ad quem etiam, ut sancte sedis munimen haberet
Cenobiique sui jus illi subderet, idem
Vir domini accessit; de quo diffusus in omne
Clima soli memor, propter preconia fame
Cujus erat, Karoli devenit regis in aures :
Qui vidisse virum cupiens ipsumque videndi
Copia cum fieret sacris hortatibus ejus
Respirare volens, ut dignum duceret ad se
Pergere visendum prece legatisque poposcit,
Nec tulit in votis majestas sancta repulsam.
Quod quidam, Karoli decepti nomine, magno
Evenisse volunt; nimirum hunc ipse secutus
Errorem plerumque fui, et sic esse putabam,
Donec persensi quod non ita cronica tradunt,
Non aditi sancto permittunt tempora pape,
Cum fuerit longo retro tempore. Porro ubi regis
Majestative commissa negocia cere
Qui missus fuerat sancto obtulit, ille petenti,
Ut deinde evenit, aliquo se profore credens,
De se ita sollicitum justis debere rogatis
Audiri sensit, et censuit esse petendum.
Cui quasi tredenis potuit prodire dietis
Obvius adveniens urbem cui Genabus olim
Nomen erat, noto quod deinde recessit ab usu
Diversumque illi nunc Aurelianis habetur.

1. Lisez *atque alte?*
2. On voit que Gilles de Paris avait la *Vita* sous les yeux (cf p. L).

Hic stetit a Karolo lete occurrente receptus
Vir Domini, sociaque aliquot statione dierum
Tempus agens, inter varios pro more loquendi
Sermones, tum de virtutum insignibus et de
Mundicia morum, tum de celestibus et de
Eternis, tum de bonitate modoque merendi
Et fidei arcanis, multa est cum rege locutus,
Sanctaque congessit animo plantaria, sancte
Altius infixit fidei fundamina. Quadam
Deinde die, dum regis adhuc cogentia propter
Vota moram faceret, pro rege orare rogatus,
Cum, bonus imposuit cui nuncius inde repertum
Nomen [1], in ecclesia sacra pertractaret ad aram
Et missam presente viro dignosque stupore
Intuito [2] eventus scelerosi criminis, unde
Ipse tenebatur, quod nulli sed nec eidem
Fassus erat sancto, veniam impetravit habendam,
Angelicis manibus porrecta in canone misse
E celo carta, qua cognitione dabatur
Perspicua sciri commissum ex ordine crimen,
Et sancti precibus innotuit esse remissum
Regi, si deinceps ejus cessaret ab actu.
Qui casus satis arduus, et res tam veneranda
Quam miranda fuit in quantum missio carte
Sic facta est et sic inscriptio profuit ejus.
Si satis attendas patet inde Deum manifestis
Et sanctum et regem meriti reputasse probati
Indiciis, hunc quem pro rege audiret, et illum
Cui condonaret in sancti nomine culpam;
Hunc quod eum tanquam sibi gratum exaudiit, illum
Quod facile absolvit, ne quem acceptabat habere
Perderet; hunc per quem, illum pro quo talia fecit.
Laudata est penes hunc ut nota in milite virtus,
Et precium cum laude tulit, simul et penes illum
Qui placiturus erat tandemque futurus amicus.

Viennent encore trente-cinq vers de réflexions sur le miracle, que nous trouvons inutile de reproduire.

---

1. *Cui* se rapporte à *ecclesia* et *bonus* à *nuncius,* comme l'indiquent des signes de renvoi dans le manuscrit.
2. Que veut dire ce mot ? Tout ce morceau n'est pas clair pour nous.

## II (p. LXV, LXXXII)

*La chronique de Jean des Prez.*

Jean des Prez, ou d'Outremeuse, chanoine de Liège, mort en 1399, a composé, comme on sait, une immense compilation historique, intitulée le *Mireur des histors,* que la Commission royale d'histoire de Belgique a entièrement imprimée. La partie relative à Charlemagne abonde en extraits de chansons de geste et en récits fabuleux de tout genre. Voici ce qui regarde saint Gilles (t. III, p. 5; cf. Rembry, t. I, p. 175):

L'an VII.C.XCIX le jour del Paske florie estoit Charle l'empereur a Orliens ou saint Giele estoit a l'estude et y avoit demorei long temps; si advient que ly roy le mandat pour dire messe devant ly, et quant il fu revestis pour celebrer messe, se ly dest ly roy en depriant qu'il volsist prier a Dieu qu'il ly pardonnast unc pechiet qu'il avoit faict si enorme qu'il ne l'oisoit dire en confession pour le grande vergoingne qu'il en avoit. Et ch'estoit, chu veut on dire, qu'il avoit cognut sa serour Bertaine charnellement. Et saint Giele ly oit en couvent, et le fist, si que unc angle apportat le pechiet en escript a saint Giele en l'heure qu'il prioit pour ly, et ly donnoit Dieu poioir del pardonneir et de relaxeir. Quant il veist chu si dest au roy : Vous aveis faict tel pechiet; confessez le a moy. Ly roy Charle ly dest : Je l'ai faict et m'en confesse, si en prie Dieu merchi et en demande absolution. Et il l'absolit.

## III (p. LXXVIII)

*Philippe Mousket; éd. Reiffenberg.*
(revu sur le ms. B. N. F. 4963, f° 26 v°)

En cele tiere de Provence
3935 Fu li rois par un diemence :
Les mescreans en ot kaciés
Et des auqans ot baptisiés.
Pour les foriès qu'il i trouva
Uit jors et plus i sejorna.

3940 Ses veneors od lui avoit.
A un jour que mout biel faisoit
S'en fu alés esbanoier
En la foriest pour arcoier.
Es vous une bisce afuiant,
3945 Et si chien l'alérent sivant.
El bosc avoit un hermitage
Qui n'avoit pas trop grant eage :
Gilles ot non, mout ert preudon
Del commencement jusqu'a son.
3950 La bisce i ot sovent esté
Et par ivier et par esté.
Quant li cien l'orent desentie,
Qu'ele n'i sot sa garandie,
A l'iermitage vint fuiant,
3955 Et li veneur après huant.
L'iermites iert devant l'autel,
Si prioit Dieu et d'un et d'el :
Entre ses jambes vint la bisce
Pour ce que il le garandisse.
3960 Es vous un arcier acourant,
D'une saiaite bien trencant
Volt la bisce ferir et traire
Pour prendre et a la mort atraire :
En la quisce feri l'iermite,
3965 Et la bisce fu de mort quite.
Li arciers parvint jusques la,
De l'iermite s'esmervilla.
Es vous le roi et sa mesnie,
Ki la bisce orent poursuie :
3970 L'iermite ont la seant trové,
Comme preudomme et bien pro-
[vé.
Li roi Charles en fist grand fieste,
Et ne laissa toucier la bieste :
Souvent i viunt et congoi,
3975 Tant qu'une fois sa messe oi.
Et li roi ot fait un peciet
Ki forment l'avoit enteciet,
N'ainc a home ne l'osa dire
De paour et de honte et d'ire ;

3980 Dolans en iert et repentans,
Et mout en ot fait, a son tans,
Aumosnes, junes et penences
Et proiiéres et astinences :
De son gret faites les avoit,
3985 Quar nus fors Dieu ne le savoit
Et lui, ki de cors et de cuer
Ot le malisse gieté puer.
La messe ooit en l'ermitage
Del preudome loial et sage
3990 Saint Gille, ki biel le cantoit ;
Et si com el secré estoit,
Es vous l'angle Dieu a l'autel,
Si li a mis sour le mesel
Une chartre nouviele escrite,
3995 Et li preudom l'a mout tos lite,
S'i trouva escriut le pecié
Ki Charlon avoit entecié,
Tel k'il n'ozoit dire entresait
Pour l'ordure del peciet lait.
4000 Et quant la carte revisa
Et espieli et devisa,
Si vit que Dieux al roi sené
Avoit cel peciet pardouné.
Quant il ot finé son service
4005 D'uevre et d'orison non faintice,
Al roi Charlon tout aconta,
Ki mout volentiers l'escouta
Et liés en fu en grant manière,
S'en fist a Dieu grase et proiére.
4010 Ceste miracle et plus grignors
Fist li sires des plus signors
Pour le roi Charlon, son lige
[home,
Que l'estore roi souvrain nomme
Entre tous les rois tieriiens,
4015 Quar il fu parfais crestiiens
Et d'arme et de cors et de cuer ;
Quar il ne pensast a nul fuer
Chose qui fust a sainte glise
Contraire par nule devise.

## IV (p. LXXXI, LXXXV)

### Chronique de Weihenstephan.

Sur cette chronique et le manuscrit que nous suivons, voy. *Romania*, t. XI, p. 110 ss.

I

(Ms. de l'Institut, f° 47 a).

Nun mëcht ein ainveltiger mensch sprechen : Wie mag man wissen wie sich der streit hab ergangen, oder was ietlicher ein dem streyt hab geret und wen oder wie vil der hab erschlagen, wan ir kainer pey dem leben pelaib den Marsilies allain und der lebt auch nur zwen tag nach dem streyt und starb zw Sarragos an der grossen stat, wan im het Ruelant den rechten arm pey der achsel abgeschlagen? Darumb hort hie wie oder von wem der streyt von erst sey geschriben worden. Es was ein seliger pruder, der het wonung da cz Provent ein einer höl auff einem stain, und pelaib darumb da ein der höl das er sein andacht mecht da volpringen, das er nit geiret wurd von der welt, und was ein priester und hies mit dem nam Egidius; der hat den streyt von erst geschriben aus des engels mund, als es im von Got was kunt, wan der ewig Got het den streyt als gerne gesechen das er wolt das er geschriben wurdt, das man dapey sein grosse wunder prueffet auf der erden, und das er auch seinen götlichen gewalt der cristenhait zw erkenen geb, wo das puch gelessen wurd da der streyt angeschriben wer, und auch all cristen künigen und kaysseren zw einem ebenpild, das sy der gerechtikayt solten pflegen mit worten und mit werchen. Und das volpracht kayser Karel von jugent als man es vindet geschriben ein disem puech und auch ein der lateinischen legend; wan von seiner gerechtikayt und wunder wegen die Got durch in gewarcht hat ist es alles sein leben geschriben worden. Man vindet auch geschriben das er wart erindert von sant Gilgen wire der streyt ergangen was; wan es fuegt sich das er und dy sein jageten an dem wald, da kamen dy hundt und dy jager an ein hinden, und dy lieff vir dy höl da sant Gilg inen was, wan sandt Gilg ward durch sy gespeist. Da spanet des kaysers diener ainer und legt ein stral auff und wolt sy schiessen, und west nit das ein pruder oder ein mensch ein der hol was, und schoss der hinden zw und schoss sy durch den pug und traff sant Gilgen ein das schinpain. Und da er mer ein schus wolt tun, da ersach er sant Gilgen und verzoch den schuss. Da lies in der kayser fragen was er da tet oder was mans er wer. Das tet er im da kunt, und gab im das puch da er den streyt an het geschriben, und sagt im auch das im der engel den streyt het verkünt, und wie in die hind daher gefuert hiet und in genert. Da sach der kayser wol das er ein heiliger man was und stun ab von seinem ross und padt in das er im vergēb, und fuert in mit haim und het in da pey im und wart seyn caplan, als ir hernach mer von im wert horen sagen.

II

(Ms. de l'Institut, f. 62 c).

*Hic peccavit.* Und da dem kayser sein fraw starb, da het er sy so lieb und hies zwen seiner kämerer pey der nacht haimlich tragen in ein kamer da niemant ein gieng den er und dy zwen diener, und lye sy da mit walsam pestreichen und was mer darzw gehort, das dy fraw nit macht schmecken, und lag da an einem herlichen pet recht sam sy schlief, und der kayser peschlief auch dy frawen also tote mange zeit, und das geschach von der lieb wegen dy er zw ir het und auch müst haben, wan da ir dy herren ein andern man heten geben und der kayser das selbs wentet, da het dy fraw sorg er wer ir abholt darumb, und lies ir ein zawbrey in ein vingerlen machen; und wen sy das vingerlein pey ir trüg, so machter an sy nindert peleiben; und das selb vingerlen het sy ein dem mund, und da west der kayser nit umb, und süntet also mit der toten frawen lange zeit, und wolt auch die sünt nit peichten, und wolt also darin sein tod ee er sy wolt veriechen. Nun was der heylig sant Gylig sein kappellan und der hört auch sein peicht, und verschwaig im dy sünt all zeit, das er sy nit wolt peychten und seinem kappellan verjechen; und westen doch sein zwen kamerer wol das er dy sunt tet. Nun wolt in der almechtig Got ein der sunt nit lassen sterben, wan er im all zeit trewlich gedient het. Darumb wart dy sünt geschriben mit gulden puchstaben an ein zetel und ain tags hort der kayser mess von sant Gylgen; da lag dy zetel vir im auff den altar. Und da er dy mess volpracht, da lass er dy zetel, da stun dy sunt an der zetel geschriben. Da ging sant Gilg zw dem kayser und zaigt im dy zetel und dy puchstaben. Da verjach im der kayser da der sünt. Da sprach sant Gylg : Nun secht ob euch Got ewrr dienst nit hab vergolten; und hiet ir als wenig rew gehabt über dy sünt als wening ir solt sy wolt haben gepeicht, so wert ir ewiglich darumb verdampt gewessen; nun allain dy gross rew hat die sünt mit gulden puchstaben geschriben an dy zetel. Der kayser zw sant Gylgen aber sprach : Dy sünt mag ich sicher nit gelassen, wie mir halt darumb gescheben sol. Da sprach sant Gylg : Ich hor an an euren worten das ir gezaübert seyt; lat mich dy frawen sechen, und nempt eur diener trey zw euch. Das geschach. Da sant Gylg über dy frawen kam, da nam in michel wunder : dy fraw was so wol gestalt. Und da was ein ritter dem was der kayser gar holt, der tet der frawen den mund auff mit einem messer; da viel der frawen das vingerlen aus dem mund; da wart dem kayser zestund ab ir graussen, und hies sy pegraben. Und da wolt der kayser nur pey dem ritter seyn. Da warf der ritter vor zoren das vingerlen ein das moss das pey de kirchen was. Da wolt der kayser nur pey dem mos sein, und da pauet man dem kayser ein köstlich haus uber das mos. Da pelaib er hin fur in, und was nindert als geren als ein dem hauss, und darumb wart Ach dy stat dar durch gereichet, da man den kayser stet da vand und müst suchen.

## V (p. LXXXII).

### Tristan de Nanteuil.
(Ms. de la Bibl. Nat. fr. 1478).

Ce poème singulier a été analysé par M. Paul Meyer dans le *Jahrbuch für romanische und englische Literatur* (t. IX, pp. 1-42, 353-398) et plus tard, mais avec moins de détail, par M. Paulin Paris (*Histoire littéraire de la France*, t. XXVI, pp. 229-269). Saint Gilles y figure comme un des personnages de l'action, et, à quelques traits empruntés à sa légende et recueillis sans doute oralement, le poète a ajouté les fictions les plus fantastiques et même les plus absurdes. Voici le résumé de son histoire.

Le jeune Tristan, fils de Gui de Nanteuil, élevé dans un bois par une cerve (voy. ci-dessus, p. LXII), rencontre et enlève Blanchandine, fille du roi d'Ermenie Galafre (Meyer, p. 22; Paris, p. 236); il en a un fils, qui devint plus tard le duc Raimon de Valvenice, époux de la belle Parise. Séparés bientôt après l'un de l'autre et de l'enfant, les deux amants, après bien des traverses, se retrouvent et s'épousent (Meyer, p. 365 [1]; Paris, p. 253). Mais la plus extraordinaire des aventures les attendait. Blanchandine s'était par prudence habillée en homme pour se présenter à la cour du soudan, où elle aurait été reconnue et punie d'avoir épousé un chrétien. Elle inspira une passion ardente à Clarinde, fille du soudan, et, Tristan ayant disparu et passant pour mort, elle se résigna, par crainte de la vengeance de Clarinde, à l'épouser, mais en retardant, sous différents prétextes, la consommation du mariage. Au moment où la vérité va être reconnue, Dieu fait un miracle et la change en homme [2], ce qui lui permet de satisfaire enfin les vœux de Clarinde :

> Tant que puis engendra en la belle loée
> Ung hoir qui est es cieulx et sera a durée,
> Car il le desservy par bonne vie usée.
> Saint Gille fu, regnans en Prouvence la lée :
> *Saint-Gille* par son non est la ville nommée,
> Mais devant n'estoit pas sy faictement clamée
> Car l'escripture dit *Barbemont* yert clamée [3];
> Or fut pour le corps saint changée et retournée.
> Mainte miracle fist quant en air fut levée

---

1. Par un *lapsus calami*, M. P. Meyer fait ici épouser Blanchandine non à Tristan, mais à son frère Doon.
2. Cette histoire a été empruntée par l'auteur de *Tristan de Nanteuil* à des contes répandus avant lui en diverses versions, où on retrouve jusqu'à certains détails de son récit.
3. Nous ne savons où le poète a pris ce nom.

> La char qui en la terre ot geu mainte année [1],
> Quant la vertu de lui fut sceue et prouvée.
> Depuis le mist en ferte par miracle sacrée
> Son frére qui ot non Raymon en la contrée,
> Qui depuis ot Parise a mouller esposée.
>
> (P. Meyer, p. 369.)

Blanchandine devenue homme s'appelle désormais Blanchandin. Il passe avec sa femme en Grèce, conquiert le pays et le fait chrétien. C'est là que naquit le fils que lui donna Clarinde. Un cardinal, appelé Gilles, avait été envoyé de Rome pour aider Blanchandin dans son œuvre de conversion, et ce fut lui qui donna son nom à l'enfant :

> En la cité (sic) de Gresse, si con j'oi conter,
> Fu nez cil royaulx enffes dont vous m'oés parler,
> Que Jhesu par sa grace fist tellement resner
> C'on le peut en Prouvence bien saint Gille clamer.
> Ainsy le nous tesmoigne sainte escripture au cler ;
> Et qui encontre ce en vourroit arguer
> Si voit a Nostre Dame a Tournay, c'est tout cler [2].
>   Seigneurs, c'est le certain, en escript le trouvon,
> Que droit[ement] en Gresse, le royaume de non,
> Fut nez le corps saint Gille qui tant ot de renon ;
> Mais depuis fist ly sains sa conversacion,
> Saint ermites regnans, servans le roy Jhesum,
> Ou païs de Prouvence par dela Advignon.
> Long temps y conversa par bonne entencion,
> Et puis fu retrouvez de son frere Raymon
> En suyvant une biche qui couroit de randon.
> La biche le mena tout droit en la maison

---

1. L'auteur fait ici allusion à une « élévation » du corps de saint Gilles, dont peut-être il avait entendu faire mémoire dans l'office du saint. Sur la translation qui aurait eu lieu en 924, voy. Rembry, t. I, pp. 200 ss.

2. Il y avait une chapelle de saint Gilles dans l'église cathédrale de Tournai, dédiée à la Vierge, et notre texte semble indiquer qu'elle existait avant le xv<sup>e</sup> siècle (voy. Rembry, t. II, p. 279). Quant au renvoi de notre poète à la vie, ou plutôt à l'office de saint Gilles, qu'on y récitait, il est exact en ce qui touche la naissance du saint homme en Grèce.

> Du beneoist hermite qui saint Gilles a non.
> La biche pour avoir de la mort guerison
> Vint courant a saint Gille en requerant pardon.
> Le preudons, quant le vit en telle advision,
> Sa main mist par devant; mais le duc d'un boujon
> Droitement le navra en la main, ce dit on,
> Et depuis l'en mena par dedens sa maison,
> Et sceut par ses parolles et par vraye achoison
> Que c'estoit le scien frere de droit[e] estracion,
> Et fils a Blanchandine qui ceur ot de lion,
> Qui neuf mois le porta, depuis devint vrais hon.
> (Meyer, p. 376 [1].)

Cependant les païens, guidés par un traître, s'emparent du château. Les deux époux sont séparés. Clarinde [2] s'enfuit avec son fils et se jette dans un bateau qui l'entraîne en pleine mer où elle aurait péri de faim, si Dieu n'avait miraculeusement rempli ses mamelles d'un lait qui suffisait à sa nourriture ainsi qu'à celle de son enfant (Meyer, p. 377; Paris, p. 258). Elle aborde enfin en Lombardie, et va de là à Paris, puis en Allemagne, à Couvelances (Coblentz); partout elle vit d'aumônes. L'évêque de Couvelances la reconnaît pour la fille du soudan, qu'il avait jadis baptisée; il la retire de la triste compagnie qu'elle était obligée de subir, et lui assure de quoi vivre honorablement et bien élever son fils Gilles (Meyer, p. 378; Paris, p. 259).

Celui-ci, dès l'enfance, annonçait la sainteté qui devait éclater dans sa vie [3] :

---

1. Ce passage est fort curieux; en effet, comme on le verra plus loin, ce n'est nullement ainsi que Raimon retrouve Gilles, et la biche ne joue aucun rôle dans leur rencontre. Cet épisode, tel qu'il est raconté ici, étant évidemment emprunté à la légende latine, il doit sans doute être regardé comme ayant été dans le plan du poète, qui ensuite l'aura oublié et aura remplacé ce motif par un autre tout différent. Mais c'est d'autant plus singulier qu'il mentionne encore la biche, et semble, par ce qu'il en dit, préparer une seconde fois l'aventure qu'il n'a pas racontée.

2. On lit *Blanchandine*, par un lapsus, dans l'analyse de M. Meyer, p. 376.

3. Ses aventures sont encore résumées par avance, mais sans détail à signaler, au fol. 275 v° (Meyer, p. 381).

Quant il vint a quinze ans, de clargie sot tant
Que de ce qu'i[l] savoit se vont esbahissant
Tous ly homme l'evesque et tous les clers lisant,
Et dient que mais enffes n'aprint de lire tant.
La mére en fu moult lie, Dieu en va graciant;
L'evesque l'aime et prise et le va honerant.
Et la mére lui va de point en point contant
La soie estracion, et luy va devisant
Commant yssy de Gresse par dedans ung chalant.....
Et quant ly enffes va celle chose escoutant,
Dieu et sa doulce mére va de ceur graciant.....
Tellement qu'e[n] Jhesus, le pere tout poissant
Mist entente et courage et tout son essient.
A dix ans ou a mains, se trouvons nous lisant,
Aloit de tous ses dras les povres revestant,
Et dedans une chambre il s'aloit enfermant
Et aloit toute jour ses oroisons disant
Et recorder ses heures en Jhesus graciant :
La atendoit ly enffes c'on l'alast revestant [1].
A! Dieu, que la royne avoit le ceur joyant,
De ce que le veoit de sy bon convenant! (fol. 284.)

Clarinde meurt quand son fils a quinze ans ; l'évêque le garde auprès de lui. Le romancier lui attribue ici une aventure qui appartient à d'autres légendes, et que, suivant son usage, il altère beaucoup en la rapportant : la nièce de l'évêque s'éprend de lui et lui déclare effrontément ses désirs; refusée par lui, elle se livre au diable, qui s'est présenté à elle sous la forme d'un jeune homme, et elle devient grosse. Elle accuse Gilles de l'avoir violée, et on va le brûler, quand l'enfant qui est encore dans le sein de la demoiselle se met à parler et déclare la vérité. La coupable, désespérée, se jette dans le bûcher préparé pour Gilles, et le démon quitte son corps au milieu d'un orage terrible [2]. L'évêque se résout à se faire ermite ; Gil-

1. On reconnaît là le souvenir assez confus de l'histoire de la tunique donnée par saint Gilles enfant (ci-dessus, p. xxxix).
2. Sur les diverses formes de cette légende, voyez les indications de M. Alfred Weber, dans la *Romania*, t. VI, p. 328; on pourrait en ajouter plusieurs autres.

les l'accompagne dans le même dessein. Ils traversent la France : à Meaux, l'évêque meurt ; il y est enterré et encore vénéré : c'est saint Cornille [1]. Gilles continue sa route, et arrive en Provence :

> Par dela Advignon, celle cité garnie,
> Set lieues la avoit une forest feullie
> La endroit print le saint dont je vous signyffie
> Une abitacion et une logerie
> Par delez ung buisson dont la feulle verdie.
> De feulles, d'erbe aussy vesqui, ne doubtés mye,
> Qu'i[l] ne mengoit de pain denrée ne demye,
> Car a Jhesus servir ot s'entente ravye.
>     Seigneurs, or entendés, on le treuve lisant
> Que [i]cils benoist sains dont je vous vois parlant
> Mengoit feulles et erbes, ne d'el n'aloit vivant ;
> Mais par le vouloir Dieu le pére tout poissant
> Y venoit une biche toute jour acourant
> Qui de son propre let au vouloir Dieu le grant
> Aloit pour redoussir ses erbes arosant [2] ;
> Et s'avoit de coustume, sans aller delessant,
> Qu'i[l] n'estoit nuls qu'alast ceste biche chassant
> Qu'au benoist saint ermite ne s'en viengne a garant.
>                         (Fol. 290.)

Il ne devait pas toujours mener cette vie. Raimon, fils de Tristan de Nanteuil et de Blanchandine, avait été laissé par son père dans la ville de Rochebrune, en Asie, sous la garde de son oncle Doon, le bâtard de Nanteuil. Devenu homme, il vient en Provence, qui est sa terre patrimoniale et qu'il prétend revendiquer contre Charlemagne. Une tentative malheureuse à Avignon le force à s'enfuir ; il entre dans une forêt voisine et y marche toute la nuit :

---

1. Comme le fait remarquer M. P. Meyer, c'est à Compiègne et non à Meaux qu'était le corps de saint Cornille ; mais il y avait sans doute à Meaux une église placée sous ce vocable. L'identification donnée par le poète est d'ailleurs faite tout à fait au hasard.

2. Cette bizarre altération prouve bien que le romancier ne connaissait la légende que par des récits oraux.

> Par dela Advignon avoit esploité tant
> Qu'il ot allé set lieues par le mien essient....
> Ainsy que par le bois va l'enffes cheminant,
> Environ une lieue devant l'aube crevant,
> Perceut ung ermitage delés ung abre grant
> Et une maisonsselle va l'enffes percevant,
> Et vous diray pour quoy il l'alla advisant :
> Pour ce que par dedans va la chandelle ardant.
> Seigneurs, a l'ermitage dont je vous vois parlant
> Manoit le corps saint Gilles dont j'ai parlé avant;
> Set ans avoit esté illecques conversant (fol. 3o3).

Gilles et Raimon étaient frères de la façon la plus extraordinaire qu'on puisse imaginer, puisque Blanchandine, après avoir eu Raimon de Tristan, était devenue homme et avait eu Gilles de Clarinde, en sorte qu'elle était la mère de l'un et le père de l'autre, et qu'ils étaient demi-frères sans avoir ni le même père ni la même mère.

> Seigneurs, se saint hermites dont je vous vois parlant
> Avoit parmi Prouvence vint lieues si avant
> Sy grant grace du peuple qui la va conversant
> Que [a] chascun dimenche et festes ensuyvant,
> Que la menue gent vont la feste gardant,
> Viennent de pluseurs villes des hamiaus acourant
> Pour veoir ce saint homme femmes, hommes, enffans,
> Grans bourgois et bourgoises, chevalier et sergant;
> Pour confesser a luy estoient sy engrant
> Bien cuide estre sauvés qui s'y va confessant,
> Car tout communement ils aloient disant
> Que c'estoit ung saint [homme], de rien ne vois mentant...
> Et le corps saint les va humblement pre[e]schant;
> Le[s] dimenche[s] aloit son sermon anonçant...
> Car en theologie savoit li sains homs tant
> Que de bonne science ne le va nus passant...
> Ensement le païs s'en aloit murmurant;
> Et en icelluy temps, seigneurs, dont vois parlant,
> Que Charles, qui aloit d'Espaigne repairant
> Et ot conquis cités et maint chastel poissant,
> Aloit parmi Prouvence en France repairant;
> Pour ce que du saint homme luy (au)o(i)t on parlé tant
> Tout droit en Advignon la cité advenant

> Et pour veoir l'ermite c'on lui aloit prisant [1];
> Car voulenté l'en print au gré de Dieu le grant
> Qu'i[l] se confesseroit a ce saint peneant.
> Sachés que il ot droit, se trouvons nous lisant
> Et se ne feust saint Gille et Dieu trestout devant,
> Ja l'emperiere Charles n'y eust eu garant
> S'ame ne feust allée en enffer le puant
> Et par ung seul peché, c'oncques en son vivant
> Ne le volt dire a presbtre en pardon requerant,
> Ne oncques ne l'ot dit en jour de son vivant;
> Mais (saint) Gilles le sot bien au gré Dieu le poissant;
> Sainte escripture va ceste istoire aprouvant (f. 304).

Raimon veut faire entrer après lui son cheval dans l'ermitage; mais le cheval est haut, la porte basse, et la construction si frêle que le choc la renverse; heureusement le cheval seul est tué, et, pendant le sommeil des deux frères, la cabane est miraculeusement reconstruite. Gilles, entendant les aventures de Raimon, le reconnaît pour son frère et se fait connaître à lui; ils pleurent et s'embrassent.

> Ainsy jusqu'a midi se maintienent droit la.
> Gilles va par le bois, et des herbes queilla
> Dont vescu ot sept ans, et les amonssela :
> Adont vint une biche que Dieu y envoya,
> Qui de son propre let les herbes arrosa (f. 307).

Raimon se refuse à partager cette nourriture, et préfère couper et faire rôtir une cuisse de son cheval; il ne montre pas plus de goût pour le coucher de son frère que pour son manger, et l'exhorte en vain, le lendemain matin, à revenir dans le siècle avec lui.

> A icelle raison que vous aves oye
> Es vos deux chevaliers de France la garnye :
> Ly ung fut appellés Richart de Normandie,
> Savaris de Toulouse estoit de sa mesgnye;
> A l'ermite vaillant qui tant a seignorie

---

[1]. Cette phrase mal bâtie et manquant de verbe est sans doute altérée.

Venoient li baron dont je vous signyffie
De par le roy Charlon de France la garnie (fol. 308).

Charlemagne désire voir l'ermite et se confesser à lui. Gilles se rend à Avignon avec les messagers de l'empereur :

Ou palais ont trouvé Charlemaine le ber,
Et Naymon [1] et Ogier et l'Escot Guillemer
Et s'estoient o lui trestous li douze per.
Quant il vit le saint homme adonc s'alla lever,
Et le fist delez lui assir et reposer,
Et ly preudons lui volt moult grant honneur porter.
  Or est le corps saint Gilles par dedans Advignon
Assis delez le roy c'on appelle Charlon.
La ont conté ensemble mainte belle raison,
Et Charles lui a dit a moult douce raison :
« Sains homs de bonne vie, je vous prie pardon,
Car dire [je] vous veul cy ma confession :
Se confessés estoie a vous et a vo non
Que moult liés en seroie en ma condicion. »
« Sire, » s'a dit saint Gilles, « a vo devision :
Advisés vous ennuyt de vo mallefaçon
Et demain en conseil [2] orray vostre raison. »
« Bien dites, » dit le roy qui ot flory grenon.
Ensement celle nuyt passerent ly baron ;
L'andemain au matin sans nulle arrestison
Se leva l'emperiére qui Charles ot a non :
Dedans une chappelle du corps saint Simeon
Est entrés avec Gilles sans aultre compaignon.
Delez lui s'est assis par bonne entencion.
La print a raconter de ses meffais pardon ;
Mais ung moult grant pechié tout plain de trahison
Ne volt oncques gehir le roy de Monlaon
A nul home vivant plain de religion
Tout adès l'ot cellé par la temptacion
Du felon ennemy qui ne quiert se mal non
Et qui le vouloit metre en condampnacion.
Saint Gilles le chastie a loy de bon preudon,
Et dist à l'empereur : « Pour Jhesus te prion
Recongnois cy ta vie, gentil fils a baron.

---

1. Le ms. porte *Raymon*.
2. Nous mettons ici ce mot au lieu d'un ou deux mots du ms. que nous ne pouvons pas lire.

Rois es de doulce France et ainsy t'appell[e] on,
Emperiére de Rome et d'Allemaigne en son ;
Mais tu n'es au jour d'uy c'uns homs, bien le scet on :
T'ame n'ara hauteur neant plus qu'un garçon
Se tu ne le dessers par ferme entencion,
Car ja par ta noblece n'aras de Dieu pardon
Se de peché n'as sain le corps comme poisson.
Ja as fait maint peché par le tien ceur felon,
Et guerroié tes princes a tort et sans raison :
Tu fezis moult de maulx Regnault le fils Aymon,
Si guerrias a tort Girard de Roussillon [1];
Or amende ta vie, car il en est saison :
Que plus est on grant maistre, tenant grant region,
Tant doit on mieul penser d'acquerre le royon. »
Dont s'umelia Charles d'umble condicion
Et dist : « Ben[e]ois sire, je vous requier pardon,
Car je vous ay tout dit [2], n'y sache rien en son. »
  « Sains homs, » dist Charlemaine le roy de Saint-Denis,
« Dit vos ay mes pechés et s'en suy repentis ;
Plus ne vous sçay que dire : rien n'ay arriére mis. »
Las ! pourquoy disoit ce le bon roy de Paris ?
Le plus felon lessoit et disoit les petis,
Commant qu'i[l] ne soit nuls ne soit de Dieu hais.
Gilles donc le rassault de ceulx qu'il ot oys.
Fausse absolucion, ce est ung commun dis
Qui est moult veritables, sy est li homs chetis
Qui [n']a tous ses pechés confessés et gehis :
La legende saint Gille nous prouve par escrips
Qui en peché mortel est du siecle finis
Sans recorder a presbtre, on dit qu'il est peris
Se n'en a repentance, et c'est un faulx advis
D'atendre cestuy point, pour voir je le vous dis.
Saint Gilles et ly rois que tant estoit hardis
Furent bien l'un lez l'aultre moult longuement assis.
La fut Charles rassaulx qui en fut resjouys.
La fut par un commant ly aultés establis,
Pour la messe chanter aprestés et garnis ;
Et Gilles est tantost des armes Dieu vestis,
La messe commença, bien en estoit apris.
La fut le roy Charlon avecques ses marchis,

---

1. Sur les guerres de Charlemagne contre Girart de Roussillon, rattachées, dans des récits aujourd'hui perdus, à la geste des fils d'Aimon et à celle de Nanteuil, voy. G. Paris, *Hist. poét. de Charlemagne*, pp. 297 ss.
2. Ms. *confesse*.

Qui la messe escouterent voulentiers non envis.
Et ly preudons vaillans qui a Dieu fut amis
S'est par humilité de son service mis
Au secret de la messe, disant les mos saintis,
A fait a Dieu priere, disant : « Sains esperis,
Je te requier par grace com pecherres chetis
K'a cest empereeur qui m'a ses maulx gehis
Veulles fere pardon et l'en soit fait otris,
Et s'il a fait peché dont ne soit repentis
L'en donnes congnoissance qu'il en soit revertis,
Par quoy il ne puist estre es las des ennemis.
Ainsy te le requier, vray roy de paradis. »
Oyés belle miracle que la fist Jhesucris
Et par le saint ermite de qui il fut servis :
Nostre sire(s) y transmist de son saint paradis
Ung ange especial qui moult yert seignoris,
Qui par dessus l'autel s'est devant Gilles mis
Et lui tendi ung bref, et saint Gilles l'a prins :
Adonc s'en est ly anges sevrés et departis.
Saint Gilles leut le brief et vit par les escrips
Que Charles est pecherres et a Dieu ennemis
Et c'onques n'ot en luy voulenté ne advis
C'onques desist ce fait a presbtre(s) qui feust vis :
Pour ce qu'il yert orribles sy le disoit envis.
Le preudon list le bref; a Dieu servir s'est mis :
Tost fut le mestier Dieu et fais et acomplis;
Mais ainçois que des armes Dieu feust desvestis,
Se retourna ly sains en gettant son advis
Par devers Charlemaine qui tant ot fier le vis :
De sa main le sina; Charles est sus saillis,
Sur l'autel s'appuya, et ly sains beneis
Lui dit soneusement com homs de ceur marris :
« On t'appelle, » dist Gilles, « emperiere gentils,
Le roy de douce France et sire de Paris;
Mais on te deveroit mieulx appeller chetis,
Quant tu ne veulx acquerre la joye de paradis.
Ci regarde ce bref, qu'il a par dedans mis. »
Charles leust son peché, adonc fut amatis;
De la douleur qu'il ot est a la terre assis,
La pleure tendrement des beaulx yeulx de son vis;
Or voit bien et entant que Gilles est saintis :
La lui fist moult d'onneur que le saint seuffre envis,
Et lui dist : « Emperieres, noble roy agencis,
Je te prie pour Dieu qui en la croix fut mis
Que je ne soye plus de toy si conjouys,

> Car soies bien certains que ma gloire amenris.
> Car prens confession, n'en soies alentis,
> De ce qu'en ce peché t'es sy long temps salis. »
> Adonc fut l'emperiere dolans et repentis,
> Et sy se confessa a Gilles ly eslis
> Le vassaulx doucement, puis dist : « Roy seignoris,
> Soies d'ore(s) en avant de bon conseil garnis. »
>     Seigneurs, ainsy advint, ce trouvons nous lisant,
> Et la sainte escripture sy le nous va prouvant,
> Que le vray corps saint Gilles alla Charles sauvant
> D'un peché merveilleux c'onques en son vivant
> Ne volt dire a nul presbtre ne evesque vaillant;
> Oncques du regehir n'avoit eu tallant :
> Or l'apporta ung ange a saint Gilles le frant.
> Le peché fut orribles, on ne le sot neant;
> Mais ly aucun espoirent, et tous ly plus sachant,
> Que ce fut le peché quant engendra Rolant
> En sa sereur germaine; se va on esperant,
> Car il n'est nul qu'au vray vous en voit recordant;
> Mais ensement le vont pluseurs signiffiant (f. 309-311 [1]).

Saint Gilles demande et obtient du roi, en remerciement d'un si grand service, qu'il rende à Raimon la Provence et le comté de Nanteuil. Après quoi il retourne à son ermitage.

Le poëte a le tort de ne pas l'y laisser. Le saint ermite, apprenant que Raimon part pour combattre les Sarrazins d'outre-mer, est saisi à son tour de velléités belliqueuses, et, armé d'une énorme hache, prend part aux guerres qui remplissent la fin du poème. Nous ne le suivrons pas dans ces aventures nouvelles, qui n'ont plus rien de commun avec sa légende (voy. Meyer, pp. 393 ss.). Notons seulement qu'il retrouve son père Blanchandin, lequel le cherchait depuis trente ans, portant suspendu à son cou le bras qui lui avait été coupé lors de son expulsion de Grèce, et que par la prière de Gilles le bras, rapproché de l'épaule, se rejoint à elle et redevient vivant [2].

---

1. Sur ce passage, voy. ci-dessus, p. LXXXIII.
2. Cet épisode du bras coupé et rejoint, qui est ici tout à fait

Dans plusieurs des passages que nous avons cités, le poète annonce qu'il racontera la fin de Gilles; il tenait sans doute cette promesse dans la suite de son œuvre, car les vingt-trois mille vers qui nous en sont parvenus n'en forment que la première partie, et l'histoire de tous les descendants de Gui de Nanteuil devait se continuer longtemps encore.

## VI (p. LXXXIII).

### Kaiserchronik.
(éd. Massmann, t. II).

| | |
|---|---|
| 15031 | Karl hete eine sunde getân. |
| | Er sprach nicheinem werltlichen man |
| | Wolde er sie nimmir gesagen an der erde, |
| | Er wolde ê dar inne irsterben. |
| 15035 | Die bürde duhte in grôz unde lanc. |
| | Die vorhte in zuo jungist dar zuo twanc. |
| | Dô er hôrte sagen |
| | Sancte Egîdius wære ein heiliger man |
| | (Der wâs bî sînen zîten), |
| 15040 | Dem tet er sîne bîhte. |
| | Dô der keiser al daz gesagete |
| | Daz er anderis gevrumet habete, |
| | Er sprach : « Egîdî, guot man, |
| | Jenoch hân ich eine sunde getân, |
| 15045 | Die ist virholn lange. |
| | Mit engisten ist mîn herze bevangen. |
| | Die nemac ich dir nimmer geoffen : |
| | Nû.rât mir zuo mînen sachen. » |
| | Sanctus Egidius quam in grôze sorgen; |

hors de sa place, appartient au conte de *la fille changée en homme* (voy. ci-dessus, p. xcix, n. 2), en tant que ce conte lui-même est une variante du conte de *la fille aimée de son père et mutilée par lui*, dont la *Société des Anciens Textes* publiera prochainement une des formes les plus anciennes, le roman de la *Manekine*, de Philippe de Beaumanoir. Ce n'est pas après son changement de sexe, mais avant, que Blanchandine devait avoir le bras coupé et restauré. Notre auteur, ici comme ailleurs, a tout confondu.

15050  Er gevristit iz unz an den anderen morgen,
       Jedoch trôste er in wol ze Gote.
       Dô bat der vrône Gotis bote
       Den keiser da twellen.
       Die leben hergesellen
15055  Woneten dâ beide ubir naht.
       Ir newedir slâfes nephlac.
       Sâ an dem anderen morgen vruo
       Der keiser bat dô
       Den wâren Gotis holden
15060  Daz er in vertigen wolde
       Mit dem vrônen ambehte :
       Getweln er langir dâ nemehte.
       Sanctus Egîdius der guote
       Bat Got mit herzen unde mit muote,
15065  Er iroffende im dise tougen.
       Swer Gote wil getrûven,
       Er gnâdet auch im gwisse.
       Alse er virendete die misse
       Unde er den segen sprach,
15070  Ein brief er gesach
       Gescrîben âne mennisken hant.
       Von himele was er hernider gesant.
       Er zeigete in dem kunige.
       Er sprach : « Nieman netuot in der werelde sô ubele
15075  Wirt er Gote gehorsam,
       Daz himelrîche ist im ûf getân. »
       Der keiser alse er den brief gelâs,
       Dô vant er gescrîben daz :
       « Du hâs Gotis hulde.
15080  Swer immer sîne sculde
       Inneclîche geriuwet
       Und der Gote da zuo getriuwet,
       Die negevordert ime Got nimmir mêre. »
       Daz irwarp sancte Egîdius der heilige hêrre.

## VII (p. LXXX, LXVXIV).

### *Karl,* du Stricker.

Nous avons donné ci-dessus (p. LXXIX) la courte mention insérée par le clerc Conrad, dans sa traduction du

*Rolland,* de la légende de la charte céleste. Le Stricker, en remaniant l'œuvre de Conrad, a, comme nous l'avons dit, développé ce passage. Voici son texte (éd. Bartsch. Quedlinburg, 1857, vv. 354, ss.) :

Wir heren ouch von im (Karl) sagen
Ern wolte niht ûf im tragen
Dehein houpthafte sünde.
Des haben wir urkünde
An sante Giljen harte guot.
Dem sagte Karl sînen muot,
Im wære ein sünde geschehen,
Dern getorste er niemer verjehen.

Dô bat der herre lobesam
Für Karlen, unze ein brief quam
Uf den alter dâ er sanc.
Des sagte er Gote grôzen danc.
Den las der heilige man :
Dô stuont da geschriben an
Daz Karl der rihtære
Der sünde ledec wære.

Voici maintenant le passage dont nous avons parlé p. LXXX, où le Stricker explique, par une vision de saint Gilles, comment on a connu les détails de la journée de Roncevaux (vv. 8233 ss.) :

Nu hœret wâ von das quam
Daz man die warheit vernam
Waz si sprâchen unde tâten.
Swaz si begangen hâten,
Dazn mohtens selbe niht gesagen :
Si warden allesamt erslagen.
Sante Gilje der reine
Der saz dô alterseine
Ze Provinze in eime hol;
Dâ weste in Karl vil wol,

Und quam durch Got vil dicke dar.
Dem hete dise rede gar
Der heilige engel geseit.
Dô schreif erz für die wârheit,
Und gap ez Karle alsô geschriben.
Sus ist daz buoch unz her beliben
Ungevelschet sîne zît.
Sô liep wart Gote dirre strît
Daz in der engel schriben hiez
Und uns die wârheit wizzen liez.

## VIII (p. LXXXIV).

### Karl Meinet.

(Ed. Keller, Stuttgart, 1858, pp. 392 ss.)

Dyt laessen wyr syn
Ind sagen we Karlle den here
Ruwede harde sere
De sunden, de hadde gedaen.
30 Dar umb en woulde hey is neit
    [laen,
Hey en reide by sante Egidius,
Eynen abt, der was wys alsus,
Ind sprach syne beget weder yn

Van alre synre sunden anbegyn
35 Aen van eynre, de hadde hey
    [schemde
Ind in syme hertzen lemde,
Der en kunde hey neit gesagen.
Dat bestoent der apt zo klagen
Ind bat en hardde sere,
40 Dat hey sy woulde offenbaren;
Sy enmochte so quait neit wesen,

Hey endede en dar aff genesen.
Karlle sprach : Ich en kans neit
　　　　　　　　　　[gedoen,
Ayn en soulde ich nummer ge-
　　　　　　　　　　　[roen
45 By Gode in dem hemelriche,
Dat sagen ich uch werliche.
Mer myn ruwe is so groes,
Dat id ich haen mencher stoes
Van hertzen ind van synne.
50 Ich bitten uch ap rechte mynne,
Dat ir woult bidden unsen heren
Durch syner moder eren,
Dat hey sy mir geve zo boessen
E ich van hynne gescheiden moes-
　　　　　　　　　　　[se.
55 Do Egidius der heylge man
Van Karlle dese wort vernam.
Do dachte in syme synne
Dat hey durch Godes mynne
Sich zo myssen woulde bereiden
60 Ind dede do den alter spreyden,
Up dat sich de wyle bedechte
Karlle ind eime de sunde sechte.
Alsus begaen der heylge man
De mysse, als ich id vernam¹.
321 Der koninc Karlle horte sy
Ind en was nochtan neit van sun-
　　　　　　　　　　[den vry,
5 Da der abt in der styllungen sto-
　　　　　　　　　　[ent
Ind mit Gode was versoent,
Nu hort van dem leven Gode.
We hey sande syne bode
Zo dem sante Egidius,
10 De zo eme sprach alsus :
Karlle enwilt dyr neit sagen
Eynre sunde noch gewagen.

De doen ich dir he kunt,
Up dat du machdes gesunt
15 Karlle van synen sunden,
Want hey is eyn van Godes vrun-
　　　　　　　　　　[den.
Got hait synen ruwen und leven
Bekant ind hait eme vergeven
Alle syne sunde, dat is waer.
20 Dese sunde sage eme offenbaer
Ind la en yr sprechen beget
Ind machen yn van allen sunden
　　　　　　　　　　[quyt.
Sus schede der engel van danne
Van dem heilgen manne,
25 Ind hey las syne mysse vort.
Ich haen id vurbas gehort
Sprechen van den luden,
Dat sy id also duden,
Dat id de verborgen sunde were.
30 Dat Karlle der here
Sleiff by den doden wyve
Ind schoeff mit erem lyve.
Da de mysse zo ende quam,
Egidius den konynck nam
35 Ind sachte eme de mere,
We dat Got unse here
Eme hedde doen offenbare,
So wylch de sunde were,
Ind nante sy eme do.
40 Des wart der konynck vro
Ind gaff sich der sunden schul-
　　　　　　　　　　[dich.
Do machde en der apt ledich
Van allen syner sunden.
Alsus wart hey intbunden.
45 Der konynck Karlle mynde sere
Got unsen leven here
Ind ouch de heylgen kirchen mede.

## IX (p. LXXXV).

*La chronique rimée de Jans Enenkel.*
(dans Massmann, *Kaiserchronik*, t. III, pp. 1020 ss.)

Dar nâch in kurzen zîten
Wolt Got niht langer bîten,

1. Les quatre vers 56-60 sont répétés ici.

Im sturbe diu hûsvrouwe sîn.
Daz tet er mit werken schîn
Daz sie im liep was sam sîn lîp.
Daz selbe wol getân wîp
Hiez er balsamen, daz ist wâr.
Ein zouber het sie bi ir gar
Under ir zungen,
Des tiuvels ordenungen,
Dâ von er sie niht mohte lân,
Er muoste al naht mit ir umbegân,
Als ein man mit sînem wîbe tuot.
Er het ein verteilten muot.
Daz machtez zouber daz sie truoc.
Im was nach îr wê genuoc.
Doch weste niemen diu mære
Wan zwêne kâmerære,
Die bede wâren im heimlîch gar.
Die muosten die vrouwen tôten zwâr
Baden zaller zîte.
Als tôt man sie im leite
Anz bette, da er ane lac.
Mit der tôten er dô pflac
Als ich iu hân vor geseit.
Daz wart im dar nach leit.
Dô wolte Got der rîche
Vil gar sicherlîche
In niht lân verderben
Noch an der sêle sterben.
Er hete al des guoten site
Dâ er sîn sêle behielte mite,
Mit bihte, mit riuwe zaller zît.
Swâ er in dem lande wît
Vuor, dô ruwen in sîn sünde.
Daz was ein guot urkünde.
Doch wolte er niht der sünde lân,
Die ich vor gesaget hân.
Doch zeinen zîten daz geschach
Daz man vor im messe sprach :
Daz tet Egidius der gut [1];
Dô kom ein tûbe, diu was guot [2],
Vûr in uf den altar.
Diu brachte ein brief, was offenbar.

1. *Var.* ein bischof der was vruot.
2. *Lisez* vruot?

Der brief mit golde was erhaben
Gar mit schœnen buchstaben.
Dâ was diu sünde geschriben an,
Daz der künec niht wolde lân
Von dem tôten wîbe.
Wê geschach ir sêle, ir lîbe.
Sancte Egidius [1] ob dem alter was.
Der brief er vil schône las,
Dô er die messe gesanc.
Er sprach : « Ir habet einen wanc,
Her künic, lieber herre mîn,
Der iuwer sêle muoz schade sîn. »
Künic Karl der beste
Sprach : « Waz ich [mîner] bihte weste,
Die hân ich in kunt getân. »
Dô sprach der bischof : « Lieber man,
Ein sünde habt ir mir verdeit,
Die habt ir mir noch niht geseit,
Die hât mir Got von himelrîch.
Kunt getân gar sicherlîch.
Ein vrouwen habt ir, diu ist tôt.
Dâ von muoz iuwer sêle nôt
Lîden unde iuwer lîp.
Daz ir habt ein tôtes wîp. »
Der künc sprach : « Lieber herre mîn,
Mîn sünde kan niht grœzer sîn.
Mîn lîp mac sich ir gânen niht,
Swaz mir halt dar umbe geschiht. »
Egidius [2] begunde im vlêhen :
« Lât mich selbez wîp sehen. »
Der künic sprach : « Daz tuon ich drât »
Uf tét er die kemenât
Und wîste in zuo dem bette hin.
Daz dûhten bischof guot sin.
Des küneges bette daz was tief.
Diu vrouwe lac alsam sie slief.
Dâ von der künic hetes vûr vol.
« Smecket ir der munt wol, »
Sprach der bischof, « herre mîn ? »
Der künic sprach : « Daz sol wol sîn.
Ir sehet ez sicherlîche. »
Sus sprach der künic rîche.

1. *Var.* Der bischof.
2. *Var.* Der bischof.

Der künic tet ir ûf den munt.
Dô wart im an der stete kunt :
Daz zouber ûz dem munde viel,
In der grœze sam ein schiel.
Zehant dô daz alsô geschach,
Der bischof und der künic sach
Daz si viel [zesamene] in der gebære
Sam sie vûl wære
Vor einem halben jâr.
Alsô wart sie ze aschen gar.
Dem künge begundes wider stân.
Er sprach : « Waz ich liebe zuo ir hân.
Des hân ich alle nû verkorn.
Sie hât mir sêle und lîp verlorn :
Sie stinket als ein vûler hunt.
Ir bôsheit ist mir worden kunt. »
Dar nâch ze buoze muoste er gân,
Wande er sünde hete getân
An dem tôten wibe.
Des muoste er mit dem libe
Büezen alsô hêre,
Der edel künic Sêre.
Lîden muoste er grôze nôt
Unz ûf sînen tôt.

# LA VIE
# DE SAINT GILE

D'un dulz escrit orrez la sume : *(111 v⁰ a)*
Dirrai la vie d'un seint home
Ki pur amur sun cher seignur
Out feim e freit e grant labur ;
5 Ensurketut od bestes mues
Vesqui meint an e d'erbes crues ;
Gentilz hom fu de grant parage,
Riche de terre e d'eritage ;
Poi preisa sa terre e s'onur,
10 Ço mustrat il al chef de tur :
Kar pur estre povre e mendis
Gerpi sa terre e ses amis ;
Par noit fuit de la contrée
Covertement e a celée,

1 De une dulce — 3 chere — 5 muez

15 Ke nel sout ami ne parent ;
Puis si vesqui mut seintement
E fud de grant religiun.
De Gréce fud, Giles out non ;
Ne fud pas nez de basse main, (v° b)
20 De vavassur ne de vilain :
Nez fud de princes e de reis ;
Tuz ses lignages fud gregeis.
Dedenz Athénes la cité
Fud cist Gires nurri et né.
25 Ses pére out nun Theodorus,
Riches de terre e d'aver plus ;
Sa mére out nun Pelagia :
En tute Gréce ne de ça
N'aveit femme de sa manére
30 Si chaste ne si almonére.
En els dous out bone assemblée :
A la parfin fud ben loée.
Andui bone vie menérent,
Deu servirent e aurérent ;
35 Ço ert le plus de lur labur
De Deu servir e noit e jur.

Deu lur dunat un petit fiz,
Dun sunt de joie repleniz ;
Mult en furent si parent lez.
40 A grant joie fud baptizez :
Gire l'apelent de cherté ;
Par les parenz fud confermé.
Quant vint a l'heé de set anz,
Mult ert creu e mult fud granz ;
45 A lettres l'ad ses pére mis,
A la divinité s'est pris :
A ço mist li emfes s'entente ;

19 nez *manque* — 24 nec — 25 peres — 28 en tut france —
30 almoner — 31 bon — 36 seruire — 43 he

Bien ad tenu la dreite sente ; (112 r° a)
Par tens se prist a Deu servir,
50, Ben le maintint trés què al morir.
Pleins fut d'espiritel science,
Deu li dunat grant sapience ;
De bones murs fud repleniz
E d'onesté fud bien guarniz.
55 Li emfes Gires fud mult bels,
La flur des autres damoisels
De cele terre u il fud né :
Bloi out le chef, recercelé,
La charn out blanche cume leit,
60 Les olz rianz, le nés ben feit,
Cléres les denz, la buche bele ;
N'out pouint de barbe en sa mazele ;
Beles mains out e les deiz blans,
Lungs les costez, grelles les flarcs ;
65 Mult out large la furcheure :
Plus bele ren ne fist nature.
Sur tute ren l'amat li pére,
En grant cherté le tint sa mére :
Mult le vesteient richement ;
70 Meis il dunet a povre gent
Tut le melz de sa vesteure :
N'aveit pas mis en dras sa cure,
En Deu amer ert sun delit ;
Or e argent out en despit,
75 Chevaus e mulz e palefreiz
E riches dras e bons conreiz.
Volunters alout a muster (r° b)
Oir la messe e Deu preier,
E del muster dreit a la scole.
80 Ço est la fin de la parole :
Ke vus en dirreie jo el ?
Sa vie esteit espiritel.

50 que — 57 nez — 58 recercelez — 66 bel — 70 M. ils les dune a p.

Li vatletun de sun heé,
Fiz as baruns de la cité,
85 Le veneient sovent blamer
K'il ne voleit o els juer.
« Or veez », funt il, « juvencel :
Gires vout estre sainterel.
Li vileins dit en repruver :
90 De jofne seint veil adverser.
Ne serrat mie tuz jurz tel ;
Mult ert unkor fel e cruel. »
Meis il ne dient mie veir,
Del tut faudrunt a lur espeir :
95 Il ne fud cruel ne felun.
Ne demurat s'un petit nun
Ke Deus mustrat miracle grant
Pur Gire sun petit servant.

Avint issi ke par un jur
100 Alout l'emfant a sun labur,
A l'escole u il aperneit ;
Vit un cheitif u se plegneit
En la rue de la cité,
Pale e teint e desculuré,
105 Sur un femer devant un us *(v° a)*
U il out jeu un an e plus.
De tuz les membres ert contreit,
Leiz e horribles e desfeit ;
A trespassans revout del ben,
110 Meis il ne lui feseient rien,
Trés k'une fez Gires le vit :
Cele part veit sun pas petit,
Demande lui ke il aveit
E pur quel chose il se pleineit.
115 « Sire, » feit il, « jo nel puis meis ;

88 uout est s. — 92 unkore — 94 fraudrunt — 96 si un —
103 E la — 104 *le second e manque* — 113 kil

C'est merveille ke jo m'en teis.
La faim m'occist, le freit me gréve :
Deu doinst ke ma vie seit bréve !
Trop ai vescu, ço est dolur :
120 Deu la me doinst einz demain jur !
La mort serreit mun desirer
E jo l'avrei sanz demurer ;
Ne puis vivre plus lungement :
La mort m'est près, trop bien le sent. »
125 Gires l'oit si dementer :
Les olz li pernent a lermer ;
N'out ovec lui or ne argent,
Partie de ses dras lui tent ;
De la cote k'aveit vestue
130 Se despuilla en mi la rue ;
Il la feit al cheitif vestir,
E tint les mances al servir.
Cil ad mis la coté en sun dos :      *(v° b)*
Fremist la charn, croissent li os,
135 Getet un cri, e puis s'estent :
En pez se dresce ignelement.
Oiez tut cum Deus est curteis :
De l'enferté k'il out einceis
Est li malade en pez levez.
140 Einz ke Gires s'en fust turnez,
Veit vers l'enfant, sil vout saisir,
E cil s'apreste de fuir.
Cil veit après, prent a crier :
« Cestui deit le siecle loer :
145 Ben pert quels servises il feit ;
Pur lui ad Deus garri contreit ;
A Deu e lui en rent jo grace. »
Sempres s'aunent en la place
Humes e femmes plus de cent :

---

116 ki — 122 laurerei — 128 se — 133 E il — 134 Eremist —
135 Getez — 143 E il — 148 S. sanent

150 Grant est la presse de la gent
　　Ki iloc furent assemblez.
　　Meis Gires s'en ert ja alez;
　　Trés un trés autre se tresturne,
　　A meisun vint marri e murne
155 E s'est desur un banc assis,
　　Le chef enclin, aukes pensis.
　　Mult lui pesa e dolens fud
　　Ke tant de gent l'orent veut,
　　Cum feitement cil ert sané.
160 Li péres ert en la cité :
　　Oi la novele en la rue　　　　　　　(113 r° a)
　　Ki par la vile ert espandue,
　　E le miracle del contreit
　　Ke Gires sis fiz aveit feit;
165 Meis ne sout si veir fut u nun.
　　Cum il einz pout vint a meisun
　　E vit sun fiz ki el banc sist;
　　Il l'areisune, si li dist :
　　« Bel fiz, » feit il, « pas ne me grée
170 Ke vus avez colur muée;
　　Pur quei estes vus deheité?
　　Ad vus nul hom dunc coruscé?
　　Qu'est vostre cote devenue?
　　Pur quei ne l'avez vus vestue? »
175 « Sire, » feit il, « jo l'ai donée,
　　Si ke mult est ben aluée :
　　Jo la dunai hui par matin
　　A un malade en cel chemin,
　　Ki mut esteit mesaaisé,
180 Ateint de freit e de pité.
　　Jo ne poeie autre ben fere :
　　De mun dos fis ma cote treire,
　　Lui la donai ki la me quist

154 & — 164 si f. — 168 llareisune — 170 mue — 174 uestu
　— 179 mesaise

Pur amur Deu ki nus tuz fist :
185 Ja se leissat il pur nus vendre
E des Judeus en la croiz pendre,
E nus, las ! ke faimes pur lui ?
Ha ! sire pére, cum jo qui,
Il nus ert repruvé grefment           (r° b)
190 Al derein jur de jugement,
U tut li angele tremblerunt
De la pour k'il averunt.
Quant li archangele avrunt pour
E li ami nostre seignur
195 E li apostre e li martyr,
U purrunt li felun tapir,
Quant il ne truverunt buissun,
Vile ne borde ne meisun ?
Certes ne purrunt pas tapir :
200 Avant les estovrat venir ;
Deus lur dirrat a fére voiz :
« Feluns, veez ici la croiz,
« Veez les clous, veez le sanc
« Ki me curut a val le flanc,
205 « Veez la corune e la lance,
« Veez ici vostre dutance.
« Vous avez eu vers mei tort :
« Jo fui pur vus livré a mort
« E me laissai crucifier,
210 « Vilement batre e leidenger ;
« Dites, k'avez pur mei suffert ?
« Mustrez le mei tut en apert :
« Si vus m'avez trés ben servi,
« Ben vus serrat ici merri. »
215 Cil ki ne purrunt ren mustrer,
Il les frat de lui severer
E metre en enfern, el pudneis,

188 pére *manque* — 189 Kil — 193 auerunt — 200 estouerat — 202 ci — 207 en — 208 liuere — 216 le f. — 217 metre *manque*

Dunt il ne surderunt ja meis : *(v° a)*
Dampnez sunt senz remission
220 El parfunt puz de baratrum ;
E ki la git el tai pulent,
Del relever n'est puis neent.
Sire pére, lez purrunt estre
Cil ki serrunt a sa mein destre.
225 A cels dirrat verrablement :
« Traiez vus ça, la meie gent ;
« Recevez l'erité celestre
« Ke vus forfirent li ancestre ;
« Vus l'avez par dreit recovrée,
230 « Joie vus ert abandunée,
« Od mei serrez finablement :
« N'avrez meis dute de turment,
« Einz serrez tuit de ma meisnée. »
Mult ert la compainie lée
235 A ki sun regne ert otrié.
Deus si lui plest, par sa pité,
Nus tirt a sa destre partie
E nus doinst parmanable vie ! »
Li péres oit parler sun fiz,
240 Mult se merveillet de ses diz
E ke humme de son aage
Deit en tant d'ure estre si sage.
La cote ke il out dunée
Fud leggérement pardonée ;
245 N'en peise al pére tant ne quant :
K'il vit sun fiz veit Deu loant, *(v° b)*
E vers lui out greignur amur.
Il lui achate une meillur,
De meillur drap e melz taillée ;
250 Gires ne l'ad guéres preisée :

218 surdrunt — 223 Sir — 228 ti a. — 229 recoure — 230 abandune — 237 tut — 243 ki o. — 245 ne *ajouté avant* tant — 249 taille — 250 preise

A autres povres la dunast
Mult volenters se il osast.

Ne demurat pas lunkement
Morz furent si riche parent.
255 Morz en fud sis pére e sa mére,
Ne lui remist sorur ne frére ;
A lui est l'onur repeirée,
Les chevalers e la meisnée.
Gires reçut sun heritage,
260 Meis Deus set assez sun curage :
Poi preise terre ne honur,
Vers Deu turna tute s'amur :
Si cum jo qui e jo l'espeir,
De lui vodrat feire sun heir.
265 Mult lui remeint grant heritez :
Chastels e burs, vinnes e prez,
Or e argent, pailles, cendals,
Palefreiz, mulz e bels chevals,
E veissele d'or e d'argent ;
270 Meis il le depart largement :
Nel donout mie as lecheurs,
Ne as puteins n'as jugleurs,
Ainz fist as povres abbeies,
As punz e as maladeries, *(114 rº a)*
275 As malades e as contreiz
E as leprus e as defeiz :
A cels departi sa richaise.
A ses baruns forment en peise.
Il l'encusent e sil chastient
280 E mut soventes feiz lui dient :
« Sire, » funt il, « pur Deu amur,
Ne deguaster issi t'onur,
Ne doner pas si largement ;

252 sil — 255 si p. — 257 repeire — 262 t. t. sonur — 264 here — 277 de parte — 279 Il en cusent — 281 Sir

Lai en ta terre estorement.
285 Cil ki te servent dient ben
K'a curt terme n'averas rien ;
E coment te purreit durer
Quant tu ne cesses de doner?
Ne tu ne feis mie semblant
290 Ke te seit mult del remanant.
Mult en as ta gent desheité
E tes baruns desconseilé.
Si ne te contens autrement,
Tut s'en irrunt de tai ta gent;
295 Meis crei conseil, si feras bien,
E cume sages te conten :
Fai ço ke nus te loerum,
Si pren la fille a un barun
U fille a rei u fille a cunte.
300 Tu poez aver de tei grant hunte,
Ke si te mesz a nun chaleir :
K'est devenu tun grant aveir ? *(r°b)*
U est tun or e tun argent?
Empleé l'as malveisement.
305 Tels l'unt ki tei ne sévent gré;
Pur ço dit li vileins verté
K'entre l'aver e le bricun
Ne sunt pas lunges compaignun.
Refreign, sire, le tun curage :
310 Pren une femme de parage
Dunt tu puisses enfanz aver
Ki après tei seient ti heir ;
Kar si sanz heir remeint la terre,
Nus serrum tut destruit de guerre;
315 Si le païs est eisseillé,

289 Tu ne feites mi s. — 290 mul — 291 genz desheritez — 292˙ Kar t. b. desconseilez — 297 Faites ço ke n. t. lorrum — 298 la *manque* — 305 te — 309 Refreigne s. tun. c. — 310 Prene — 311 puissez

Tu en averas grant peché,
Kar tu li poz ben guarrant estre :
Prudume furent ti ancestre
Ki devant tei tindrent l'onur ;
320 Garde ne seies le peiur,
Garde, sire, ke hom ne die :
A mult feble heir est revertie.
Tu fais semblant d'ume sultif,
La terre gastes a estrif.
325 Mar fud tis cors e ta beuté
Quant il nen ad en tei bunté.
Si tu n'oses terre tenir,
Va tei en un buissun tapir
E deven moigne en un muster,
330 Kar tu nen as de el mestier.  (v' a)
Meis leisse ester ceste riote,
En autre lei turne la note :
Crei les baruns ke ici sunt,
Fei içò k'il te loerunt ;
335 Ti hume sunt e tu lur sire,
Pur ço unt il curuz e ire
Ke te contens si folement :
Mult lur em peise durement.
Lais la folie, al sen te ten ;
340 Crei lur conseil, si feras ben. »
Gires out ses baruns parler,
Si se comence a purpenser
Cum feit respuns il lur dirat ;
Pendi sun chef, si s'enclinat.
345 Un suspir jetet de parfunt ;
Ore escutez ke il respunt :
« Seignurs, » feit il, « vus dites sens.
Joe ai esté en grant purpens
D'une ren ke vus voil gehir,

---

317 le p. — 321 *et* 322 *intervertis* — 323 de une — 329 une m —
331 m. leissez estre — 334 Feites, lorrunt — 335 & — 346 ki

350 Meis ne l'osoue descovrir :
   Jo aim mult une dameisele,
   Si est uncor virgene e pucele,
   Curteise e bele durement,
   E si est mult de haute gent;
355 Si jo s'amur aver poeie,
   Autre richeise ne querreie.
   De li aveir me voil pener,
   Meis or vus pri de ben celer;  (v° b)
   Entre ci e le seint Martin
360 En savrez vus tute la fin,
   Quel part jo tent e voldrai tendre
   En dreit de femme aver e prendre.
   De ci ke la vus voil preier
   Ne vus ennoit le demurer,
365 Kar le terme n'est pas lungteins;
   Sachez si jo sui vifs e seins,
   Einz ke li termes seit venuz
   Me serrai jo ben purveuz,
   Ke ben savrez ma volunté. »
370 Il lui unt le respit doné :
   Joius e lé en furent tuit ;
   Od lui surjurnent cele noit,
   E de la joie ke il unt
   Grant est la feste ke il funt.
375 Tost l'endemain pernent congé,
   A lur meisun sunt repairié.
   Gires remeint, k'il n'ublit mie
   De preier a sa chére amie
   K'el lui defende d'encumbrer.
380 Diable le quidet engingner
   Ki nuit et jur i veit en tur ;
   Meis il s'est pris a tel seignur

350 descouerir — 351 aime — 352 uncore uirgine — 356 querrei — 360 sauerez — 361 tent e *manque*, uoldra — 365 lunge tens — 368 jo *manque* — 373 kil — 374 ki f. — 378 a *manque*

Ki pecheur ne leist perir
Si leelment le volt servir.
385 Einzcez ke le termes venist
Ke il a ses baruns assit,           (*115 r° a*)
Mult li avint bele aventure:
Deu li mustrat k'il aveit cure
K'il n'obliat ses oreisuns
390 Pur le conseil de ses baruns.

Un jur fud al muster alé,
Tut le servise ad escuté.
Quant il out le servise oi,
Cline al autel, si s'en issi.
395 Un malade lui vint devant,
Defigurez od leid semblant.
N'ert merveille si se pleigneit,
Kar un serpent de mal endreit
L'avait puint e envenimé;
400 A grant peine ert vifs escapé :
Emflé aveit e pez e meins ;
Ben aparut k'il n'ert pas seins.
Il out oi la renumée
Ki vait par tote la contrée
405 Ke Deus fesoit pur lui vertuz.
Cil s'est a ses pez estenduz ;
Plure li las e merci crie :
« Sire, pur Deu le fiz Marie,
Aiez merci de cest dolent :
410 Jo sui peri par un serpent ;
Aiez, sire, merci de moi,
Pur amur le soverain rei.
Si tu vols preier tun seignur,
Ben guarrai de ceste dolur.
415 Aiez, sire, de mei pité :           (*r° b*)

384 lelment, seruire — 386 Ki asses — 387 bel —389 n' *manque*
—390 de *manque* — 399 enuenimez — 400 escapez — 404 contre

Veiz cum jo sui mesaaisé.
Fai mei, sire, santé aveir;
Ben sei ke toens est le poeir. »
Gires ot le cheitif plurer :
420 Les olz lui pernent a lermer;
Suefet lui ad respundu :
« Amis, tu as mesentendu :
Sacez ke jo n'ai poestet
De tei duner nule santé;
425 Meis sacez ke bel me serreit
Si ma preiére te vaudreit.
Or ne te nuit : sofre un petit,
E preierai Dé k'il t'ait. »
Gires plure mult tendrement,
430 Ansdous ses meins vers le cel tent :
« Ai! Deus, » feit il, « gentils rei,
Par ta pité conseilez mei.
A cest cheitif ne sai ke die
Ki ici plure e merci crie.
435 Jo vei ke il est près de mort,
Si quide aver de mei confort;
En mei n'est pas le conforter,
Meis tu poez ta bunté mustrer.
Demustre la a cest dolent,
440 E fai saver a ceste gent
Ke tute ren as en ta mein,
E poez feire malade sein.
Demustre en cestui ta bunté :
Rent lui, bel sire, sa santé, . (v° a)
445 Si te pleist, e il seit reisun. »
Quant aveit finé s'oreison
Est fors al malade venu,
Veant le pople ki grant fu;
Si est contre lui cil drescez :

416 Veez, mesaise — 426 preir — 427 uuit — 428 de ki te ait —
434 ke — 435 kil — 439 Demustrez — 441 tut

450 Desemflez sunt e meins e pez.
Ben fud guari de l'emfleure,
Ne senti mal ne blesceure.
Mut out bon mire a sei garir.
Ben deit l'um tel seignur servir
455 Ki par sun serf feit tels vertuz.
Cil ki iloc érent venuz
Pur egarder ke ço esteit
Virent ke cil garriz esteit ;
Ensemble crient a un cri :
460 « Seint Gire, aiez de nus merci ;
Depreie Deu tun cher ami,
K'il nus defent de l'enemi ;
Tes ovres unt demustré ui
Deus est od tei e tu od lui.
465 Tu nus poz mult vers lui valer. »
Tuit lui vodrent as pez chaer ;
Mult lui pesat quant il l'oi :
« Seignurs, » feit il, « pur Deu merci !
Ço ke avez ici veut
470 N'est mie par mei avenut ;
Pur veir sachez, e jol vus di,
Par sa creance est cist gari. *(v° b)*
Loez en Deu, ne mie mei,
Kar par la fei ke jo vus dei
475 Jo n'ai plus de vus poesté
De doner a hume santé ;
Meis leissez vostre desverie,
Si depreiez seinte Marie
K'ele vus seit vers Deu aidable
480 E pie mére e sucurable. »
Il ne volt plus iloc ester,
Si s'en comencet a aler :
A sa meisun est tost venu.
Mult ad grant joie, e iré fu :

454 seruire — 461 Depreiez — 463 demustrez — 482 comence

485 De ço fud il lez durement
Ke Deus l'amat parfitement ;
D'autre part li ad mut pesé
Ke la gent l'unt tant honuré.
Meis pur nent ne i remeindra,
490 Kar tant de gent le sévent ja.
Tant cum Gréce est e lunge e lée
Veit de Gire la renumée
Ke Deus feit pur lui granz vertuz,
Contreiz drescer e parler muz.
495 En la cité u il converse
Ad de malades si grant prese
Nuls hom ne veit par la cité
Ne veie u manc u avoglé ;
Engrutez, fevrus e ardanz
500 Unc ne vit hom ensemble tanz. *(116 r° a)*
Devant sa porte s'aunérent,
Communement en haut criérent :
« Seint Gire, aez merci de nus,
Veez cum aimes bosuignus ;
505 Aez merci de nus, cheitifs,
Ke eimes de luintain pais
Venuz a tai merci crier :
Tu poz mut ben santé doner ;
Ja mès ne turnerum de ci
510 Ainceis ke nus seum gari. »
Gires ad entendu les criz
Ke icil funt e les pluriz ;
Dolenz en fu, plure e gaimente,
A sai meimes se demente :
515 « A ! Deus, » feit il, « bons rei verrai,
Glorius pére, ke ferai ?
Or quid jo ben e sei e vai
Ke nen as meis cure de mei.

491 *le premier* e *manque* — 493 grant — 499 fenrus — 501 sanerent — 505 nus *manque*

Quant la gent de luintaine terre
520 Vénent ici pur mei requere!
Li pire d'els e li plus maz
Valt assez plus ke jo ne faz;
Meis tu poz mustrer ta bunté :
A ki te pleist dunes santé ;
525 Ico n'afert a mei neent.
Jo sui un peccheur dolent,
E si jo aveie feit ren,
Sire, ke turnast a nul ben,       (r° b)
N'en feit, n'en dit, n'en oreisun,
530 Aillurs te pri le guerredun ;
Aillurs te pri, sire, e requer
Ke tu me rendes le luer;
Ne quer estre loé de gent,
Kar mun curage autre part tent;
535 Le los del siecle est trespassant :
Trop s'i delitent li alquant ;
Jo ne m'i quer ren deliter,
Meis guerpir le e esluigner.
Ki est veisin a l'estencele
540 Tost ad parcée la gunele;
Ki le fu hante e jur e nuit
N'est merveille se il se quit.
Jo sui el fu, pur ço ai dute
Ke mun peché ne me debute ;
545 Meis jo m'en quid si esloigner
Ke ne crendrai sun desturber.
Li vileins dit : « La oil u volt;
« Ke oil ne veit al quor ne dolt. »
La grant richesce ke jo vai
550 Me fereit feire tost un plei,
Si lungement esteie ici;

522 face — 525 ne a. — 530 guerdun — 531 & — 536 s: d. —
537 me qu. — 538 e *manque* — 540 parce la gunel — 542 sil
— 549 Ke io aie — 550 freit — 551 estei

Tost en purreie estre escharni.
Dampnedeu pére, ke ferai?
Conseillez mei quel part irrai;
555 Enseignez mei veie a tenir
Pur quei jo puisse a vus venir.        (v° a)
Rume est chef de crestienté
U li apostle unt conversé;
Men escient si la esteie
560 Aukes de bien i aprendraie,
E oreie la veire estorie:
Par le conseil de l'apostoile
Ben le freie d'iloc avant. »
Sun conseill ad fini atant:
565 Or ad pris e si se tendrat;
A poi de terme guerpirat
Sa grant terre e sa grant honur;
Or le meintenge sun seignur,
Kar pur s'amur enprent grant fès.
570 Il est issu fors del paleis,
Dreit as malades est venu:
De meinte gise en ad veu,
Ki mult furent mesaaisé.
Il ad nostre seignur preié
575 Ke il lur tramesit santé.
Cil sunt garri de l'enferté
Ke il orent lunges eue.
Li jurz veit, la nuit est venue:
Gires s'en veit lez e joianz,
580 E comandet a ses servanz
Ke sun conrei seit apresté,
Beivre e manger a grant plenté.
Cil ne se targérent neent,
Ben unt feit sun conmandement;

555 tenire — 560 i *manque* — 561 E par o. l. ueir e. — 567 & —
571 al — 573 mesaise — 575 Kil — 577 Kil, eu — 578 uenu
— 580 comande

585 Mult en unt feit apariller.                  *(v° b)*
    Gires s'est assis al manger,
    Grant semblant feit d'estre heité;
    Mut en furent si hume lé,
    Ki tant l'orent veu pensif.
590 Le vin aportent a estrif;
    Tuit li celer furent overt :
    Bons fud li vins dunt hom le sert;
    E cil burent haitéement;
    Grant joie funt tute la gent,
595 Meis la lur joie e lur leesce
    Revertirat a grant tristesce :
    Tel nuvele orrunt a curt terme
    Dunt en ert pluré meinte lerme,
    Certes meint cri e meint dol feit
600 E meint chevoil de teste treit.
    Quant il fud ure de cucher,
    As ostels vunt li esquier.
    Gires remeint, cucher s'en veit
    En la chambre u sun lit ert feit;
605 Asez out gent a lui chucher,
    A servir e a deschaucer.
    Kant fud cuché, si s'en issirent
    Tel hure k'unkes puis nel virent :
    Melz leur venist juner le jur
610 Ke la noit perdre lur seignur ;
    Malveise guarde feit en unt,
    Ja mès itel ne troverunt.
    Icil ki en la chambre jurent        *(117 r° a)*
    Hastivement endormi furent :
615 Trop ont beu del vin herbé
    Ki lur esteit el chef munté;
    Meis ki ki dormet e ki nun,
    Tut tens fud Gire en oreisun :

597 Tele nuuel — 600 test tr. — 610 lur bon s. — 613 ken —
15 Trop burent d. — 617 M. ki dorme & ki n.

Unk cele noit ne pout dormir,
620 Kar sun pensé volt paremplir.
Trés ke cil furent endormi,
Il s'en levat, si s'en issi
Suef de la chambre u il jut
Ke chamberlenc ne s'aperceut;
625 Il ne se vot de dras charger
Fors de cels k'il ne pout leisser,
Kar se il fut affardeillé,
Trop li custat l'aler a pé.
Icele nuit fit mult obscur :
630 Il est venuz al forain mur
Dreit lau il out une tur feite,
Meis mut se dute de la gueite
Ki sur la tur corne e frestele
E floutet e chalemele.
635 Pur la niule e pur l'obscur tens
Ne s'aperçurent li gardains;
Ultre passe ke nul nel veit,
Fors sun seignur kil conduieit;
Ore en penst Deu par sa merci,
640 Que pur s'amur ad tut guerpi.

Gires est en la veie mis, *(r° b)*
Gerpist sa tere e ses amis ;
Il nen ad n'or n'argent od sai,
Cheval ne mul ne palefrei ;
645 Il n'en porte ne veir ne gris,
Meis povres dras de petit pris ;
Meis Deus ki est riches d'aveir
Lui truverat sun estuveir.
Il ad tute la nuit erré;
650 N'est merveille s'il est lassé:

---

623 Iste d. — 629 Icel, mul — 630 foraine — 633 & — 634 floute
— 635 pur *manque* — 637 pas — 639 pur — 640 Cume —
641 mise — 649 tut — 650 si est

N'ert pas a us d'aler a pé;
Ne pur kant mult s'est efforcé,
Kar la gent dute de sa terre
Ke nel sivent e facent guerre.
655 E il si funt, plusurs parties
Vunt lur curlius e lur espies,
Quérent a munt, quérent a val,
Ambure a pé e a cheval;
Mei est avis k'en vein le funt:
660 Ja de lur olz meis nel verrunt.

L'ENDEMEIN quant il ajurnat
Li chamberleins lues sus levat,
Kar sun seignur ert custumer
D'aler par matin al muster.
665 Il lui voleit ses chauces tendre:
Veit vers le lit, sis quide prendre,
Meis nes trove, car pas n'i sunt;
Il ad sa main buté amunt :
Fors sul les dras n'i truva ren. *(v° a)*
670 Li chamberleins s'aperçut ben
Ke sun seignur s'en est alez :
Il chet arére el lit pasmez.
Quant fut estoers de cel pasmer,
Si se comence a desmenter,
675 Detort ses puinz, ses chevols tire;
« Ai ! » feit il, « Gire, bel sire,
Perdu vus ai, ço m'est avis.
Ke respundrai a vos amis
Ki mei vus orent comandé?
680 Malveisement vus ai gardé.
Duble mal ai : l'un est de vus,
L'autre est de mei, dunt sui dutus :
De vos parens ai grant regart ;
Ne puis fuir, ne sei quel part;

654 Ki — 656 Unt — 662 lues *manque* — 678 respundra a nos

685 Ici m'estot la mort atendre,
Kar ne me puis de ço defendre
Ke par mun fol contenement
N'aient perdu lur bon parent.
Mal ait l'ure ke cel vin crut,
690 Si eit mis cors ke tant en but !
Ke frunt ore vos chevalers,
Vos vallez e vos esquiers,
Ki ben quidouent a estrus
Grantz heritez aver par vus?
695 Meis failli unt a lur espeir,
Kar après vus ne remaint heir
Ki ja lur doinst plein pé de terre:  *(v° b)*
Augent aillurs honur conquere :
Failli unt a vus, ço m'est vis ;
700 Egarés sunt, povres, mendis,
E jo sur tuz i ai perdu. »
Lores chet aval estendu.
Del dol e de la grant criée
Ke cil ad feite e demenée
705 Sunt cil del paleis esveillé;
Hastivement se sunt drescé,
En la chambre sunt tuit venu,
Demandent u lur seignur fu.
E cil lur respunt en plurant :
710 « Alez s'en est, meis ne sei quant. »
Querant le vunt par la cité,
Meis il n'en unt mie truvé;
Tretut laburent veinement,
De li trover n'est il neent.
715 Quant veient ke nel truverunt,
En la sale repeiré sunt.
Forz fud li dols, grant senz mesure,
Kar nuls ne perneit d'autre cure.

685 entendre — 695 espeire — 696 apre — 703 crie — 704 feit — 707 tuit *manque* — 709 respunent

Ki en la sale fust le jur
720 Veer pureit aspre dolur,
De tés k'i out crier et braire,
Detortre puinz e chevols treire.
Grant dol demeinent tut le jur,
Plurent e pleinent lur seignur
725 E le regretent en plurant : (118 r° a)
« Gentils hom nobles e vaillant,
Tant mar fud vostre grant bunté,
Vostre sens e vostre bealté,
Mar fut vostre bele juvente !
730 La blanche face e la ruvente
Cum serat or tainte e greslée
Del solail e de la gelée !
Coment purrez a pé aler ?
Ki vus durat un sul dener ?
735 U averez dras e estruiz,
Conrei le jur, ostel les nuiz ?
Mar fud, sire, vostre bealté !
Unk ne fud hom de vostre heé
Ki tels teches eust en sei,
740 Fiz a cunte ne fiz a rei ;
Cui chaut, quant or veit a dolur ?
Ja meis n'avrez joie un sul jur.
Nus ki trés vus eimes remés
Ne serrum meis tundu ne rés,
745 Ainz vesterum dras de dolur :
Perdu avum nostre seignur ;
Que devendrum nus, las chaitis ?
Mal eit la mort ki nus leist vis !
Ço est dolur ke nus vivuns
750 Dès ke nus perdu vus avuns. »
Itel pleint e itel dolur

---

721 ces — 726 noble — 727 mare — 731 ore — 732 solaille —
734 uns s. — 738 home — 739 Ke, ust — 741 Ki chant quant
ore — 751 pleinz e tel d.

Demenérent trestut le jur.
Par la cité léve le cri (r° b)
Ke li sers Deu s'en est fui;
755 Grant dol en funt li citeein,
E li curteis e li vilein;
Plurent chevalers e burgeis,
Plurent e vileins e curteis;
N'i aveit home en la cité
760 Ki de pité n'en eit pluré :
Pur neent plurent, ço m'est vis;
A plein esloigne del pais.

Gires ne cesse de l'errer
Sun dreit chemin vers la grant mer;
765 Meis n'est pas al dreit port venu,
Kar il se crent estre conu.
Tant est alez e nuit e jur
Od faim, od sei e od labur,
E munz e vals, plein e boschage,
770 K'il est venu dreit al rivage.
Il est assis, car mult fu las :
Prie Deu e seint Nicholas
K'il lui tramete alkun veissel,
Buce u kenar, nef u batel
775 Ki utre l'en poust porter.
Il esgardet en haute mer,
E vit une nef periller
E a turmente dechascer,
E repuneit entre les undes
780 Ki érent grandes e parfundes,
Kar la mer ert mult hericée, (v° a)
Undeie e brait cum esragée.
La nef veit par la mer walcrant,

755 en *manque* — 758 *le premier* e *manque* — 759 hom — 760 p. ueneit pl. — 769 *le second* e *manque* — 775 pust — 776 mere — 781 mere, herice — 782 esrage

La tempeste la veit menant,
785 Kar mult par feit leide turmente,
Esclaire e tone e plot e vente.
Tant de la mer tant del grant vent
Pur poi ke cele nef ne fent ;
L'unde la porte contre munt,
790 L'autre la treit vers le parfunt,
L'une la peint, l'autre la bute,
Pur poi k'ele ne desront tute.
Gires veit la nef periller
E la mer braire e engrosser :
795 Des mariners out grant pité ;
Nostre seignur ad depreié
K'il les mette a port de salu :
Li venz abeisse ki grant fu ;
La mer ki einzceis ert undante
800 Fut lues cume une mer gisante;
L'oré remeint e vente bel.
Mult furent lé li marinel ;
Vunt as windas, lévent le tref,
Dreit vers la rive vent la nef :
805 Si seinement est essiwée
Ne fut hurtée ne blescée.
Cil sunt fors de la nef issu,
Gardent, si unt Gire veu
Ki pur els ert en oreisun :
810 Dulcement l'unt mis a reisun,
Demandent lui dunt il est né
E ki iloc l'ad amené.
Ben sorent ke pur sue amur
Les aveit Deus garri le jur :
815 « Sire, » funt il, « nus te priurn,
Parole a nus, car ben savum

787 mere — 792 desirout — 794 mere — 799 mere ki einz u.
— 800 lues *manque* — 801 uent — 805 essiwe — 806 hurte
ne blesce — 808 gires — 811 nez — 812 amenez

Ke nus par tei eimes garriz,
Par ta preiére e par tes diz;
Di nus dunt es, de quel pais,
820 U vos aler e quei as quis. »
Il ne voleit mentir de ren :
Dist lur ke il ert crestien;
Grius est, ço dit, de Gréce nez,
Un pecheur tut esgarrez :
825 « Pur mes pechés espeneir
M'estot de ma contrée issir ;
A Rume me covent aler,
Meis n'ai luier a mei passer;
Pur amur Deu vus voil requere
830 Ke m'en portez en vostre terre :
Mult feriez grant charité.
Jo sui de ça tut eswaré;
Trop i ai esté lungement,
Meis jo nen ai or ne argent,
835 N'ai ne maaille ne dener. »
« Bel sire, » funt li notiner,
« Si'n aviez mil mars d'argent,
Ne prendriuns de vus neent; *(119 r° a)*
Meis si volez od nus venir,
840 Tuz serrum prez de vus servir. »
Il lur encline mult parfunt,
Puis lur demande dunt il sunt.
Cil lui unt dit lur conscience,
Ke de la terre de Provence
845 Sunt nez e nurriz li alquant,
E li plusur sunt marcheant
E vénent od lur marchandie,
E portent pailles de Russie,
Cendaus, samiz e mutabez,
850 E bels ciclatuns e morez,

818 preier e par te — 822 kil — 825 espeneire — 835 Nai une maille ne — 841 mul

Diapes, purpres, osterins
E riches dras alexandrins,
Sinopre, azur e vert de Gréce,
Zucre, canel e licoréce,
855 Galingal e escamonie :
« N'ad riche espice en paenie
Dunt hom ne puisse od nus trover ;
Meis ne poum utre passer :
Aler voluns vers nostre terre,
860 Meis cest oré nus feit grant gerre;
Sovent nus ad contralliez :
Pur poi ne fumes hui neez.
Par Deu e par vos oreisuns
Eimes garriz, ben le savuns.
865 N'eschivez nostre compaignie, (r° b)
S'aler volez vers Rumanie :
Si vus pleseit od nus venir,
Tut prest serrum de vus servir. »
« Seignurs, » feit il, « vostre merci,
870 C'est mun pensé ke jo vus di :
Jo voil aler la veirement,
Si mi sire le me consent. »
Icil se funt joius e lé
De ço k'il lur ad otrié
875 Ke il s'en vout od eus aler.
Le jur fud bel, le solail cler,
La mer fud paisible e le vent :
A la nef vunt ignelement ;
Lez sunt del bel tens ke il unt.
880 Traient lur ancres, si s'en vunt.
A plein se astent d'eschiper,
Kar mult coveitent le passer.
Bons fud li venz e la mer quieie :
Ne lur estoet muver lur greic,

853 e *manque* — 857 uus — 866 Si a. — 873 le f. — 875 Kil sen uont — 879 kil — 881 de e. — 883 e *manque*

885 Ne n'i out la nuit lof cloé,
Estuinc trait ne tref gardé,
Ne n'i out halé bagordinge,
Ne escote ne scolaringe ;
Ne fud mester de boesline;
890 Tute fud queie la marine :
Ne lur estut pas estricher,
Ne tendre tref ne helenger.
Fort ert l'estai e li hobent (v° a)
Ki fermé furent vers le vent,
895 E d'autre part devers le bort
Sunt li nodras e li bras fort;
Bones utanges out el tref,
Meillurs n'estot a nule nef;
Bons fud li tref e la nef fort,
900 E unt bon vent ki tost les port.
Tute noit current a la lune
Le tref windé trés k'a la hune :
Ne lur estut muver funain
Trestute nuit ne l'endemain.
905 Lur aire vunt od la mer pleine,
Kar issi veit cil ke Deus meine.

Gires se dort, car mult fud las,
Od l'esterman lez le windas.
Cil ne se voldrunt pas targer
910 Del sigler ne de l'espleiter,
Kar mut unt a feire grant curs ;
Si unt siglé les quatre jurs
Tant cum il porent plus sigler :
Ne virent ren for cel e mer.
915 Al quint jur si cum l'aube créve,
Le jur s'enbat, le soleil léve,

885 Ni out, los — 887 Ni out — 888 Ne *manque* — 889 bocsline —
890 quie — 900 ki les port tost — 903 si main — 912 le —
913 il *et* plus *manquent* — 914 e *manque* — 915 laube crue

DE SAINT GILE

Vente li venz ki fert el tref,
Grant aleure veit la nef :
Ben espleitent senz grant travail.
920 Icil ki set al guvernail
Vit terre, ce lui fud avis, (v° b)
Meis il ne sout en quel pais.
Un yle und devant eus veut,
Meis il ne sévent u ço fud.
925 Cele part unt le lof turné :
A l'ysle vunt sigle levé,
Trovent le port durement bel.
En la mer lancent lur batel ;
Mult par agreient ben lur nef :
930 Funt un tialz desus le tref,
E puis s'en issent el graver
Pur lur funain appariller.
Lur cordes unt ben essuiées,
Ki de la sausse érent muillées.
935 Le mestre s'en ist premerein,
E puis après Gires a plein.
La terre fud uele e pleine ;
De sus trovent une funtaine :
El duit a val crest de kersun ;
940 Kérent en tur par le sablun,
La trace d'un home unt trovée,
Par unt l'ëwe en esteit portée :
Chaut pas l'ensivent il andui
E sunt venuz tut dreit a lui ;
945 A la porte de sa meisun
Le trovérent en oreisun :
Lunke barbe ad, le chef ferant,
Petiz hum fud, ne guéres grant,
Mult fu meigres e senz colur, (120 r° a)
950 Taint del soleil e del labur.
Dresce sun chef, sis veit venir,

932 fiman — 942 en manque — 943 Chanpas le. a. — 948 hume

Premérement les volt fuir,
Après pense ke nu fera :
Levat sa main, si se seigna,
955 De loinz parole, sis salue,
Demande lur de lur venue,
Dunt il sunt e quel part il vunt.
Li meistre de la nef respunt :
« Sire, » feit il, « marcheanz eimes,
960 Meis aventures avuns pesmes;
Ne pur quant ben est avenu,
Kar quatre jurs avuns curu
Od bon oré e od bon vent.
Meis ça turnérent nostre gent
965 Saver en quel pais il sunt,
Meis nule ren trové nen unt :
N'i ad borde, n'i ad meisun,
Hume ne femme, si vus nun. »
« Seignurs, » feit il, « vus dites veir.
970 Ici ne volt nullui maneir;
Aspre est li lius e loinz de gent,
Pluie e tempeste i ad sovent :
Pur ço i feit mal converser. »
Gires le prent a esguarder,
975 A une part tut sul le meine,
De sa vie enquere s'apaine.
Fait Gires : « Di mei verité : (r° b)
Cum ben as tu ici esté ?
De quei sustens tu ci ta vie,
980 Quant il n'i ad ici guarie ?
Coment poz tu vivre sanz pain ?
Ja n'i vei jo de blé un grein
Dunt tu puisses ici guarrir
Par laburer ne par fuir. »
985 « Frére, » feit il, « jo guaris ben,

953 nuffra — 954 se *manque* — 959 marchanz — 961 b. nus e.
— 975 suls — 985 jo *manque*

            Si ai assez, ne me faut ren.
            Dous anz ad ben ke vinc ici;
            Unkes fors vus home ne vi,
            E faz ici ma penitence
990         En jeunes e en abstinence.
            Jo ne manjuz mie de pain,
            Nepurquant sui haité e sain;
            A la fiée truis peissun
            Entre le roche et le sablun.
995         Ke vus irreie jo cuntant?
            Tant ai jo ke plus ne demant.
            En cest ysle sui loin de gent;
            Diables m'essaie sovent,
            Mult me sui a lui combatu,
1000        Meis nostre sire m'est escu.
            Jo ne puis de cest ysle aler :
            De tutes parz l'enclot la mer;
            Chastement vif, u voille u nun,
            N'ai de pecher nule achaisun.
1005        Penser puis jo assez folie,                    (v° a)
            Meis, merci Deu, ne la faz mie.
            Ne vei le mal ne jo ne l'oi :
            En Deu me hait, en li m'esjoi.
            Nuls ne me feit ici moleste,
1010        Ne criem orage ne tempeste;
            Jo n'i oi tençun ne estrif :
            Ici remeindrai mort e vif.
            En cest endreit ke jo vus di
            Ai jo le siecle deguerpi. »
1015        Tut li cunte si simplement
            Sun estre e sun contenement :
            Gires estut, si escutat,
            Enbrace le, puis le beisat;
            Cil rebeise lui ensement :

993 f. tr. jo p. — 996 demande — 998 messaille — 1002 p. est clos l. — 1003 uoil — 1010 Ne terre o. — 1018 p. en b.

1020 Issi s'ajustent bone gent :
Cil dui se sunt entre trové.
Gire ad premérement parlé :
« Sire, » feit il, « jo te requer
Ke jo puisse estre parçuner
1025 De vos benfeiz e d'oreisuns. »
« Frére, » feit il, « nus l'otriuns.
Ço meismes requer de tei ;
Ne m'ublier, prie pur mei. »
D'ambes parz l'unt ben otrié ;
1030 A tant unt pris de lui cungé.
A la nef vunt ignelement,
Kar ore vente a lur talent ;
Traient les ancres del graver, *(v° b)*
La nef enpainent del rocher,
1035 En haute mer se sunt tut mis :
A plein se vunt vers lur pais,
Kar la nef fud ben atevrée :
Grant sauz vunt par la mer salée.
GWILLAMES dit DE BERNEVILE
1040 K'en treis jurs vindrent a Marsile,
Une cité mult bele e grande ;
Lur nef acostent a l'estrande.
De ses compaignuns congé prent :
Il le conveient lungement.
1045 Il se part d'els, vint a Marsile,
Meis ne conut home en la vile ;
Esgaré fud en altre terre.
Par la cité veit ostel quere ;
Ore est venu al mendier,
1050 Meis malement s'en set aider :
Anceis fud riche, ore est mendis,
N'est merveilles s'il seit pensis.
Sun seignur l'ad ben aveié :

1022 Gires — 1028 pri — 1044 Il coueient l. — 1050 malment — 1053 Un s., auoe

Chés un burgeis est herbergé
1055 Ki volunters l'ad conreé
Tant cum il fud en la cité.
Li mariner orent bon vent,
Vers lur pais vunt léement.

Gires remeint dedenz Marsile,
1060 Meis ne lui heite pas la vile :
N'i ad cure de surjurner.     *(121 r° a)*
D'un eveske ad oi parler
Ki Cesaries aveit a nun,
E pur sa grant religiun
1065 Lui portouent grant reverence
Cil de Gaskoine e de Provence ;
Il amad Deu senz fauseted.
A Arrelais ert s'evesked ;
Gires en out oi parler :
1070 A estrus i voleit aler,
De lui volt estre edefié.
De sun bon oste prent congé :
Tant est alé, en bois, en plein,
A la cité vent l'endemain :
1075 Mult fud lasset e travaillet.
Chés une vedve est herberget :
Theotrita aveit a nun ;
El le reçut en sa meisun,
Si lui appareille a manger.
1080 Il ad oi suz un planger
A une part seréement
Pleindre un malade durement ;
Il demande ki ço esteit
Ki en cel angle se pleigneit.
1085 « Bel sire, » feit Theotrita,

---

1055 conreie — 1057 bone — 1061 cur — 1063 a *manque* —
1066 gaskoin — 1071 edesie — 1072 ost — 1078 E le — 1080
Il lui ad

« Ce est ma mére ki gist la.
Ben ad passé duze anz e plus
K'ele n'issi fors de cest us ;
Lunges ad demené tel vie : *(r° b)*
1090 Ne pout unkes aver aie ;
E si tu lui sez ren valer,
Jo te durrai de mun aver
Tant dunt tu me saveras gré.
Or t'entremet par charité :
1095 Il te serreit grant pru e los
Si ele eust par tai repos ;
Pur Deu amur te voil preier,
Entremet tai de lui aider. »
« Dame, » feit il, « verraiement
1100 De fisike ne sai neent ;
Nostre sire lui doinst santé,
Car sue en est la pouesté.
E si tu creire me voleies,
Ja autre mire ne querreies.
1105 Si jo li poeie valer,
Ja n'en prendreie tun aver ;
Ne jo ne pois, ne jo nen sai.
Mustrez la ci, si la verrai :
Certes par la veue de mei
1110 Ne li ert pis, si cum jo crai.
Aluns ensemble trés ke la. »
« Bel sire, » feit Theotrita,
« Ele ad tant jeu en langur
Ke uns chescuns en prent hidur.
1115 Pur quant si veer la voleies,
Almone e charité fereies. »
Gires est desk'al lit venu *(v° a)*

---

1087 Bene — 1091 r. aider — 1094 tentrement — 1098 Entrement
— 1101 sancte — 1102 en *manque* — 1103 E *manque* — 1105
la p. — 1109 uene — 1110 si *manque* — 1114 uns *manque*
— 1116 ch.en f.

U la povre femme aveit ju :
Tresk'il la vit, pité l'en prent ;
1120 Deu recleime mult piement :
« E! Deu, » feit il, « rei glorius,
Tant es tu bons e vertuus :
Ben savez felun justiser,
Orguill abatre e abeisser ;
1125 Fols est ki 'ncontre vus estrive ;
Mar acointat ceste cheitive
Sa superbie e sun orguill.
Glorius Deu, preier te voil,
Ne regarder a sa folie.
1130 Sire, ne vus busuigne mie
Ke vus sulum nostre fesance
Pernez de nus vostre vengance ;
Vus estes pius e merciables :
Ne suffrez ja ke li diables
1135 Vus face tort de vostre dreit ;
Vus suffrites grant faim e freit
Pur li e pur autres cheitis,
E futes povres e mendis ;
Assez nus achatastes cher,
1140 Nent pur aver ne pur dener :
Vostre sanc i fud espandu,
E vus meisme en croiz pendu.
Ceste lasse ki ci languist
Se repent mut ke tant mesfist ;
1145 Diable la veit mut en tur, *(v° b)*
Il ne cesse ne nuit ne jur,
Volenters la trereit a sei ;
Meis jo vus pri, glorius rei,
Dunez lui espace de vie
1150 E repentance de folie. »
Quant il out s'oreisun finée,

1118 femm — 1120 reclime — 1125 kencontre — 1131 nus — 1143 Cest l. ke

Par sun dreit nun l'ad apelée;
Leva sa main, si la seigna,
Saine e heitée s'en leva.
1155 Unc n'aparut a sa colur
K'ele eust jeu un sul jur.
Theotrita fud ebaie
Ke sa mére ert issi garie ;
Si feite merveille lui semble
1160 Ke de pour fremist e tremble.
De sa meisun est fors issue,
A cels k'ele trevet en la rue
Ad icel miracle cunté.
De tutes parz sunt assemblé
1165 Pur cele mervaille veer ;
Mes une ren poez saveir :
Gires volsist melz estre a'Bleis,
Pur ço ke unte out des burgeis.
Hunte out assez d'estrange gent
1170 Ki honuré l'unt durement.

A l'eveke de la cité
Fud icel miracle cunté :
Quant il l'oi, mut en fud lé,    (122 r° a)
Nostre sire en ad mercié.
1175 Il ad enquis coment ço fud
Ke cel miracle ert avenud ;
Kar il en volt saver la sume.
E cil diseient k' « un seint home
Vint her seir a nus hostel quere:
1180 Ne savum dunt ne de quel terre,
Meis ben savum certeinement
Ke Deus l'aime parfitement. »
L'eveskes ne vout plus parler;
L'arcidiacne ad fet mander :

1155 ne a. — 1156 Kel ust — 1159 feit — 1166 poz ucer — 1167 v. estre melz — 1179 seir *manque* — 1184 demander

## DE SAINT GILE

1185 Aurelius aveit a nun;
En la vile ert, en sa meisun.
Li messages l'ad mut hasté,
Cil en est a l'eveske alet.
« Sire, » feit il, « vus ne savez ?
1190 Jo qui Deus nus ad visitez :
Tramis nus ad un son sergant,
E il ad feit miracle grant :
Her vint mut tart, si herberja
A la meisun Theotrita;
1195 Sa mére, ki tant out jeu,
Est plus saine k'unkes ne fu.
Uncore est la, si cum jo qui :
Mut vodreie parler od lui.
Alez, sil nus faites venir
1200 E purrum de sun estre oir, *(r° b)*
Quel hume il est e de quel part
Il vent. Cur tost e neent tart. »
« Mult volenters, » feit il, « bel sire. »
Il est venu a l'ostel Gire :
1205 Nel truvet pas, kar n'i esteit,
En la vile s'ert destoleit.
Querant le veit par la cité:
En une eglise l'at trové
U il esteit en oreisuns
1210 E feseit ses afflictiuns.
L'arcidiacne le salue,
Demande li de sa venue,
E de quel terre il esteit né :
De tut lui ad dit verité.
1215 Devant l'eveske le conduit,
Ki bon ostel lui fist la nuit.
Quant de li sout la verité,
Mult l'ad cheri e honuré.

1188 en *manque* — 1189 nus — 1212 uenu — 1213 quele — 1218 li ad

Il le retent ensemble od sei
1220 Dous anz enters, si cum jo crei.
En ces dous anz ke il i fu
Fist Deus pur lui meinte vertu;
De contraiz e de nunpoanz
Par lui guarirent ne sei quanz.
1225 Loinz vait la parole de lui
De ci ke lui turne a ennui :
Le Rodne passe a un batel;
Des or vot estre Provencel.

ENTRE le Rodne e Munpellers     (v° a)
1230 Ert le pais large e pleners
De granz deserz e de boscages;
Assez i out bestes sauvages,
Urs e liuns e cers e deims,
Senglers, lehes e forz farrins,
1235 Olifans e bestes cornues,
Vivres e tygres e tortues,
. Sagittaires e locervéres
E serpenz de mutes manéres.
Gires n'en prent nule pour,
1240 Einz se fie en sun bon seignur.
El bois entre ki mut fud grant
E veit le Rodne costeant :
Or en penst Deus par sa merci,
Car pur s'amur ad tut guerpi;
1245 Se il n'en prent de lui conrei,
Ne mangera, car il n'at quei :
Ne porte od sei ne pain ne vin
Dunt il se digne a cel matin,
Ne tant que vaille un hanetun
1250 Entre vitaille e guarisun.
Il est entré en la foreste :

1221 kil — 1230 & — 1231 grant — 1236 Urs e t. — 1243 peust — 1247 uine — 1251 forest

Haute est la reime e la geneste;
N'i trove borde ne meisun,
Ne hume kil mette a reisun.
1255 Tant est par la forest alez
A un hermite est assenez
Ki manait haut en un rocher,   *(v° b)*
A peine i pot hume aprocer;
Haut fud li munz e ben grevus
1260 E a munter ben anguissus.
Li bons hom ki en sun maneit
Ne laburout ne ne fuieit,
Kar ço esteit roche naive :
Il n'i creisseit poret ne chive,
1265 Ne eschaluine ne oignon,
Cerfoill, laitue ne kersun,
Ne ren k'ume en pussed user
Tant dunt il eit un sul digner.
Ne pur quant n'aveit faim ne sei :
1270 Deu li trovot assez conrei.
Mut ert amed en cel pais
E de plusurs terres requis;
A lui veneient mult sovent :
Il les conseillout bonement;
1275 Les malades de par la terre,
I veneient pur santé querre :
Ki od bon quer le requesist
Guariz esteit, ja n'i falsist.
Gires veit entur la falaise :
1280 N'i trovet veie, ço lui paise.
A uns degrez s'est ahurtez
Ki el rocher sunt entaillez;
Par les degrez est munté sus
E trove Veredemius :
1285 Issi aveit l'ermite a nun.   *(123 r° a)*

1256 heremite — 1274 lles c. — 1276 quer — 1281 A un d. est
— 1284 ueiredmius

Cist issit fors de sa meisun,
Kar Deus li out mustré devant
K'a lui vendreit un son sergant.
Quant il le vit, ben le conuit,
1290 Honure le si cum il dut,
En sa meisun od sei le meine,
De bel ostel fere se paine.
Gires e Veredemius
Sunt en cele roche la sus ;
1295 Entr'els n'out orguill ne buffei :
L'un aime l'autre si cum sei;
Ben entraiment lur compaignie,
Kar il demeinent sainte vie.
L'un d'eals est Grius, l'autre Franceis :
1300 Mut est nostre sire curteis
Ke de si luintaines contrées
Fist de dous téles ajustées.
Tut le pais d'els dous resplent,
E vus dirrai cum faitement :
1305 Suz cel nen ad si fort leprus,
Contreit, desfeit ne poagrus,
Ardant de fu, leit, ne bozu,
Ne manc ne avogle ne mu,
Si a un d'els est presenté
1310 Par lur preiére n'eit santé.
Dous anz e plus, men escient,
Furent ensemble saintement. *(r° b)*
Mut fud lur vie e seinte e pure,
Meis entr'els surst une aventure
1315 Pur quei il furent desevré ;
Mais unkes meis en nostre heé
N'oi pur si feite acheisun
Desevrer tel dui compaignun.

1287 li aueit m. — 1293 ucredmius — 1294 cel — 1297 enterinement — 1307 Ardanz, leiz. — 1310 preier — 1314 un — 1315 deseuerez — 1316 mais *manque*, heez — 1318 Deseuerer

          Un jur fud Gire levet mein
1320 Pur sei ebatre fors el plein :
     Quatre humes vindrent la errant,
     Sur dous chevals le quint portant ;
     Pleignant se veneit durement,
     Ke langui out mut lungement.
1325 As quatre ki portent le quint
     Bele aventure lur avint :
     Kar el plein unt Gire truvé ;
     A lui vunt, si l'unt salué ;
     Il lur clinet e bel respunt,
1330 Puis lur demande ki il sunt.
     « Sire, » funt il, « d'altre pais
     T'avun de loinz ici requis,
     E te dirrum de quel manére :
     Veez le cheitif en la bére
1335 Ki ad langui plus de set anz ;
     Jadis fud riches e mananz ;
     En mires ad tut despendu
     E si ne li unt ren valu.
     Or est venu ici a tai,                    (v° a)
1340 Si t'en estoit prendre conrei. »
     « Seignurs, » feit Gire, « ço sachez,
     Vus n'estes mie ben drescez :
     Pur mei ne venistes vus mie.
     Fait avez, seignur, grant folie ;
1345 Travaillé vus fussez en vein :
     Si vus vuliez k'il fust sain,
     Aillurs iriez santé querre.
     Jo sui un povres d'autre terre,
     E vinc ici a cest hermite
1350 Ki en sun cele roche abite ;

1319 leuat — 1321 Quatres h. uidrent — 1323 uenent — 1324 Ke *manque* — 1326 Bel — 1328 uint — 1329 cline — 1330 kil s. — 1339 ci — 1342 mi — 1347 irrez s. quer

Od li ai bele péce esté
Tant cum nus juste humilité.
Ki od bon quer le requerra,
Conseillez ert, ja n'i faudra. »
1355 « Sire, » funt il, « par charité,
Kar nus en di la verité :
Cum ad nun cil ki meint la sus? »
« Il a nun Veredemius. »
« E vus coment ? » « J'ai a nun Gire. »
1360 « Graciez en seit nostre sire
Ke nus ici t'avum truvé !
Tai avum quis, la merci Dé. »
« E mei pur quei ? » « Pur tei....... »
« Certes ne sai pru de mirie,
1365 Je ne li puis de ren aider. »
« Ja poz tu Deu pur lui preier. »
« Ço puis jo fere veirement ;    (v° b)
Ne sai si lui vaudra neent. »
« Nus savum ben ke si ferat ;
1370 Si tu l'en pries, il guarrat. »
« Quidez le vus? » « Nus le savum. »
« Or seez dunc en oreisun,
Kar par vostre bone creance
Lui durrat tost Deus l'alegance. »
1375 Gires veit e entent trés ben
Sun eschiver ne li valt ren,
Kar il se sunt ben affichez
(Cheeit furent tuz a ses pez)
Ne leverunt meis en lur vie
1380 Pur nule ren ke il lur die,
Si lur requeste ne lur feit.
A une part en sus se treit
Mut anguissus e mut pensis ;
L'éwe lui curt a val le vis :

1364 sai *manque* — 1373 bon — 1378 Cheit — 1379 leuerent
— 1380 ki l. — 1383 Mut *manque*

1385 A grant dute e od grant pour
Recleimet il Deu sun seignur
Ke veire merci lui fesist
E bon conseil lui tramesist.
« Deus, reis, » feit il, « omnipotent,
1390 Ki tut avez feit de neent
E a neent revertirat
En quel heure ke vus plerat,
Trestut est en vostre baillie,
A ki vus plest dunez la vie ;
1395 Glorius Deu, hautisme rei,           *(124 r° a)*
Ne despisez la voiz de mei.
Ne gardez pas a mun peché
Ne a la meie malveisté :
Demustrez vostre humilité,
1400 A cest cheitif rendez santé.
D'autre païs e d'autre terre
Est ci venuz pur santé quere
E me requert ke jo li vaille.
Ore vus pri, Deu, k'il n'i faille ;
1405 Sa creance e sa bone fai
Li dait valer, si cum jo crai.
Li mals l'at mult affleblié :
Ben pot ore estre chastié
E repentant de sa folie ;
1410 Dunez lui espace de vie,
De sun cors santé e puissance,
K'il puisse prendre penitance
De ço ke il ad meserré
Encontre vostre volenté. »
1415 Dementers ke Gires ura
Nostre sire pur lui ovra,
Kar li malades est garri.

1385 *le second* grant *manque* — 1386 R eclime deu — 1391 nent
— 1392 vus *manque* — 1396 Ncs — 1399 Demustre — 1404 Or
— 1405 faie — 1410 D. espace lui d. sa — 1413 kil

« Veire, » funt il, « sue merci,
Loez en seit e graciez. »
1420 Cil en pernent de lui congez,
Alez s'en sunt en lur pais,
E Gires remeint mut pensis.
Graciad Deu nostre seignur (r° b)
Ki ço out feit pur sue amur.
1425 « Damerdeu, » fait il, « ke ferai?
Cum faitement me contendrai?
Jo ai od icest home esté
Ki durement m'at honuré;
Uncore i fuisse lungement :
1430 Mut est sa vie a mun talent,
Kar mut est sainte e chaste e bele.
Mais kant orrat ceste nuvele,
Il me voldrat plus honurer
E sa bunté sur mei turner :
1435 Si jo requier los terrien,
Tut mun travail ne vaudra ren.
Pur ço ne ving jo mie ici,
Ne ma grant terre ne guerpi;
Deus set ben ke jo quis tut el.
1440 Or m'en irrai querre autre ostel,
Kar ci ne voil plus demurer.
En ces gastines voil aler :
S'ilokes ne puis aver pais,
Jo ne la querai dunc ja meis
1445 Si a cest hume en quer congé
Ne l'avrai pas ne seit iré :
Jo ne li voill moleste fere
Pur suffrir en anguisse meire;
Pur ço est melz le desevrer
1450 Ke od moleste ci ester.

1425 Damurdeu — 1427 cest — 1439 que io ai tur el — 1440
Ore — 1441 ci ne me — 1443 Si i. — 1444 dunc *manque* —
1445 quere — 1449 deseruerer — 1450 Kod

DE SAINT GILE  45

    Jo quid aler en tel pais     *(v° a)*
    U n'i serrai de nul requis.
    Deus doinst a icest home honur,
    Kar ben m'ad feit pur sue amur. »

1455  A tant s'est mis enz el chemin ;
    Or le conduie seint Martin.
    Sa voie acoilt par le boscage
    E veit querant un hermitage
    U il eust tel eisement
1460 Ke il ne fust hansté de gent.
    Tant est alez par la gastine
    K'il vint a une desertine :
    Trove une fosse ben cavée ;
    De sus esteit large l'entrée,
1465 Bel converser i fust jadis,
    Meis buissun unt le liu purpris,
    E eglenter e arbreissal.
    Devant l'entrée out un duital
    D'une funtaine ki la surst :
1470 Bels est li duiz ki aval curt ;
    Sur la gravele del duitel
    Est li kersun coluré bel.
    Gires veit le liu aeisé,
    Nostre sire en ad gracié :
1475 Mut se feit lez k'il l'ad trové ;
    Il n'en changast pur nul cunté.
    Tute noit ad iloc jeu
    K'il nen ad mangé ne beu.
    L'endemain quant vit le jur cler,     *(v° b)*
1480 Si començad a essarter.
    Dedenz icele fosse bele
    Currut l'ewe sur la gravele :

---

1453 cest — 1455 chemine — 1459 tel *manque* — 1460 hauste — 1466 buissuns, parpris — 1467 englenters e arbreissals — 1468 lentre, duitals — 1472 bele — 1475 l' *manque*

A une part sa loge ad feit,
Del ramill k'il i ad atreit :
1485 De l'herbe coilt, si la covri
Pur aver enz greignur abri.
Treis anz fud Gire en cel desert :
Deu sul aure e creit e sert ;
De ces treis anz ke il i fud
1490 Nen ad hume oi ne veud,
Ne ne mangad mie de pain,
Ne nule ren ki fust de grein,
Ne il ne vit char ne peissun ;
De racines e de kerssun
1495 Enz el desert vesqui meint jur.
Ore oez cum nostre seignur
Lui trovat bel sa garisun.
Quant il out feite sa meisun,
Nostre seignur ad depreié
1500 Ke il eust de lui pité
E tel conseill lui tramesist
Ke il del tut ne lui fausist.

Seigneur, oez un bel miracle :
Iloc u ert en s'abitacle
1505 E en sa loge u il urout
E nostre seignur depreiout,
Si vit une bisse sauvage           *(125 rº a)*
Tut dreit errante a l'hermitage.
La bisse fud durement bele
1510 E vint tut dreit a la venele
Par la sente k'ele trovad :
Entre les branches se musçat,
Ne dutet pas, meis dreit enz veit.
Gros out le piz e plein de leit :
1515 As pez Gire se veit gesir,

1483 faite—1484 atreite—1488 a. sil cr.—1489 kil—1490 Ne ne—
1493 Nil—1500 Kil—1505 E *manque*—1507 E si—1509 f. mut d.

Presente sei de lui servir.
Gires ad la bisse veue
Ki a ses pez est estendue :
Mult se feit lez, kar ben suschad
1520 Ke Dampnedeus lui enveiad.
Tant cum iloc el desert fud,
Del leit de la bisse ad vescud.
Or escutez cum el le sert :
Le jor veit peistre enz el desert ;
1525 Quant vent a l'ure de disgner,
Ne l'estot pas pur lui aler :
Ele set ben le terme e l'ure,
Si sachez bien plus ne demure
K'el n'en venge dreit a la fosse ;
1530 Ele fud bele e grasse e grosse :
N'i out si bele en la contrée,
Ne ne serad ja meis trovée.
Gires li feit a une part
Une logette en sun essart
1535 U gist la nuit pur la fraidure ; *(r.º b)*
L'endemain veit a sa pasture.
De tel conrei cum jo vus di
S'est li sers Deu vescu meint di :
Quant il ad pris tant cum li haite,
1540 Nen ad messaise ne suffreite.

En icel tens ke vus oez
Esteit Flovenz reis apelez
De Tulusane e de Gascoine
E de Provence e de Burguigne ;
1545 Forz reis estait de grant puissance,
E treu rendeit al rei de France,
A Charlun ki dunc en ert reis.

1518 estendu — 1519 lez *manque* — 1521 iloc *manque* — 1523 ele — 1529 Kele — 1530 gras — 1531 Nout, contre — 1533 le f. — 1538 uesqui — 1544 paruence — 1545 gr. puissanz

Icist Flovenz ert mult curteis,
De la franceise nurreture :
1550 En bels dedoiz out mis sa cure,
Il amat mut chens e oisels
E il en out assez des bels :
Osturs, girfaus e espervers,
Seus e veautres e levrers ;
1555 Mut fu garnie sa meison
Suventes feiz de veneisun :
Assez perneit e cers e deins,
Chevrols e bisses e farreins ;
Desk'a la moete i curt a feis,
1560 Ja n'i estot feire releis.
Quant il ne poent guarir meis,
Al Rodne fuient ki est près ;
La les pernent li veneur
Tel ure est quatre u treis le jor.
1565 Entre les Advenz, vers Noel,
Chascun atreit vers sun ostel,
Lores pot l'um bisses chascer.
Flovens esteit a Munpeller,
E fait sumundre ses tenanz
1570 Ke ne seit ne petiz ne granz
Ki nel venge al Noel servir,
Kar il voldrad feste tenir
Haute e bele, si cum il dit.
Li termes est assez petit :
1575 Mut s'entremettent li servant,
Chascuns a ço k'il est tenant ;
Assez i atraient conrei
Encontre la feste le rei ;
Li venéres ki de ço sert
1580 Chascun jor veit enz el desert,

---

1555 fu ben garni — 1558 Cheuerols bisses e — 1559 curt e a feis — 1565 E. laduenz — 1570 Ke ni eit petit ne — 1577 i *manque* — 1580 veit *manque*

Des bisses k'il trovet el bois
Prent les plus beles a sun chois.
Un jur se léve mut matin,
Vers le bois tint sun dreit chemin ;
1585 Dous moetes out : de la peur
Pot l'um prendre dous cerfs le jor.
As tristres a mis les levrers,
Les fols chens tint od les berners ;
Par la forest veit lungement,
1590 Ne trovet bisse a sun talent.
Tant est alez a val a munt           (v° b)
Par les destreiz ki el bois sunt.....
Mut se feit lé quant l'ad trovée,
Tute la moete ad descoplée,
1595 E leist aler après la bisse.
Or en penst Deus ki la garisse !
Si aukes plus tost ne s'en veit,
Ja érent li merel mestreit.
La bisse ot la moete venir,
1600 Par le bois comence a fuir :
Meinte reusse fist le jor ;
Près la siwent li veneur.
Li chen sunt haut, ne boissent mie,
Mut unt la bisse près siwie,
1605 Si la demeinent par le gualt,
Tut esbaé pur le grant chalt.
Quant ele se veit aproscée,
A sun recet est repeirée.
La bisse est en la fosse entrée
1610 Tute anguisuse e tressuée ;
Gires la veit, mut fu dolent,
Des oilz plure mut tendrement,
Deprie Deu pur sa nurice
K'il la defende de malice ;

1581 troue. — 1582 En prent de plus — 1587 le leuerers — 1596 peust — 1598 ert le — 610 tressue

1615 D'éwe freide l'ad arusée,
Tant ke s'aleine ad recovrée ;
En sa loge la fait entrer,
Si la comande a reposer.
Li chen vénent après chasçant *(126 r° a)*
1620 E li venéres asloant :
La bisse n'ad pour ne dute,
Kar issu sunt de dreite rute ;
De tant cum get d'un arc maneir
Ne pot nuls chen sei aprismer :
1625 Quérent en tur e en virun :
N'i ont leissé petit buissun
Ke n'aient quis e revelgé ;
Trestut sunt las e estanché.
Quant ne sorent avant aler,
1630 Si comencérent a uller ;
Li meistre vint espurunant
E ad trové les chens ullant :
Il s'esmerveille ke il unt,
Purquei ullent e tel dol funt ;
1635 Mut fud iré en sun curage :
A poi de mal talent n'erage.
Il ad comencé a bucher
E a corner e a cercher :
Le jur fu curz, le vespre bas,
1640 E li chen sunt de cure las :
Traveillé sunt e ren n'unt feit ;
Ses chens apele, si s'en veit.
Tant est alé le dreit senter
K'il est venuz a Munpeler :
1645 Al manger ad le rei trové.
Grant est la curt e li barné :
Li vaslez ki servent el deis *(r° b)*

1616 recoueree — 1626 out — 1627 naueient — 1630 uiller —
1632 uaillant — 1633 kil — 1638 E a querre e a corner —
1641 Traueille fud

N'unt pas vestu burels engleis,
Meis peliçuns veirs e hermins
1650 E ciclatuns e osterins.
Cil est devant le rei venu,
Tut aturné si cum il fu ;
Li reis le vit, si l'ad gabé :
« U avez vus tant demuré?
1655 Dunt n'est le jur or lung assez,
Quant vus par nuit bisses pernez ?
Vus eissillez tut cest pais :
N'i remeint ren ke n'eez pris;
Se si pernez tut a un fès
1660 Ke prendrez vus l'autre an après?
Ki manjue un an sa semence
Set anz en feit la penitence.
Alcune en deviez leisser
Pur la forest fructifier. »
1665 « Sire, » feit il, « or de gaber !
Demain purrez vus espruver
Vos bons chens ke vus tant preisez ;
Jos vi oi si par estangez
K'il ne me siwiérent plein pé. »
1670 Li reis s'est mut esmerveillé,
Demande quel beste ço fu
A ki la moete aveit curu.
« Sire, » feit il, « a une bisse
La plus bele ke jo veisse
1675 Puis cele hure ke jo fu nez.      (v° a)
Certes jo'n sui desesperez,
Ke jo nel puis dire pur hunte ;
Meis par fai neent ne lui munte.
Ele n'est mie forluignée :
1680 Ben sai u nus l'avum leissée,

---

1655 Dunest — 1659 tut *manque* — 1660 an *manque* — 1665 Sir, ore — 1668 par *manque* — 1669 me *manque* — 1671 quele — 1672 A *manque* — 1675 cel — 1676 jo en — 1679 forluigne — 1680 leisse

A une espesse de buissuns.
Meis par matin esseierums
Si nus la purrum la trover. »
Munte, si se va deshoser.
1685 A sun ostel est cil venu :
Ses amis l'unt bel receu,
A manger out a grant planté
E but après del vin herbé;
Sun lit fud prest, cucher s'en veit,
1690 E dort la nuit tut entresheit.

Tost par matin, tut dreit al jur
Corne la gueite sur la tur :
Icil ne s'est pas ublié,
El sun de l'aube fu levé,
1695 E fait sumundre ses berners
K'il prengent moetes e levrers
E des meillurs chens a lur chois,
Si s'en voisent tut dreit al bois.
E cil s'en vunt, ne demurérent,
1700 A la forest tut dreit alérent ;
A la place u il furent her
Sunt venu dreit li braconer ;
Sempres virent la bisse pestre :   *(v° b)*
En cornant unt hasté lur meistre,
1705 Meis tant haster ne lur estot,
Kar il veneit quant que il pot.
N'amaine pas grant gent od sei :
Il n'out en la meisun le rei
Vallet ki de bois sache ren,
1710 Ki detrés sei ne port un chen,
E si se furent vanté tuit
Ke pur chascer le jur e nuit

1681 espessei — 1690 tut *manque* — 1694 El fin — 1697 lur *manque* — 1701 il *manque* — 1702 bucoiner — 1703 Apres — 1706 que *manque* — 1709 ke

DE SAINT GILE 53

  Ne remeindra ke ne s'en vengent
  E cele grant bisse ne prengent,
1715 Il vindrent la u cil l'atendent,
  En mi la place tuit descendent.
  Li soleilz luist, le jur fu bel
  E volentif li damoisel;
  Dient ke il n'atendrunt meis :
1720 Trestuz descuplérent a fès.
  La bisse ki la criée ot
  Ne s'en alout mie le trot :
  Trés ke ele out oi l'esfrei
  E vit venir les chens vers sei,
1725 Estent le col, cline l'oreille
  E fud ignele a grant merveille :
  Par la forest ad feit treis turs;
  Puis est venue a sun succurs,
  A sun meistre ki l'atendit ;
1730 Il fud mut lé quant il la vit :
  Ben sout ke ele esteit chascée ;  *(127 r° a)*
  Il l'ad chosée e chastiée,
  Dit ke veit trop luinz el desert :
  Mal est bailli si il la pert.
1735 Li chen ki cureient adès
  Sunt de la fosse venu près,
  E ne pur quant en sus se traient,
  Si ullent e crient e braient
  Autresi cum il firent her ;
1740 Es meistres n'out ke curecer :
  Mut halloent, crient e huent,
  Lur chens debatent e deruent ;
  Si unt la fosse envirunée,
  Pur un sul poi ne l'unt trovée.
1745 La nuit aprisme e il s'en vunt ;

1713 ne *manque* — 1714 Ke cele — 1719 kil — 1723 kele — 1731 kele — 1732 l' *manque* — 1735 curent — 1738 Si *manque* — 1742 debaient

A lur esme failli en unt :
Tut sunt plein d'ire e curucez.
A Munpellers sunt repeirez
E sunt devant le rei alé.
1750 De mot en mot lui unt cunté
Cum la bisse les ad serviz ;
Mut se tindrent a escharniz.
Li reis se comence a seigner :
Pur l'eveske feit enveier
1755 Dedenz la cité de Nesmaus
Ki mut ert pruzdume e leaus :
Li reis l'amout e sil creeit,
Kar chastes hume e nez esteit.
Li message est a lui venuz :                (r° b)
1760 « Sire, de part le rei saluz
E servises e amistez,
E mande vus k'a lui vengez
A la curt u il vus atent ;
Ne demurez pas lungement. »
1765 « Beaus amis, » feit il, « jo irrai
Certes al plus tost cum purrai. »
Il demande sun palefrei,
A la curt est venuz al rei.
Li reis est encuntre levé
1770 Ki durement l'ad honuré.
« Sire, » feit il, « jo vus mandai
Pur une ren ke vus dirrai.
Ki quert conseil de bone gent
Après le feit ne se repent.
1775 Men escient quant vus l'orrez,
A grant merveille le tendrez.
Mi veneur li plus preisé
Unt en cel bois dous jurz chascé,
E unt une bisse trovée,

1755 de esmals — 1756 leals — 1766 a — 1769 leuez — 1770 honurez — 1777 le plus preisez — 1768 chascez

1780 Ne sai si c'est chose faée :
Par dous jurz l'unt issi perdue
Ne sévent k'ele est devenue;
Il ne la sévent quel part querre
Plus ke se fust muscée en terre,
1785 Kar tut tens est des chens partie
El bois desuz Septimanie :
Ne la porent pur ren trover.   (v° a)
Tut m'en unt feit desesperer.
Aler la voil querre demain :
1790 Ne la guarrad ne bois ne plein
Ke jo ne sache ke ço est.
El sun de l'aube seient prest
Li veneur, li braconer ;
Ja mar i remeindra levrer,
1795 Ne chaelet petit ne grant,
Vautre, seus ne chen curant
Ki ne venge demain od mei ;
Chascuns s'aparailt endreit sei. »
Li reis comande a ses vallez
1800 K'il aportent lur berserez :
« Demein verrum le plus ignel. »
As damosels en fud mut bel :
Lez sunt de la sumunse al rei ;
Chescuns aturne sun conrei,
1805 Meis pur neent funt tel barete
Kar li cors ert assez a erte.
« Bel sire eveske, » feit li rei,
« Kar vus venez dedoire od mei :
Jo ai oi sovent cunter
1810 K'en bois soleient converser
Li seint hume religius ;
Se Deus aveit ovré pur nus
Ke ci fust alkun herbergé,

1780 si co est — 1784 musce — 1787 puis r. — 1792 fin, seint — 1796 V. ne s. — 1798 sa parailz — 1805 tele

Mut purrium estre heité. »
1815 L'eveskes dist : « E jo l'otrei ; (v° b)
Quant vostre volenté en vei,
Jo irrai od vus trés ke la. »
Congé demande, a l'ostel va,
En bois vout aler, si Deu pleist.

1820 Al bel matin quant l'aube neist
S'en est Flovenz li rei levez :
Ben fud vestuz e conreez
Cum de l'aler en bois chascer.
Pur l'eveske feit enveier,
1825 Mande li tost ke il s'aturt,
E puis si venge a lui a curt.
Il n'at pas lunges demuré,
A la curt veit tut aturné ;
Meis li reis ne moverad mie
1830 De ci k'il ait la messe oie :
En une chapele petite
Ad li eveskes messe dite ;
Après messe furent dignez,
Muntent, e sunt en bois alez.
1835 Vénent u la bisse ert perdue ;
E la u fud her plus seue
Est li reis descenduz a terre.
La bisse feit par le bois querre :
En une espeisse l'unt trovée
1840 U ele pout la matinée ;
L'un a l'autre la mustret al dei
E sunt venuz arére al rei,
Dient ke la bisse est trovée ; (128 r° a)
Li reis ad sa gent ordinée,
1845 E feit afuscher ses archers :
Ses fols chens feit cure premers,

1819 E en b. — 1822 e *manque*, conreiez — 1825 li *manque*,
kil — 1835 pendue — 1843 troue — 1844 ordine

Set vinz en leist aler ensemble ;
Trestut le bois tentist e tremble.
La bisse oit le bois tentir
1850 E vit les chens vers li venir :
Vers meisun comence a aler
E cil après a halloer ;
Ben sout la veie vers meisun
E fud ignele de randun.
1855 A un triste s'estut li rei,
E vit venir la bisse a sei,
N'esparniat pas l'espuruner
Ne le cheval le tost aler :
Il ad tant la bisse aproscée
1860 Ben sout u ele s'est muscée ;
Si la bisse ne fust ignele,
Oie eust dure nuvele,
Del quir perdre oust grant pour.
Gires entent cele freiur,
1865 Oi la noise ke cil funt
Ki par le bois espandu sunt,
Mut out grant pour de sa bisse
E prie Deu k'il la garisse.
Fors est de sa meisun issu
1870 Pur prendre garde u ele fu :
En l'umbre d'un arbre s'estut, *(r° b)*
Ke nul hume ne l'aperçut ;
La bisse vint a lui fuiant,
Kar ele n'out autre garant ;
1875 Par l'entrée ki ert estreite
S'est en la loge destoleite.
Mut près d'iloc ert un archer
E vit la bisse es reins entrer :
Il fist un malveis treit le jur,

1847 en *manque* — 1849 ot — 1859 aprosce — 1860 set musce — 1862 nuuel — 1863 grant *manque* — 1871 s' *manque* — 1875 Pur lentre — 1879 malueise

1880 Unke a sun os ne fist peiur.
Si cum la bisse dut entrer,
Il descorde, si leist aler
E fert Gire par mi le cors
Ki de la fosse ert issu fors
1885 Pur garder u la bisse fu.
Grant fu le cop k'out receu :
Mut se dout il de la grant plaie,
Très k'a l'ortil le sanc lui raie.
Nostre seignur ad mercié :
1890 Arére veit tut de bon gré;
Ne s'entremet de l'estancher,
Einz leist le sanc del cors aler.
Dunc met li reis corn a sa buche,
Par grant vertu le sune e tuche,
1895 Quatre moz corne pur sa gent,
E il vénent ignelement.
Li reis est près iloc en dreit,
E li chen vénent a espleit,
Les vallez e les veneurs      (v° a)
1900 Pur essaier lur chasceurs;
Grantz treis liues veir sanz mentir
Pot l'um oir le bois tentir.
Icil sunt desk'al rei venu
Ki suz un arbre est descendu ;
1905 Il les comande tuz teisir
E feit l'eveske a lui venir;
A une part se vunt andui :
« Sire, » feit il, « si cum jo qui.
Ceste bisse ke nus chasçum
1910 Ad alkune guarantisun.
Jo ai une sente trovée
Par unt ele est ici entrée :
A paine i pot nuls hom entrer ;

1880 Unkes — 1887 il *manque* — 1895 c. cum p. — 1896 ignelment — 1901 ueirs — 1911 sent troue

Alum veer e esgarder
1915 Quel liu est ço u ele veit. »
Andui se sunt cele part treit :
Jus descendent en cel parfunt,
La u Gire e sa bisse sunt ;
Od grant travaill e od grant peine
1920 Trovent la sente kis i meine ;
Virent le liu durement bel :
Tut l'unt purpris li arbreisel
Ki planté furent en virun
E portent fruit en lur saisun :
1925 Cooinz, permeins, pesches e fies
E alemandes e alies
E autres fruiz assez plusurs,     (v° b)
Ki jettent les bones flairurs.
La dedenz unt Gire trové
1930 Pale e teint e descoluré.
N'est merveille se il s'esmaie :
Par mi le cors le sanc lui raie.
Ses dras esteient desramez
E depecez e decirez ;
1935 Cum veit les jurs, si gist les nuiz :
Il nen aveit meillurs estruiz.
La bisse gist as pez sun meistre,
E n'out talent d'aler hors peistre.
Li eveskes le mustre al rei :
1940 « Sire, veez ço ke jo vei.
Ne devum pas emerveiller
Si nostre mote failli her :
Ben la deveit icil guarir
Ki ci la feit sun serf servir.
1945 Peché faimes ke nus dutum :
Alum avant, sil saluum. »
Lur petit pas vénent avant ;

1920 sent, i *manque*. — 1922 Tut lur p. darbreisel — 1925 Coinz permeines — 1931 sil — 1943 d. celui — 1944 Ke

       Unkes Gire ne fait semblant,
       Mais li reis est avant venu :
1950 « Sire, » feit il, « saf seies tu !
       Si tu es de part Deu ici,
       Parole a nus, sue merci.
       Di nus, sire, de tun convers,
       Quéle lei tens e quel Deu sers.
1955 Nus eimes ci venuz a tei           (129 r° a)
       Privéement e senz esfrei,
       E si vuluns de tei enquere
       Dunt tu es nez e de quel terre.
       Cumbien as tu ci conversé ?
1960 Sire, di nus par charité. »
       Gires se sist, si escutat,
       Dresce sun chef, sis esgardat.
       Quant il oi de Deu parler,
       Les olz li pernent a lermer :
1965 De la goie, de la duçur,
       Tut en ublie sa dulur,
       Ne se senti puint anguisus.
       « Seignurs, » feit il, « e Deu salt vus!
       Si vus pleust a herberger,
1970 L'ostel est prest e le manger. »
       De juste lui se sunt assis,
       De ses estres lui unt enquis,
       De quel pais il esteit né :
       Cil lur dit tute verité.
1975 Li reis le vit forment seigner :
       De sun bliaut volt depecer
       Une bende a lier la plaie
       Pur estanger le sanc ki reie ;
       Meis cil ne voleit pas suffrir :
1980 Plus volt lesser del cors issir.
       Od els parole ducement :

1950 faf — 1951 del — 1952 sire m. — 1956 Priuement —
1959 E cum b. — 1972 quis — 1973 nez — 1974 E il, tut ueritez

« Seignurs, vus demandez coment
Jo sui en cest desert venu  (r° b)
E de quei jo i ai vesqu ;
1985 Jo vus en dirrai verité :
Sacez jo sui de Gréce né,
Dedenz Athénes fu nurri ;
Pur mes pechez en sui parti
E arivai en ceste terre.
1990 En cest bois vinc un bel liu quere ;
Si trovai en cest aisement
Herbes e éwe a mun talent ;
Logai mei si cum vus veez,
Puis ai tuz jurs eu assez
1995 Herbes e racines e lait.
Ceste bisse ki ci estait
Me tramist Deus pur mei garir :
Ne sei ki la me volt tolir :
Ui matin fui la fors issu
2000 Pur prendre garde u ele fu,
Kar mut en ére en grant esfrei ;
Ele vint fuiant dreit a mei,
Si entrat dedenz sa musceste :
Ne sai ki tramist une sete,
2005 Si m'ad aukes al cors blescé ;
Meis Deus lui pardoinst le peché :
Il ne me saveit pas ici ;
Ceste e mut plus ai deservi.
En cel pais u jo fu né
2010 Esteie Gires apelé ;
Par icel nun fui baptizé,  (v° a)
Ja ne serad ici changé.
Or vus ai dit de mai le veir ;
Or revoil jo de vus saveir
2015 Ki estes e cum avez nun. »

1982 feit il *ajouté après* Seignurs — 1984 i *manque* — 1991 en *manque* — 1996 ke — 1998 ke — 2008 Cest — 2015 estez

Li reis respunt : « Ço est reisun
Ke nus dium la verité.
Cestui est eveske sacré,
E jo sui reis en cest pais,
2020 Riches e forz e poestis ;
Tut cest pais ai en ma main,
E terre e mer e bois e plain.
De la plaie sui mult dolent
Ke ci vus anguisse forment.
2025 Meis jo frai sempres ci venir
Mires trés bons pur vus garir ;
Pain e vin e charn e peissun
E dras e autre garisun,
E quanque mester vus serat
2030 A mut bref terme vus vendrat. »
« Sire, » feit il, « vostre merci,
Meis une ren sachez de fi :
Ja mire n'i metterat main ;
Quant Deu plerrat, si serrai sein ;
2035 S'a lui pleust ke jo sein fusse,
Ceste plaie ne receuse,
E del conrei ke vus m'offrez
Nostre sire vus sace grez,     *(v° b)*
Meis ja ne vendrad ça neent :
2040 Jo ai viande a mun talent ;
Jo ne demande a ceste feiz
Autres dras ne autres conreiz :
Ben me suffit ço ke jo ai,
Ne de tant digne ne me sai ;
2045 Icest deserf jo feblement,
E poi de grace a Deu en rent. »
Il lui offrent de lur aveir,
Meis il nel voleit recever.
Li reis e l'eveske conseillent
2050 E del seint hume s'esmerveillent

2017 Ki — 2035 Si a — 2047 Ilui — 2048 ne

K'il ne volt aver ren del lur
Ne garisun de sa dulur.
Devant lui sunt agenuillé,
Kar demander volent congé.
2055 « Sire, » funt il, « nus te priuns,
Acoil nus en tes oreisuns.
Nus revendrum ici a tai
Privéement e senz esfrei :
Nel savra ja hume fors nus. »
2060 « Seignurs, » feit il, « ço gardez vus,
Kar jo ne voil estre seu
Fors de vus ki m'avez veu ;
Kar si Deus me volsist celer,
Gref vus serreit de mei trover.
2065 Vus, sire rei, voill jo preier,
Ne venez meis ici chascer :
Leissez ma nurice aver peis. »        (130 r° a)
Li reis rit e dit ke ja meis
Ne serrat par lui adesée,
2070 Ne chascée ne esfreée.
As chevaus muntent de maneis
E li eveskes e li reis ;
Tant unt le dreit chemin erré
K'il sunt venu a lur cité.
2075 Lé fud li reis, grant joie maine,
E de sa gent heiter se peine.
En la forest Gires remeint :
Sa plaie enpire e il se pleint ;
Mut se senti afleblié,
2080 Kar durement aveit seigné ;
Il n'out tant de drapel enter
Dunt il poust sun cors lier.
« A! Deus, » feit il, « reis creatur,
Sire, tei lo e tei aur :

2051 de lur — 2056 nus nus en — 2057 ci — 2060 ico — 2062 ke — 2070 esfrec — 2076 E *manque*

2085 De quant que tu m'as enveié
Seiés vus, sire, gracié.
Jo me sui a tei comandé :
Fai de tun serf ta volenté.
Jo sui blescé, aukes m'en doill,
2090 Plus sui pesant ke jo ne soill ;
E il est dreit ke jo mal sente
Par quei la char eust entente :
Kar si ele pot surmunter,
Gref me serrat puis le danter.
2095 Ki trop grant fès met sur sun col    *(r° b)*
Al departir se tent pur fol.
Jo aveie grant fès levé,
Meis or serrat amesuré.
Je sui chargé de malveise herbe,
2100 Ço est d'orgoill e de superbe ;
Ceste dolur ke jo or sent
Me deit refrener durement,
Meis poi en ai, ço m'est avis.
Dampnedeu, tu ki me fesis,
2105 Alpha et ω, ki me furmas
A ta semblance, e nus salvas,
E presis charn de la pucele
Ki tant est chaste e pure e bele,
Humeinement de li naquis,
2110 Si cum te plut e tu volsis,
En la cité de Bethleem
Assez près de Jerusalem ;
La te requist li reis Jaspar
E Melchior e Baltasar,
2115 Or te portérent e encens,
E en chascun out divers sens :
Li terz present fud mirre cher

---

2091 me s. — 2097 auei — 2098 ore — 2101 ore — 2104 tu
*manque* — 2116 *après ce vers il doit en manquer au moins
deux* — 2117 Li t. f. pr. de m. ch.

A mortel charn signifier;
Tant cum te plut el mund regnas,
2120 E tun seint nun i preheschas;
Judeus en orent grant envie,
Si te livrerent a martire,
En croiz te mistrent mut vilment,     (v° a)
E fus posé el monument;
2125 Al terz jur en resuscitas,
Tut dreit desk'en enfern alas,
Fors en jetas ta compaignie
Ki par Adam esteit perie;
Puis muntas el ciel a tun pére,
2130 Ore as od tai ta duce mére
Ki est confort as entrepris,
As pecheurs e as chaitifs;
Si cum jo crei e ben le sei
Ke ço est veirs ke jo dit ai,
2135 Tei pri ke de ceste dolur
Ne seie meis sein a nul jur;
Jo n'ai ke fere de guarir :
Ja ne quer meis d'ici issir;
Pur ço leissai jo mes amis,
2140 E ma grant terre e mun pais
Pur ci venir suffreite querre.
Or volt li reis de ceste terre
Trover e dras e guarnement.
Mut furent riche mi parent :
2145 Assez en orent veir e gris,
Pailles, cendals purpres e bis;
Si volsisse pailles vestir,
Ne m'esteust de Gréce issir;
Meis jo n'ai cure de richeise
2150 Dunt m'enorgoill ne ne m'enveise:

2122 liuererent — 2123 uilement — 2124 fu — 2126 en *manque*
— 2135 cest — 2136 sei m. — 2140 E *manque* — 2143 *le premier* e *manque* — 2148 mestust — 2150 *le second* ne *manque*

Le cors voil jo ke seit doilant. » (v° b)
E il si fud tut sun vivant :
Unc de la plaie ne guari
Dès ke a cel jur k'il fini.
2155 Li reis aimet Gire forment,
A lui repeiret mut sovent
Privéement e a celée :
Nel sout home de la contrée.
Li reis l'enforce mut sovent
2160 Ke de lui prenge alkun present.
Il l'en ad del tut escundit,
Ne recevrat grant ne petit.
Cil le conjure chascun jur :
« Sire, » feit il, « pur Dé amur
2165 Kar pren de mei alkune ren ;
Ja meis mis cors nen avra ben,
Ne ne repairerai vers tei,
Quant rens ne vols prendre de mei,
De mun argent ne de mun or.
2170 Je sui mut riche de tresor ;
Kar oez, sire, ma preiére :
Jo ai aver de grant manére ;
Fai en receivre a tun talent,
Veissele u dras, or u argent.
2175 Si nel vols a tun os tenir,
Fai l'a povres tut departir,
U aillurs la u te plerra. »
Quant Gires l'ot, mut lui greva.
« Pur Deu, » feit il, « bel sire rei, (131 r° a)
2180 Lei iço ester, si me crei.
L'aver ke tu me vols doner,
Tu le poz mut ben enpleier,
E si te dirai ben coment :
Pren ta veissele e tun argent

2152 f. a t.—2155 Gires—2161 l' *manque*—2165 pernez, alkun
—2166 auera—2171 Ka—2174 Veisse—2180 co—2184 Prenge

2185 E de ta terre une partie,
Si fai ci feire une abbeie,
Met i moines a Deu servir,
E tant dunt i puissent garir,
Ki nuit e jor preient pur tai
2190 E pur le pople e pur la lei. »
Respunt li rei : « Ço frai jo ben.
Si tu m'otries une ren
Ke jo te pri ore e requer,
Jo frai feire tost le muster,
2195 S'i mettrai tost rentes assez,
Terres e bois, vignes e prez
E tant dunt purrunt ben garir
Cil ki voldrunt ordre tenir ;
Autrement, ço sachez vus ben,
2200 N'i metterai jo ren del men,
Ne tant ki vaille un romesin ;
Si vus dirrai brefment la fin :
Si vus volez lur abes estre,
Mainteneur e pére e meistre,
2205 Jo frai feire tost le muster,
Dortur, chapitre e bon celer,
Hostelerie e refreitur, (r° b)
Meisuns bones de grant atur. »
Gires out e veit e entent
2210 Tel ren dunt li pesa forment :
Mut dute le feis a porter
E la cure d'ames garder,
E d'autre part veit e entent
Ke li reis n'en fera neent
2215 Se il ne volt estre pastur.
« Sire, » feit il, « pur Deu amur,
Ainz frai trestut vostre comant
Ke l'eglise remeigne a tant,

2192 me o. — 2207 Hstelerie — 2208 Meisunes — 2214 fra — 2215 Sil

Kar si ore si remaneit,
2220 La culpe sur mei returreit.
Puis ke vus l'avez sur mei mis,
Dirrai vus dunc dunt sui pensis
E pur quei : jo sui nunpoant ;
Febles hom sui e mut dutant
2225 Si feite ren de guverner :
Sur vus estot le feis turner. »
Li reis lui ad dit e juré
Ke il en ert pére e abé.
Gires l'otrie de sa part ;
2230 Li reis s'en veit, car il ert tart :
Lez fud del pleit ke il out feit.
El bois comence sun atreit
De chauz, de perre e de morter :
Dous eglises feit comencer ;
2235 De seint Perre fud le greinnur ; (v° a)
Forz les pilers, haute la tur :
Iloc volent mettre covent
E la terre e l'estorement.
Quant l'eglise fu aprestée,
2240 Li reis i met bele assemblée,
Honestes genz e prudes clers
De lire e de chanter tut fers ;
T'ant en ad li reis feit mener
Ke ben i poent coventer ;
2245 Pois mande Gire en sa presence,
Si li baille l'obbedience :
Estre sun gré, senz simonie,
Reçut le dun de l'abbeie.

De la bisse kil servi tant
2250 Nen ai jo pas trové avant :

2220 returnereit — 2224 e *manque* — 2228 Kil — 2231 kil
2236 p. e haut l. — 2238 lestorment — 2239 apreste —
2240 bel assemble

Pur ço n'en voill feire memorie,
Kar jo nel truis en ceste estorie.
Le liu ad li reis estoré :
Livres i met a grant plenté,
2255 Chasubles, aubes e tunikes,
Chapes de paille e dalmatikes,
Chasses e croiz e candelers,
Filateires e encensers,
Bacins e lampes e ampoles,
2260 Estamines e frocs e colles,
Dossels, curtines e tapiz,
Chaéres e bans turneiz,
Oille e encens, fers entallez. (v° b)
Quant il les out ben osteillez,
2265 Iloc juste le grant muster
En feit un autre comencer,
Meis petit fu ne gueres grant :
En cel fud li abbes manant;
Pur l'anfermeté de sun cors
2270 Ert li seinz hom iloc dehors ;
En jeunes e en oreisuns,
En veilles, en afflictiuns
Esteit Gires e jur e nuit ;
N'entendeit a autre dedoit,
2275 En ço se delitout forment.
Li reis i repeire sovent,
Ki volenters l'oeit parler,
E pur les moines conforter
I vent il en mult grant partie ;
2280 Mut lui atalentout lur vie.
Un jur vint li reis cele part
Eschariment, n'out ke sei quart :
Gires oi ke il veneit,

2251 co ne u. — 2254 i *manque* — 2257 Classes — 2260 Estamins, cofles — 2268 El — 2275 durement — 2277 Kc — 2279 en *manque* — 2283 kil

Issi del liu u il esteit,
2285 Contre lui veit sun pas petit ;
Lez fu li reis quant il le vit,
Del cheval descent en la place,
Encontre lui veit, si l'enbrace.
« Gires, » feit il, « jo vus dirrai
2290 Quel guerredun jo vus durrei :
Pur ço ke venistes ça fors        *(132 r° a)*
Od mesaise de vostre cors,
Metrai a cest liu tant de creis
Ja après mei ne vendrat reis
2295 Ki en un jur i mete tant.
Cinc liues tut en un tenant
Ici en tur e en virun
Durrai de creis a la meisun
Quitement et en charitage,
2300 La pleine terre e la boscage :
Si franchement le vus otrei
Mar le conusterez de mei. »
Al muster sunt ensemble alé ;
Desur l'autel l'ad confermé
2305 Cest acreis ke jo vus ai dit,
E feit lur en chartre e escrit :
Lequel ki seit, u guere u pais,
Cil ne le perderunt ja meis.

Gires amat Deu e servi ;
2310 En oreisuns fud nuit e di ;
Nen out en lui orguill neent.
Deus le revisitet sovent
E feit pur lui miracles bels ;
Mut est amez de Provencels :
2315 Cil de Gascoine et de Provence
Tuit lui portérent reverence ;

2285 sun *manque* — 2288 Econtre — 2295 met — 2302 conusterez — 2306 En — 2308 la p.

Il li deveient ben porter
E mut cherir e honurer;
Mult se poent fere haité (r° b)
2320 Ke Deus lur out tel enveié,
Kar grant conseil unt recovré
Et de confort e de santé.
La fame vait de ci k'a Rume
Ke en Provence ad un seint home;
2325 Mult veit de lui lung la reisun :
En duce France al rei Charlun
En est la nuvele portée
Ki volenters l'ad escoltée;
Il ad demandé e enquis
2330 U il meint e en quel pais.
Cil lui unt dit e affiché
Ke sur le Rodne est herbergé;
Une abbeie i ad fundée :
Grant terre i ad li reis donée
2335 E granz tresorz d'or e d'argent,
E assemblé unt grant covent,
Ke mut demeinent seinte vie.
Li reis ad la parole oie :
En sun curage se purpense
2340 Ke pur aver ne pur despense
Ne remeindrad ke il nel veie.
La parole est remise en queie,
Li reis ne la pout ublier,
Ki mult coveite sun parler.
2345 Engignus fud, suspire e gent
Pur ses pechez dunt il se crent;
A cestui se volt confès feire (v° a)
E si il poet vers lui l'atreire.
Il feit chevals e muls ferer

2317 lli d.—2318 E mut mut ch. &—2319 poeint—2321 recouerc
—2324 Ken — 2327 nuuel — 2332 la — 2334 Granz terres ad—
2337 seint—2341 kil nel uei—2342 remis — 2344 Ke—2349 &

2350 E ses brés feire e seieler,
E aturne ses messagers
Saives e cointes e parlers ;
Richement furent aturnez,
Or e argent portent assez.
2355 Vers Provence coilent la veie;
Li reis de France les conveie,
Prie les mut de l'espleiter,
K'il ne facent lung demurer.
Cil li promettent nel ferunt :
2360 A bref terme repeirerunt;
Mut s'afient es bons chevals.
Trespassent puiz, terres e vals,
Ténent le chemin chareter
Tant ke vénent a Munpeller.
2365 En la vile sunt herbergé,
Kar mult esteient travaillé
Del chevalcher e de l'errer ;
Lur ostel funt bel aturner ;
Quant de l'errer unt assez feit,
2370 A une part lur oste unt treit,
Belement l'unt a reisun mis :
« Sire, sez tu en cest pais
Si fait hume cum nus querrum ?
Un seint abé, Gires ad nun.
2375 Ça sumes venuz pur li quere
De dulce France nostre terre.
Charlemaines nostre seignur
Est en suspir e nuit e jur ;
Kar tant en unt de lui ben dit
2380 Riche e povre, grant e petit,
Ja meis nen ert led sil verra
E ensemble od lui parlera.
Il sout ici entur maneir. »

(v° b)

2350 bref f. e. conseiller — 2352 Es. — 2362 puinz t. & — 2370 unt *manque* — 2374 abes

« Par fai, » feit l'ostes, « ço est veir ;
2385 Celui pur ki vus demandez
N'est gueres loinz, meis près assez.
Veirs est ço ke de lui oistes :
Unc meillur hume ne veistes.
Deus est od lui verraiement,
2390 Kar grant miracle i feit sovent.
Or vus dirrai ke vus ferez :
Anuit mès vus herbergerez ;
Demain, kant vus serrez dignez
Tut a leiser e reposez,
2395 I purrez aler par deduit,
E jo vus troverai conduit
Ki ben vus savrat i mener :
Mar avrez dute d'eguarer. »
L'endemain, quant orent mangé,
2400 De lur oste unt pris le congé ;
Il les conveie luinz assez :
Tuz les trepas lur ad mustrez ;
Al partir lur trove un guiun       (*133 r° a*)
Ki les conduit a la meisun.
2405 A l'abbeie u Gires fud
A grant joie sunt receud.
L'ostel quérent par charité :
Hum lur otrie de bon gré ;
L'ostelers est a eus alez,
2410 En la chambre les ad menez ;
Il fud curteis e enseigné,
Demandet se il unt mangé :
Il diseient k'oil assez ;
Lores lur fud li vins portez,
2415 Puis unt a l'osteler parlé :
« Sire, » funt il, « u est l'abbé ?
Messagers eimes anbedui ;

2389 uerraiment — 2390 miracles — 2395 E p. — 2400 le *manque* — 2411 enseignez — 2412 mangez — 2417 eime

Si vudrium parler od lui.
Brefs e chartres lui aportuns
2420 De cel païs dunt nus venuns :
Charles, li reis de Seint Denis,
Nus ad ici a lui tramis.
Si nus feites parler od lui. »
« Seignurs, » feit il, « si cum jo qui,
2425 Vus i purrez parler assez.
Ne vus ennuit, or m' atendez. »
Il veit a la chapelle dreit
La u l'abes Gires esteit;
Cil l'ad en oreisun trové,
2430 Cline e dit : « *Benedicite.* »
Li abes respunt : « *Dominus.* »    *(r⁰ b)*
De l'autel se sunt treit en sus.
« Sire, » ço dit li ostelers,
« Ça sunt venuz uns messagers,
2435 Riche barun de grant bobance;
Vénent de part le rei de France :
A vus les ad ci enveiez. »
« A mei, fréře? » « A vus, ço sacez. »
« Avez les vus fait herberger? »
2440 « Ne lur faut beivre ne manger;
Meis li reis vus ad mut hasté. »
« Il nen set neent m'enferté;
Ja ne me conuist pas li rei,
Jo nel vi unkes, ne il mai. »
2445 « Ke de ço? se il vus ne vit,
Ja lui avrad hume assez dit
De vostre vie e de vos feiz. »
« M'est il dunkes en mal retreiz? »
« A la fai, danz, meis en grant ben. »
2450 « En dreit de quei? » « De meinte ren. »
« Del ben ad il en mei mut poi :

2421 li *manque* — 2426 mentendez — 2439 fait *manque*, hergerez
— 2440 f. ne b. — 2441 r. uns ad — 2446 ad — 2448 Munt il

Ço sache Deus, merveilles oi. »
« Quidez vus dunc chose celer
Ke Deus voiled manifester ? »
2455 « A il manifesté en mei ? »
« *Crede michi,* oil. » « En quei ? »
« De malades e de leprus
Dunt il ad mut gueri pur vus. »
« Frére, si jo ne fuisse né, *(v° a)*
2460 Si fesist Deus sa volenté.
Leissum lui feire sun pleisir :
Feites les messagers venir. »
L'osteler est pur els alé,
E sis meine dreit a l'abbé
2465 Ki les atent en la chapele.
Quant il les vit, bel les apele :
Il les welcume en sa language ;
E cil lui dient lur message ;
Saluent le de part le rei.
2470 Il lur encline e sist tut quei.
« Sire, » funt il, « or nus oez :
Ça sumes a vus enveiez.
Charles li reis de Seint Denis
Vus ad saluz par nus tramis
2475 E servises e amistez,
E prie vus k'a lui vengez
A Orliens u nus atent :
Grant assemblée i ad de gent ;
Venez a lui, ne leissez mie
2480 Pur nule ren k'ume vus die :
Il est de vus en grand escut,
Ta venue desire mut. »
« Seignurs, » li abes lur respunt,
« Ço sache Deus ki fit le mund,
2485 Vostre message avez ben feit,

2463 alez — 2464 abbez — 2467 lles w. — 2471 ore — 2472 sumez — 2478 assemble — 2482 Vostre

Meis jo ne puis si entreseit
De tel chose respundre vus. *(v° b)*
Meis surjurnez ici od nus,
A tel ben cum nus en avum,
2490 E el demain en parlerum
Laenz en chapitre a nos fréres;
Dirrai lur ke li emperéres
Ad ici pur mei enveié;
Si bonement ai lur congé,
2495 Dunc purrai jo od vus aler.
Demain saverum tut le veir;
Il covent ke vus surjurnez :
Frére osteler, ore en pensez. »
Ke vus dirrai jo autre ren ?
2500 Il unt ostel saint Julien.

Gires remeint en la chapele.
Deu cleime sovent e apele
K'il lui tramette bon consell,
Kar il fud mut en grant trepeill.
2505 « A ! Deu, ₰ feit il, ₰ glorius rei,
Ke signifie cest envei,
Ke si riche prince de terre
Enveit ici feire mei querre ?
Las ! mult sui jo maleuré :
2510 En la fosse u jo fu muscé
Unk ne poeie estre celé;
Or sui trové pur mon peché;
Par mun peché, las, mei dolent !
M'est avenu cest marrement.
2515 Travaill me creist, peine me surt. *(134 r⁰ a)*
N'eusse mès ke feire a curt :
Ne queisse meis curteier,
Trop hantai ja icel mester;
Or le quidai aver guerpi,

---

2490 demaine — 2499 vus *manque* — 2509 malure

2520 Meis par l'agueit de l'enemi
M'est avenu cest desturber.
La plaie crem pur travailer ;
Mais or face Deus sun pleisir,
U del seigner u del murir. »
2525 Issi fu il en grant pensé,
Kar mut se senti esguaré ;
Ne sout le meillur esgarder
U del remeindre u de l'aler,
Quant si fait hume l'ad mandé.
2530 Tute la nuit ad travaillé ;
Par matin quant prime suna,
La messe oir a muster va.
Quant le servise fud finie,
Des moines une grant partie
2535 I sunt en lur chapitre alé ;
Quant de lur ordre i unt parlé,
Li abes lur mustret e dit :
« Fréres, or m'oez un petit :
Une chose vus voil mustrer
2540 E puis par vos conseilz errer.
Charlemaine li reis de France,
Un prince de mut grant puissance,
Mandet a mei ke jo a lui venge, *(r° b)*
Ke nule esoigne ne me tenge ;
2545 A mei volt parler, ço me mande,
D'une sue busuigne grande ;
Meis jo ne sui pru aeisé ;
Ne pur quant senz vostre congé
N'irraie jo mie une liue
2550 Par quei blasmes après m'en siue.
Sa volenté e sun esgart
Die checuns de sue part .
Si vus trestuz iço grantez,

2523 ore — 2528 U *manque* — 2536 i *manque* — 2544 nul —
2550 blasme — 2551 en s.

Il unt ici brefs aportez :
2555 Feites tost les sels debriser
E la letre a trestuz mustrer. »
Quant le covenz entent la sume
E la requeste del riche hume,
Clinent les chés e sunt enbruns,
2560 Plurent de suz lur chaperuns ;
Une grant péce furent mu
Ke neul d'els n'ad respundu.
Li priur fud de grant confort :
« Seignurs, » feit il, « vus avez tort,
2565 Kar danz abes en dit mut ben :
Ne volt senz vus enprendre ren.
Si vus estot grant purveance :
Quant tels hom cum li reis de France
L'ad mandé, je ne puis veeir
2570 Ke l'eire puise remaneir,
Kar par la fei ke jo vus dei,   (v° a)
Iço di jo ben en dreit mei,
Se nus vulum en peis tenir,
Il nus covent mut obeir
2575 Les riches homes de la terre :
Kar si en cest pais surt guerre,
Mester avra lur maintenance ;
Numéement li reis de France
Nus pot sur tuz homes valeir.
2580 Ore en dites vostre voleir,
Kar jo vus en ai dit le men. »
« Sire, » funt il, « vus dites ben,
Meis mut eimes en grant esfrei,
Si vus dirrum en dreit de quei.
2585 Danz abes ne fud peça sein,
Einz ad le quer e feble e vein ;

2554 bref — 2559 s. brucuns — 2562 nul de e. — 2569 ueir — 2570 remancire — 2574 l il — 2577 auera — 2578 al rei — 2585 ssein — 2586 le qu. febles e ueins

           Si ne serreit pru aeisé
           D'estre peiné ne travaillé.
           E nus n'avum altre confort,
2590   Si nus vendreit melz estre mort
           Ke perdissum lui e s'aie;
           Kar trestute iceste abbeie
           Turnereit a destructiun ;
           Pur iço si nus en dutum.
2595   Meis alt a lui quant il le mande,
           Kar si devent la cause grande ;
           Meis ço priuns ne nus oblit. »
           Lors plurent e grant e petit ;
           Li moine sunt en grant pensé,            (v° b)
2600   Ki crément perdre lur abbé,
           Meis ne pur quant congé lui dunent,
           Meis mut le prient e sumunent
           K'il ne demurge lungement ;
           E il lur dit certeinement
2605   Ke il vendrad a mut bref terme.
           Sacez k'il i out meinte lerme
           En chapitre pluré le jur.
           Il ad feit feire sun atur ;
           E quant il fud tut aturné,
2610   De ses fréres ad pris congé,
           E puis s'est a la veie mis :
           En France veit a Seint Denis ;
           Meis ne l'estot si loin aler,
           Plus près purra le rei trover :
2615   A Orliens est u l'atent
           Od riche curt e od grand gent.
           Tant ad le dreit chemin tenu
           K'il est a Orliens venu,
           La u li reis de France esteit,
2620   Ki cele venue attendeit.

2591 e seie — 2592 trestut icest — 2594 co — 2598 Lores — 2605
Kil — 2607 plur — 2609 E *manque*

Li messager furent curteis :
Quant il vindrent en Orleneis
E furent près de la cité,
Un dameisel unt apelé,
2625 Dreit a la curt l'unt enveé.
Quant li reis l'ot, mut fud heité,
Il ad lues sun cheval mandé  (*135 r⁰ a*)
. . . . . . . .
Ist de la vile a espurun,
2630 N'i atent per ne compaignun.
Quant il en ad Gire encontré,
A lui veit, si l'ad salué,
Set feiz le beise de randun,
Les olz, la buche e le mentun.
2635 « Sire, » feit il, « ço sachez vus,
Mult estes ben venu a nus.
Maiur reisun fut il, ço crei,
D'aler a vus ke vus a mei. »
Atant entrent en la cité :
2640 Assez fud le jur esgardé
De chevalers e de burgeis
E de vileins e de curteis.
Gires le vit, lui en pesa
E de ço mut se vergunda.
2645 Atant vénent sus el chatel :
Devant la sale en un tropel
Decendent tut entur le rei,
Meis il ne prent cure de sei :
A l'estriu l'abbé est venu,
2650 Entre ses braz l'ad receu,
Puis le prent par la destre main ;
A munt el palais soverein
Muntent li abbes e li reis ;

2622 uidrent en orliens — 2625 c. al rei lunt — 2627 lues *manque* — 2631 encontree — 2633 a r. — 2635 ico — 2647 Decent — 2650 brace

Sur un tapit tut nof e freis
2655 Se sunt a une part assis ;
Li reis l'esgarde en mi le vis :  (r° b)
Ben pert en lui quel vie il meine.
Un chamberlenc li reis aceine:
Une chambre feit aturner
2660 E bel neer e delivrer.
Fors de la presse de la gent,
E pur parler privéement
Il doui sunt remis senglement.
Li reis ne s'ublia neent :
2665 Trestuz ses estres ad enquis,
Dunt il ert e de quel pais.
Il ne fud pas hum de malice :
Tut lui cunte de fil en lice
Coment il vint en l'ermitage,
2670 E coment la bisse salvage
Le put treis anz enz el desert,
E coment il fud descovert,
E cum li reis la le trovat,
Cum feitement il l'en jectat,
2675 E ke li reis ad estorée
Une abbeie en la contrée,
E terre e grant richesce mis
E mut grant pan de cel pais.
Ke vus fereie jo lung plait?
2680 Tut lui ad dit cum lui esteit,
Fors de la plaie ke il out :
Unkes par lui le rei nel sout,
Meis d'autre ad le veir coneu.
Quant li reis l'out ben entendu,  (v° a)
2685 Plure, ne s'en pot detenir,
De mult parfunt jetet un suspir.

2654 n. effreis — 2656 le e. — 2660 deliuerer — 2661 *le premier la manque* — 2667 hume — 2675 r. lad — 2678 pans — 2679 fereil.—2681 kil—2683 Mes del autre ad ueire c.—2686 suspire

La noit aprisme e le jur fine :
Li reis enveie en la cusine
Saver si ses mangers seit prest,
2690 E cil li dient ke si est :
Quant lui plerra, si pot manger.
Cil feit venir un despenser
E un butiller sulement
Pur eus servir privéement.
2695 Li reis feit l'éve demander,
Après sunt assis al manger.
Vit les mès k'um li aporta,
Lungement sist, si esgarda ;
N'ert pas a us a tel viande ;
2700 Charles le vit, si li demande :
« Bel sire duz cher, » feit le rei,
« Dunt ne vus heite cest conrei ? »
« Si feit, » dit l'abes, « veirement,
Ço est ben a nostre talent. »
2705 « Kar mangez dunc par charité
Içó k'um vus ad aporté,
Par nun de sainte obedience
Içó k'est en vostre presence.
Dunt ne trovez vus en escrit
2710 Ço ke seinte escripture dit
Ke nostre sire comanda
A ses apostres e ruva, *(v° b)*
Kant il alouent preheschant,
Ço k'um lur mettereit devant
2715 Receussent par charité ? »
L'abbes Gires ad escuté
Içó ke Charlemaines dit ;
Autre part si s'en turne e rit.
Il li demande belement :
2720 « Sire, » feit il, « cum lungement

2688 enueit — 2692 E il — 2702 Dune u. — 2707 saint — 2709 Dune tr. — 2719 Ili d.

Avez vus esté sermoner ?
Vus savez mut ben preescher. »
Quant orent mangé a plenté
E ses graces out dit l'abbé,
2725 Li reis e li abbes lavérent
E puis s'assistrent e parlérent
Trés ke la noit fu ben alée.
Iloc juste la chiminée
Unt feit sun lit bel aturner
2730 Tel k'il n'i ot ke amender.
Quant li liz fud tut apresté,
Li reis le vin ad demandé ;
Li abbes but privéement
E tost apres al rei le tent.
2735 Quant il orent beu andui,
Li reis se dresce de près lui :
« Sire, » feit il, « or de cucher,
Kar las estes de chevalcher ;
Vus leverez einceis de mei. »
2740 « Sire, » feit il, « oil, ço crei :            *(136 r° a)*
Demain reparlerez od nus. »
« Veirement, » feit il, « sacez vus,
Jo i parlerai veirement. »
Il out de dormir grant talent,
2745 Kar il orent lungement sis.
Li reis ad de lui cungé pris,
En sa chambre se veit gisir.
Quant li abes se dut dormir,
Matines comence a chanter ;
2750 Il fud mult près de l'ajurner
Einceis ke il eust fini.
Li chamberlencs s'est endormi
Quant sun servise fud fini.
Li abes ad l'estreim coilli

2722 seuez — 2729 Um — 2737 ore — 2742 Veire — 2745 lungment — 2751 Einces kil — 2752 chamberlenes

2755 Ki esteit par cel eir junché,
E puis s'i est de sus cuché.
Li reis s'est levez par matin,
Une chemise vest de lin,
E quant chaucé est e vestu
2760 Vint en la chambre u l'abbes fu :
Vit le seint home u il giseit,
En l'eir dur u il se dormeit.
Mut s'est li reis esmerveillé :
Le chamberlenc ad esveillé,
2765 Si lui demande ke ço dut,
Pur quei li abes iloc jut.
« Bel sire, » feit li chamberlencs,
« Kar il ad verseillé tut tens ;    (r° b)
Tote nuit fud en oreisuns,
2770 En veille e en afflictiuns.
Quant il se dut aler cucher,
Si aunad cel estramer,
Puis chuchad sur la dure terre ;
Ço ne vi mès a hume fere. »
2775 « Teis, » feit li reis, « ne l'esveiller,
Leisse tut en peis reposer. »
Li abes les oit parler,
De la noise prist a veiler :
Garded, si ad veu le rei
2780 Ester iloc dejuste sei.
Ensemble vunt a la chapele :
Mult fu la messe halte et bele.
Quant li abbes Gire a chanté,
Devotement l'unt escuté
2785 Li chevaler et li barun
Ki iloc furent en virun ;
E quant le mestier fut fini,
Gires l'abes se devesti.

2756 se e. — 2777 ot — 2778 pr. esveiler — 2780 Estre —
2782 halt — 2787 qu. la messe f.

Charlemaine apele un uisser
2790 E feit la chapele voider ;
Ne remeint fors lui e l'abé.
Li reis li ad merci crié,
Tut en plurant se feit confès ;
Unkes a hume nel dist mès
2795 Ço ke il ad iloc gehi ;
E tut tens ad crié merci,     (v° a)
Meinte lerme leissa le jur.
Li abbes en out grant tendrur ;
Sil començat a conforter :
2800 « Leissez, » feit il, « vostre plurer.
Li apostre nostre seignur,
Ki od li érent nuit e jur,
Peschérent mut horriblement,
Assez avez oi coment :
2805 Judas ki sun privé esteit
E od lui manjout e beveit
Il le trai e enginna,
E seint Pére le renea ;
L'un renead, l'altre trahi,
2810 Dous leides choses out ici :
L'un est salvé par sa creance,
L'autre est peri par sa dutance ;
Kar seint Pére se remenbra,
Amérement des oilz plura :
2815 La repentance del quor vit,
Pardunad lui ço k'il out dit.
Pur ço ne nus desesperum,
Meis meintenant merci crium.
Deus est funteine de pité,
2820 Pardurra vus vostre peché ;
Pur ço vus pri del tut gehir,
Merci crier e repentir ;

2792 li *manque* — 2795 kil — 2798 ou — 2809 Lun le r. laltre le tr. 2811 Lune — 2813 Sacez s. — 2821 prie

Dirrez vus plus ? a il ren meis ? »
Li reis li cline e fut en peis, (v° b)
2825 E il se tut une grant pose ;
Il desist plus, meis il nen ose ;
Del quor li issent li suspir,
Il ne se pot plus atenir :
« Sire, » feit il, « pur Deu merci,
2830 Ne vus ai mie tut gehi ;
Vus demandez se plus i ad ? »
« Oïl. » « Ja meis dit ne serrad :
Ja nel dirrai a hume né ;
Ne pur estre tuz jurs dampné
2835 Ne serra il par mei gehi ;
Pur Deu amur merci vus cri,
Kar depreez vostre seignur
Ke il pur la sue dulçur
Me face, si lui pleist, pardun. »
2840 Dist l'abbes : « Nus en preierum :
Deus, si lui pleist, en eit merci !
De ço ke vus avez gehi
Penitance vus en durrum,
Ke ke en venget e quei nun. »
2845 De la chapele s'en turnérent,
Bele péce ad k'il i entrérent.
Les degrez muntent del palès ;
Chevalers trovérent a fès :
Mut i out cuntes e baruns,
2850 Franceis e Normans e Brutuns,
Soldeiers de plusurs pais.
En un banc s'est li reis assis. (137 r° a)
En la sale sur le plancher
Fud la presse grant al laver ;
2855 Quant Charlemaines out lavé,
L'éwe aportérent a l'abbé :
Mut out grant presse a lui servir,

2823 D. nus — 2824 le — 2826 il *manque* — 2844 Ke ken uenge

Lé fud ki i pout avenir.
Quant par la sale orent lavé,
2860 Li reis prent par la main l'abbé;
Sus en la sale al meistre deis
Se sunt assis il e li reis.
N'ai ke fere des mès cunter,
Kar ne me voill tant desturber.
2865 Après manger departent tut,
Vunt en la vile a lur deduit :
La sale est voide de la gent;
Li reis fud eschariement.
Il e Gires, après manger,
2870 Vont en la chambre consailer.
Li abbes lui ad demandé
Saver si il est purpensé
En dreit de sa confessiun,
E il li respundi ke nun,
2875 Kar pur murir tut desconfès
N'ert il gehi a hume meis.
« Ço peisse mei, » feit li abbé,
« Ke diable ad tel pousté
Sur vus e sur vostre curage ;
2880 Mut est grant dol e grant damage, *(r° b)*
Si devez estre issi peri ;
Deus, si lui pleist, en eit merci.
Kar mut vus estes combatu ;
Meint rei avez en champ vencu :
2885 Or ne poez vus justiser
Ne vostre quer humilier !
Si vus conquerrez les granz terres
E vus prenge ben de voz gueres,
Ço est par Deu e nent par vus.
2890 Ne seiez ja si orguillus :

2858 Lee — 2860 maine — 2861 meister — 2863 de m. — 2864
K. il n. — 2874 & — 2876 Neit — 2884 champe — 2885 Ore,
vus *manque* — 2889 & — 2890 seies

La vus mustra il grant amur
Quant pur vus fist de noit le jur
En Rencevals as porz passant
Pur venger la mort de Rollant.
2895 Mut l'en deussez rendre gré ;
Bel sire, leissez cel peché. »
Assez ad laburé en vain :
Tut sun sermun ne valt un pain.
Li abes sujurne od le rei
2900 Vint jurz e plus, si cum jo crei ;
E si ad tut tens deprié
Ke il gehisse sun peché.
C'est pur neent, nel volt gehir
N'enteimes pur crem de murrir.
2905 Le primer diemeine après
Ke Charlemeines fud confès
Sont a Orliens assemblé :
Li abbes s'est matin levé ; *(v° a)*
Quant il fud vestu e chaucé,
2910 A Seinte Croiz a l'eveské
Veit pur orer la matinée.
Enz el muster, juste l'entrée
Ot un chaitif crier e braire,
Lié a un piler, dol faire ;
2915 Il ad demandé quei il out,
É cil li dit, ki ben le sout,
Ke diable l'aveit tenté
Ki lui esteit el cors entré ;
Ne poeit aver garisun
2920 Pur nule conjuratiun.
Gires le vit, si out pité :
Nostre seignur ad depreié
Ke il eust de lui merci.

---

2893 recenuals — 2895 r. granz grez — 2896 pechez — 2902 Kil — 2907 Out — 2911 matine — 2912 lentre — 2916 ke b. — 2923 Kil

Ore escutez de l'enemi :
2925 Dès ke il sout Gire el muster,
Il crie e brait cum adverser :
« Gire, kar me leisses ester ;
Vens tu ici pur mei rober?
Par dreite force e par tolage
2930 Me jetes de mun herbergage :
Jo l'aveie a dreit guaainé.
Mal ait ki ça t'ad enveié !
Si me volsit creire le rei,
Il n'enveast uan pur tei.
2935 Ci sui enclos dedenz un cors,
Jo n'os issir pur tai la hors ; *(v° b)*
Cesse d'urer, lei mei issir ;
Ja ne quer mès vers tai venir. »
Tut li poples fud esbai
2940 De la parole a l'enemi ;
Parler l'oent, meis nel choisirent ;
N'est merveille s'il s'esbairent.
Gires entent de lui la voiz,
Seigne sei de la sainte croiz,
2945 Cele part veit sun petit pas :
« Ahi ! » feit il, « fel Sathanas,
Folement es çaenz entré,
Le temple Deu as violé ;
Fui t'en de cest muster la hors,
2950 Lai le cheitif, guerpis le cors. »
Del chaitif ist, veant la gent
Dunt assez i out plus de cent.
Tut cil ki cet miracle virent
As pez del seint home chairent ;
2955 Mes il s'est de la presse osté.
Sonent les seinz par la cité ;
Men escient plus de treis mile

2927 leissez — 2928 Venis — 2930 ietez — 2934 p. rei — 2942 Nest pas m. — 2943 G. veit e e.

Vunt al muster pur preier Gile;
Meis il n'i poent avenir,
2960 Kar il s'est alez revestir.
Li reis de France s'est levez,
Ben fud vestuz e conreez.
Nul plus bel hume n'estud querre,
Ben resembla prince de terre. *(138 r° a)*
2965 Tut li fud cunté e retreit
Le miracle ke Gire out fait :
Il est a Sainte Croiz venu
E trove l'abé revestu ;
Si ad comencé le servise;
2970 Mult acceptable sacrefise
Ad feit a Deu en icel jur.
Kar oez cum nostre seignur
Est pleins de grant humilité :
A sun serf ad le jur mustré
2975 Mut bel miracle e grant vertu.
El segrei u li abbes fu
E le cors nostre seignur tint
De Charlemeine li sovint ;
Al cors piement se demente :
2980 « A ! Deu, » feit il, « verraie entente,
Reis ki fus senz comencement
E seras senz definement,
Tut tens fus e tut tens seras,
E establis e comandas
2985 Ke tis cors fust sacrefiez
Pur raançun de nos pechez;
Mult est grant merveille de tei
E de tun cors ke jo ci vei :
Tu es enter el cel la sus,
2990 E nus avum tun cors ça jus;
Sire, tu es e la e ci,

2962 conreiez — 2963 bele — 2965 retrit — 2980 uerrai —
2981 Res — 2985 fud — 2986 rancun — 2988 ici

Pur quant n'es pas en dous parti :　　　(r° b)
　　　Un sul Deu es en deité ;
　　　Establi as e comandé
2995　Beivre tun sanc, ta char manger,
　　　E tut dis est tis cors enter ;
　　　Unkes ne pot amenuser
　　　Ne pur user ne pur manger :
　　　Totes ures est enterrin ;
3000　Le ten regner n'avra ja fin :
　　　Ki dignement ne te receit,
　　　Sa mort manjue e sa mort beit ;
　　　Jol sei e crei certainement.
　　　Tei pri jo, pére omnipotent,
3005　De Charlemeine aez pité
　　　Ki pur tei ad tant travaillé,
　　　Tant regnes pris par pousté
　　　Pur eshaucer crestienté.
　　　Ne regarder a sa folie,
3010　Jesu le filz sainte Marie :
　　　Conseillez mei quei jo ferai,
　　　Quel penitance lui durrai,
　　　Quant il ne volt le feit gehir ;
　　　Meis, s'il te pleist, nel deis suffrir
3015　Ke diable ait de lui saisine. »
　　　A icest mot s'oreisun fine.
　　　Nostre seignur l'ad esculté,
　　　Ki del conseill ad bien pensé :
　　　Al secrei u li abbes fu
3020　Est un angele a lui descendu,　　　(v° a)
　　　En sa main porte un bref petit,
　　　Meis unkes hom mortel nel vit,
　　　Fors li abbes ki dignes fud :

2992 ne pas — 2995 Beiuer t. s. e t. — 3000 nauera — 3003 certainent — 3005 Charlemein — 3008 eschaucer — 3012 Quele, durra — 3018 bien *manque* — 3021 *et* 22 *intervertis* — 3022 m. le uit

Il l'a apertement veud.
3025 Ilokes u l'angele descent
Tute la chapele resplent.
Il ne parla ne ne dit el;
Tost met le bref sur cel autel,
Juste le cors ke cil sacra :
3030 Quant l'aveit mis, tost s'en turna.
Unkes l'abes ne fit semblant
K'il le veit ne tant ne quant.
La messe chante léement,
Kar mut est lez de cel present
3035 Ke li angles l'ui out porté.
Quant le servise fut finé,
Li abes Gires le bref prist,
Kar il ne volt k'um le veit :
Treis feiz le vit de chef en chef.
3040 Volez oir quei out el bref?
« Seiz saluez, bon abes Gire :
Sez ke te mande nostre sire?
Il ad ta preiére escutée;
Mut lui atalente e agrée
3045 Ke tu as preié pur le rai :
Bone merci avra par tei.
De cel peché a il pardun,
Meis dune li confession;   *(v° b)*
Garde sei mès del rencaeir
3050 E leist le peché tut maneir
E prenge ben sa penitance;
Ne l'en estot aver dutance
Ke il jameis lui seit retreit :
Pardunet est en fin cel feit. »
3055 Après garde le bref, e vit

3024 Il a — 3027 *et* 28 *intervertis* — 3036 seruis — 3041 Seieiz, saluez *manque* — 3043 escute — 3044 M. lui talent e agre — 3045 t. apreie — 3046 auera — 3049 d. recainer — 3050 t. ester — 3053 Kil

Tut le peché en ordre escrit
Ke Charlemaines aveit feit,
Ke nule ren n'i desesteit.
Après si ad veu el bref
3060 A une part escrit al chef :
« Gires, mut te poz fere led,
Kar tis seignurs t'at otried
De quant ke tu le requeras
Saces ke ben espleiteras ;
3065 U seit grant chose u seit petite
Ne vus serra ja escondite.
Il ad ben veu tun curage,
Ke tu guerpis tun heritage
E ta grant terre e tes amis,
3070 Allas en estrange pais
Pur aver suffreite e poverte :
Tu en avras si grant deserte
Cent duble t'ert guerreduné ;
En parays ert t'erité.
3075 Le curt celestre est de tei lée,
Ta venue unt mut coveitée ; (139 r° a)
Meis il ne volent suffrir plus
Ke tis convers seit meis ça jus :
Tu partiras brefment d'ici. »
3080 Il n'out plus ; li bref est fini.
Li abbes rad le bref pleié ;
Mut ert joius e mut haité
De ço ke il en out trové ;
Charlemaine l'ad eguardé
3085 Ki en la chapele l'atent :
Ben vit en sun conteinement
K'il out oi bone nuvele :
Sa face vit riante e bele.

3058 n'i *manque* — 3064 Sacez — 3065 petit — 3066 escondit
— 3069 tant gr. — 3072 aueras — 3073 guerdune — 3076
coueite — 3083 kil — 3084 E ch.

A lui veit, par la mein l'ad pris,
3090 E sunt de sur un banc assis.
Li abes li feit bref sermun
En dreit de sa confessiun.
« Sire, » feit il, « pur Deu l'atisme,
Car preng conseil de tei meisme :
3095 Pense de tei, fai te confès ;
Sace ta fin apresme adès.
Tu ne sez l'ure ne le jur
Ke deit venir le jugeur
Ki jugerat e mals e bons :
3100 A une part mettrat les sons
E les apelerat amis,
Od lui serrunt en parays,
Ne lur faudra joie e leesce ;
E li autre érent en tristesce      (r° b)
3105 Ki de lui serrunt desevré ;
El puz d'enfern érent dampné,
La érent tuz jurz meis penez.
Bel sire, kar vus purpensez
D'eschiver cele compaignie :
3110 Conuis verité, merci crie
De ço ke tu l'as tant celé ;
Feble sen as e fol pensé,
Ke tun mesfeit ne vols gehir.
Quides tu vers Deu ren covrir ?
3115 Ço ne poz tu faire vers mei. »
« Vers vus ? si puis. » « Nenal par fei. »
« Ne puis ? pur quei ? » « Car jol sai ben. »
« Ço ne sout unkes crestien. »
« Jo sui crestiens e sil sai. »
3120 « Ne l'os creire. » « Jol musterai. »

3095 Pensez — 3097 s. lur n. — 3100 le s. — 3103 fraudra i.
ne l. — 3104 E lautre serrunt en tr. — 3105 deseuere — 3106
denferne — 3109 Del eschiure — 3115 fair uer — 3116 Ver —
3119 e cil s.

« Vus comment le poez saveir ? »
« Ço guarde tu. » « Nel puis veer. »
« Pur quant jol sai. » « E vus coment ? »
« Il m'est tut dit. » « N'en quid neent. »
3125 « Nel quides tu ? » « Jo nun, par fei. »
« Tant est maiur folie. » « En quei ? »
« Pur ço ke te covent gehir. »
« Ço ne serrad trés k'al murir. »
« Dunc ert trop tart. » « Jo ne puis meis. »
3130 « Si poz. » « Coment ? » « Fai tei confès. »
« Certes nu frai a mun vivant. »
« Mult par es ore nun savant *(v° a)*
Ki le quides vers Deu celer,
A mei nel poz tu resconcer. »
3135 « Par les seinz Deu, merveilles oi. »
« Ore ne te chaut, suffre un poi,
Si purras ben sempres oir. »
« Je ne vus os pas desmentir,
Mès si uns altres le diseit,
3140 Jo dirraie k'il mentireit. »
« E coment si jol vus disaie ? »
« Dunc ne di jo ke nel crereie. »
« Crerras le tu si jol vus di ? »
« Oïl, ço sachez ben de fi. »
3145 A tant a treit avant le bref,
Si l'ad leu de chef en chef.
Quant Charles oit le peché,
Durement s'est esmerveillé,
Meis il sout ben de verité
3150 Ke Deus lui aveit demustré.
« Sire, » feit il, « pur Deu, merci
De ce ke vus avez oi.
Trés ben conuis e regehis
Ke par mesaventure fis

3121 Vuus — 3126 f. de quei — 3133 Ke le quidez — 3134 tu *manque* — 3136 chant — 3140 dirrai — 3141 uu disai

3155 Cest peché e ceste folie
Ke vus avez ici oie.
Pur Deu, sire, preiez pur mei;
Apelez Deu, le verrai rei,
Ke il m'en face veir pardun,
3160 E de vus pri confessiun. (v° b)
Priez pur mei d'or en avant :
Je sui chargé de fès pesant;
Vus m'en poez ben aleger
Si vus volez pur mei preier.
3165 Dunc n'ai jo dute de turment,
Ço vus di ben certeinement :
Pur querre vus desk'en Provence
Ne recevrai jo penitence
D'ume mortel, si de vus nun,
3170 Pur tant cum nus deus viverum. »
Dist li abbes : « Ço vulum nus,
E nus repeirerum a vus
Mult volenters, si mesters est ;
Nostre servise vus est prest. »
3175 « Vostre merci, » li reis respunt,
Si li encline mut parfunt.
En la sale vénent a munt
As chevalers ki la sus sunt ;
Li reis est mut joius e lé,
3180 Kar de grant fès s'est dechargé.
Tant cum l'abbes i ad esté,
Mult l'ad cheri e honuré.
Treis jurz après, si cum jo crei,
Est li abbes venuz al rei
3185 Pur congé prendre e demander :
A s'abbaie vout aler ;
A ses fréres peise grantment
Ke tant demore lungement, (140 r° a)

3155 cest f. — 3159 Kil — 3161 desornauant — 3168 receuerai
— 3118 li ad — 3185 &

Kar ben ad demoré un meis.
3190 « Bel sire, merci, » feit li reis,
Meis surjurnez uncore od nus. »
« Ne pot estre, ço sachez vus,
Ne voil neent plus demurer :
A mes fréres m'estot aler. »
3195 Charlemaines se veit cucher,
Ki ennuié fud de veiller.
L'endemain quant fu ajurné,
Li abbes Gires s'est levé
Pur sun heire k'il volt haster :
3200 A la chapele veit urer,
Messe chante mult a leisir;
Charlemaine le vait oir;
Il apele sun tresorer,
Si lui ad fait apariller
3205 Or e argent, mulz e chevals,
Ciclatuns, pailles e cendals
K'il volt presenter a l'abbé.
Quant le servise out achevé,
Li abes ist de la chapele.
3210 A une part li reis l'apele :
« Sire, » feit il, « or vei jo ben
N'i remaindrez pur nule rien :
Vers meisun volez repairer;
Ore vus voil pur Deu preier,
3215 Portez a fréres de meisun
Ço ke nus leur enveierum ;
Veez ici or e argent
E mut chers pailles ensement.
Saluez les tuz de part mei,
3220 E dites ke jo lur envei ;
Sachent si jo vif lungement
Il avrunt plus riche present. »

3198 set l. — 3205 *le second e manque* — 3210 l' *manque* —
3211 ore — 3214 Or — 3219 les *manque* — 3222 auerunt

« Sire, merci, » feit li abbé,
« Jo nel voldraie aver porté :
3225 Del vostre n'avrai un dener
Pur tut l'aver de Munpeller ;
Leissez ester, nel dites meis. »
Li rais respunt : « A tant est pais,
Ja meis ne m'en orrez parler ;
3230 . . . . . . . . . .
Jo sai ben ke jo ai a fere ;
Le men aport serrad mut meire ;
Içö ne me poez tu defendre. »
Li abbes n'i volt plus atendre :
3235 Il est muntez, le congé prent
Des chevalers e de la gent.
Charlemeines ben lungement
Le conveat od mut grant gent ;
Al desevrer out grant pluriz,
3240 Mut se departent a enviz.
Li abbes veit vers sa contrée,
Meis ne pot faire grant jurnée,
Ke sa plaie forment lui gréve
Ki chascun jur seigne e escréve :
3245 Mult durement l'ad anguissé.   (v° a)
Ne pur quant tant est chevalché
Ke il est a meisun venu :
A grant joie fud receu ;
Li prius e tut li covent
3250 Cuntre lui vunt mult dulcement,
Mult sunt de sa venue lé ;
Il ad chascun par sei beisé,
Demande coment il unt feit,
Si nule rien lur desesteit
3255 En dreit de dras u de cunrei ;
E chascun d'els respunt par sei

3225 De u. ke auant une d. — 3233 Co — 3239 deseuerer — 3243
Ka — 3244 seige — 3245 duerement — 3247 Kil — 3251 uenu

K'il unt eu a grant plenté.
« La merci Deu, » feit lur abbé.
« Seignurs, » feit il, « li reis de France
3260 Ad en vos benfeiz esperance,
Saluz vus mande e amistez,
Prie ke vus l'aconseillez
En benfeiz e en oreisuns;
E si vus di ke nus quiduns
3265 Ke il vus aime durement :
Il vus fist un riche present
De pailles e d'argent e d'or;
De tut le melz de sun tresor
Il fist un fort cheval charger,
3270 Meis jo nel voleie bailler;
Ço pesa lui mut durement,
Meis il me dist veraiement
K'il vus vendrad ici veer, (v° b)
Si vus durad de sun aver,
3275 E l'acoillerez en frarie
E es benfeiz de l'abbeie. »
Gires ad lunges surjurné.
En la chapele set privé;
Fors de la noise de la gent
3280 Meine sainte vie asprement;
Petit manjue e petit beit,
Del vivre s'est assez destreit;
Poi dort la noit e le jur veille
En psalmodie e en verseille;
3285 A sun seignur s'est desmenté,
Mult l'ad dulcement reclamé :
« A! Deu, » feit il, « verrai confort,
Ki destrusis enfern par mort,
Kar tu oceis l'occisur
3290 Par pouesté e par reidur,

3262 E pr. — 3265 Kil — 3267 Tuz les — 3270 u. pas b. — 3272 ueraiment — 3273 vus *manque* — 3287 uerra — 3289 occis le o.

Kar ta mort e ta passion
Lur fud gréve dampnatiun;
Bel sire, duz pére verrai,
Conseillez moi ke jo ferai
3295 De cest liu novel estoré
Ke cist rois ad ici fundé;
Ben crei ke tant cum il vivrat
A sun poer le meintendrat,
Meis cil ki après lui vendra
3300 Ne sai se il tant l'amera : *(141 r° a)*
Nel maintendra, ço cui, de nient,
Meis descreistra de ço k'il tent.
La bone gent ki ici sunt
E ki le siecle guerpi unt
3305 (Grant partie, si cum jo crei,
En i ad venu ci pur mei,
Neent pur le bien de mei fait,
Meis il quidérent grant espleit,
De ben i ad mut povrement),
3310 Mult avreie ovré malement
Se si les lessoue eguarrez,
Ke cest liu ne fust essiurez
E confermé e dedié,
E privilege purcascé,
3315 E ke il aient ferme pais,
Quel rei k'avenge mès après,
K'il ne lur toille lur dreiture,
Ne lur guaain, ne lur pasture,
Lur bois ne lur guaaineries,
3320 Lur rentes ne lur pescheries,
De ço ke li reis i ad mis;
Kar autrement, ço m'est avis,
Tute ma paine e mun travail

3293 sir — 3297 uiuerat — 3300 Ne sai si li amera — 3301 m. ço de uent — 3303 ke — 3305 parti — 3308 guiderent — 3310 auereie o. malment — 3315 kil — 3316 ke a.

           Ne me vaut une dosse d'ail,
3325 Si jo a tant le leis ester.
           Trés k'a Rume m'estot aler,
           Cum einz seit melz de l'espleiter,
           Tant cume jo me puis aider,
           Kar ço n'ert mie lungement. »                (r° b)
3330 Il ad mandé tut le covent ;
           Quant li frére sunt assemblé,
           Li abbes lur ad tut mustré :
           « Seignur, » feit il, « or m'entendez,
           Pur quei jo vus ai ci mandez :
3335 Jo sai bien e certainement
           Ke ne vivrai pas lungement ;
           Li reis ad feit ceste abbeie
           E mis del son bele partie,
           De sa terre e de sun aver ;
3340 Si quidum ben a nostre espeir
           Ke tant cum il sera vivant
           Ne sufferra ne tant ne quant
           Ke hom nus toille nostre dreit ;
           Par mi ço si nus convendreit,
3345 Tant cum il est en pouesté,
           Purchacer ferme seurté ;
           Nus n'avum plege de sa vie,
           Ne en içó n'a li um mie ;
           De ço me sui bien purpensé :
3350 Tant cum jo sui en poesté,
           M'estot a Rume traveiller
           Pur privilége purchascer. »
           Ben lungement en unt parlé ;
           A grant peine l'unt graanté
3355 Ke li abbes s'en alt a Rume,
           E ne pur quant a la parsume,

3327 se m. — 3328 cume — 3333 feit *manque,* ore — 3335 e *manque* — 3336 uiuerai — 3337 cest — 3341 il ert — 3342 suffra — 3346 De p. — 3348 nafium — 3352 purgascer — 3354 grante

L'unt graanté e otrié (v° a)
E bonement doné congé.
Ke vus fereie jo lung cunte?
3360 Quant il fud prest, el cheval munte,
De ses fréres ovec sei meine ;
A grant mesaise e a grant peine
Est de ci k'a Rume venud.
L'apostoilles l'ad receud
3365 E mut durement honuré,
Kar lui fud dit e acunté
Ke en sun estre e en sa vie
N'out fauseté ne tricherie ;
Pur ço l'onura e tint cher :
3370 Od sei le fait beivre e manger,
En sa demeine chambre jut,
Ensemble od lui manga e but.
Li apostolles mult se paine
D'enquerre quéle vie il meine
3375 E de quel terre il ert venu.
Li abes lui ad respundu
Ke il est Grius, de Gréce né,
E en Provence ad conversé
Dejuste le Rodne en boscage ;
3380 « Primes i out un hermitage :
Meis ore i ad une abbaie,
Novelement est establie,
Ke Flovenz li bons reis ad feite
E bele gent mise e atreite ;
3385 Les ordres ténent reddement (v° b)
E servent Deu omnipotent ;
Li reis ad le liu estoré
E mut grantment del son duné,
De sun aver e de sa terre.

3357 grante — 3358 cunge done — 3359 frei — 3366 cunte —
3367 Ken — 3377 Kil — 3378 E *manque* — 3381 un — 3384
mis — 3385 Li ordre

3390 Si vus sui ci venuz requere
Ke cel liu nuvel confermez
E privilége nus donez
E le confermement de Rume,
Ke n'eit meis dute de nul home
3395 De perdre ço k'il eu unt. »
Li apostoilles li respunt
Ke volenters le maintendra
E privilége lur durra,
« Tel cum tu vodras deviser
3400 E fere escrire e enserer.
Sire, » fait il, « ço sacez vus :
Le meintenement unt de nus
E avrunt tant cum nus vivruns,
Meis ço sachez, nus requeruns
3405 La frarie de la meisun. »
« Sire, » fait il, « nus l'otrium
Ke vus en seez parçuners. »
Il le receit mult volenters.
Quant li abes out espleité
3410 Ço pur quoi il ert travaillé,
De l'apostoille ad cungé quis
De raler s'en en sun pais.
« Sire, » fait il, « vostre congé :      *(142 r° a)*
Jo deuisse estre repairé ;
3415 Deus, se li pleist, nostre seignur
Vus sache gré de vostre honur. »
« Sire, nem devez mercier :
Tut le siecle deit honurer
Icele heure ke fustes né.
3420 A Deu seiez vus comandé ;
Dites as fréres de meisun
Ke nus par vus les saluum.

3390 S.˙vus ci sui v. — 3393 conferment — 3395 en u. — 3402 u. il de uus — 3403 auerunt, uiuerum — 3404 ço *manque* — 3417 ne d. — 3421 a fr.

Dous mut riches us de ciprès
(Ne serrunt feiz itels ja mès,
3425 N'en ad tels dous en tut le mund,
Les duze aposteles peinz i sunt
A granz ymages entaillez,
Or e argent i ad assez,
Jo les ai tenu en cherté),
3430 Meis de ço sui mult esgaré
Coment il vendrunt dès ke la;
Jo qui ke trop vus grevera,
Kar il sunt durement pesant. »
« Sire, » feit il, « Deus est puissant ;
3435 Se lui pleist ke nus les avum,
Ben les conduira a meisun.
Or nus feites des us seisir,
E Deus les frat iloc venir,
E nus querruns engin e art
3440 Coment il vendrunt cele part. »
Oez, seignurs, miracle grant  (r° b)
Ke Deus ad feit pur sun servant :
Li abbes ad les dous us pris,
Dedenz le Teivre les ad mis,
3445 Levad sa mein, si les seignat,
A Dampnedeu les comandat.
« Alez, » feit il, « jo vus comand
De par le rei del ciel poant ;
Ne cessez unkes de noer
3450 Ne par duce éwe ne par mer
Dès k'a a nostre meisun vengez. »
Nu firent il, ben le sachez :
A val le Teivre vunt flotant,
Ne desevrérent tant ne quant ;
3455 Deu les conduit e Deu les guie
Al procein port de l'abbeie.

3427 y. e e. — 3428 Ore — 3429 *lacune après ce vers ou après 3422 ?* — 3451 Deske a — 3454 d. ne t.

Li abes s'est al chemin mis :
Al plein s'en veit vers sun pais ;
Tant ad chevalché e erré
3460 K'il est a meisun repairé.
De plusurs pars a il trové
Gent ki li unt dit e cunté :
« Sire, » funt il, « vus ne savez :
Ici ad dous us arivez
3465 (N'at tels en la cristienté)
Senz conduit d'ume ki seit né. »
Li abes l'ot, mut se feit lé,
Nostre seignur ad gracié.
« A.! Deus, » feit il, « reis glorius,     *(v° a)*
3470 Tant estes bons et vertuus ;
Vostre bunté ne pot tapir,
Del tut faites vostre pleisir.
Mult feit ke sage ki vus sert,
Quant vos miracle si apert
3475 Avez si feit pur ma preiére,
Quant vus ces us en tel manére
Avez ici aguvernez
K'il ne sunt blescez ne hurtez. »
Al muster les feit aporter
3480 E as uesseries poser ;
Altresi furent a mesure
Cum si hom eust mis sa cure
De faire les a tel mester :
Ço pot li lius testimonier
3485 K'il est de Roume confermé
E tenu en auctorité.
Lé fud li abes durement
K'aempli out tut sun talent ;
Bien ad le liu eseuré ;

---

3460 meisunt — 3461 plus p. — 3462 ke — 3467 a. lout
— 3469 f. li — 3473 ke u. — 3474 miracles    3478 K'il
ne ne s.

3490 Od ses fréres ad surjurné.
En oreisuns fud nuit e di ;
Meis durement fud affebli :
Li termes aprisme e li jur
K'il deit cesser de sun labur ;
3495 Sun seignur ne vult suffrir plus
Ke il surjurnt od nus ça jus :
Sun benfeit li ert guerduné.
Nostre sire l'ad bien mandé :  (v° b)
Par saint esperit a nuncié
3500 Quel jur il deit prendre congé :
Bien sout le jur k'il deit finer
E de cest siecle returner ;
A plein vait amaladisant,
Sis mals l'anguisse ki fut grant ;
3505 Ben sout ke près fut de murir :
Ses fréres feit a sei venir,
Sis ad mut bel areisunez :
« Seignurs, » feit il, « or m'entendez :
Jo ai ci entre vus esté
3510 Tant cum Deu plout e conversé.
Si ai esté maistre de vus ;
Pur Deu vus pri le glorius,
Se il i ad grant u petit
A ki jo aie en ren mesdit,
3515 Ne chose fait estre sun gré,
Pardoinst le mei par charité.
Ne puis od vus plus converser,
Mun terme aprisme de finer :
Ainz ke ceste nuit seit passée
3520 Ert m'alme del cors severée.
Solunc ço ke el ad ovré

---

3496 Kil — 3497 *placé après* 3500 — 3504 Si — 3509 ici
— 3510 deus plus — 3512 prie — 3513 Sil — 3514 ai
r. — 3519 passe — 3520 seuere — 3521 kel

Lui serat bien guerreduné.
Gardez, vus pri pur Deu le sire,
Ke entre vus ne surdet ire;
3525 Meis entre vus si conseillez  (143 r° a)
Ke de vus meisme eslisez
Un ki sur vus ait la maistrie
E ki maintenge l'abbeie;
Si ne regardez a parage,
3530 N'a nule bealté, n'a aage :
En bon començaill de juvente
Pot l'um aver de ben atente;
Pur aage nel refusez,
Si vus le bien en lui savez.
3535 Aiez charité entre vus,
Seez de povres curius.
Mult vus devreie sermuner
E de ben feire amonester,
Mais jo ne puis demurer tant:
3540 La parole me veit faillant.
Pur Deu vus pri chescun par sei,
Mes dreitures facez pur mei ;
Tant dementers ke jo sui vif,
Seez de mei mult ententif;
3545 Gardez ke jo seie enoillé
Bien confès e acomunjé;
Le cors gardez a grant honur :
Par la grace nostre seignur
Cist lius ert de mult loinz requis ;
3550 Tant en ai jo par Deu apris :
Cil ki de loinz vendrunt ici
Hostelez seient e servi. »
Quant li moine oent la reisun  (r° b)
K'il n'i ad si del murir nun,
3555 Mut funt grant dol, plurent, suspirent ;

3522 biei guerdune — 3524 surde — 3526 meismes — 3529 r. pas a p. — 3530 b. ne a age — 3546 E b. — 3552 Apelez

Lur chevols rumpent e detirent;
Grant fud li dols e la criée
Ki pur sa mort fud demenée;
Ainceis ke ben venist la nuit,
3560 Si en pasment quarante e oit.
Quant ennuié sunt de plurer,
Sil comencent a regrater :
« Sire, » funt il, « verrai pastur,
Ami e serf nostre seignur,
3565 Tristres nus leissez e plurus;
En ki garde remaindrum nus?
N'est merveille si nus plurum :
Ja mès tel meistre nen avrum.
Sire, ki nus conseillerad?
3570 Ki est ki nus conforterad?
Ja mès n'avrum si bon confort;
Grant dolur nus dune ta mort. »
Tute jur unt tel dol mené
Trés ke il fud a l'avespré.
3575 Li moine sunt aparillé
Ki le servise unt comencé;
A grant paine l'unt achevé,
Kar plurer les ad desturbé;
Meis nepurquant pur tut le plur
3580 Achevé l'unt a grant honur.
Envirun lui se séent tuit. (v°a)
Un poi devant la mie nuit,
Entur hure de coc chantant,
Se dresse Gires en seant :
3585 Ben sent la mort ki lui fud près,
Ke lungement ne vivra mès;
La lange li veit enliant;
Vein out le quor, le cors pesant,
Pur quant out mult bone reison.

3557 d. en l. — 3568 auerum — 3571 nauerum — 3573 d. demene — 3574 Treskil — 3581 tut — 3585 lu — 3586 Ki, uiuera

3590 Brefment ad fait bele oreisun,
    Ambes ses mains el cel en tent :
    « Deus, reis, » feit il, « omnipotent,
    Ki charn presistes en Marie,
    En la cité de Bethanie
3595 Resuscitastes Lazarum ;
    Del servise rei Pharaum
    Guaresis le poeple Israel,
    Quant vus senz nef e sanz batel
    Lur passates la ruge mer ;
3600 E pur Susanne delivrer
    Feisistes parler Daniel,
    Garie fud del fals apel
    Dunt li doi eveskes felun
    La mistrent a dampnatiun,
3605 Sur eus reverti le turment ;
    Jonas guaresis ensement,
    Ki fud el ventre la balaine ;
    E de Marie Magdalaine
    Set diables del cors jestates,            *(v° b)*
3610 De folie la returnastes,
    Puis crei vus parfitement ;
    Querre veneit al monument :
    Quant ele vus ne pout trover,
    Mult tendrement prist a plurer,
3615 Dolente fud e esgarrée ;
    E enz en Cana Galilée
    Refesistes de l'éwe vin
    As noces dan Architriclin ;
    El mund fustes tant cum vus plout
3620 E cum vostre cher pére volt ;
    Assez i fesistes vertuz
    De surz, d'avogles e de muz

---

3590 bel — 3591 en *manque* — 3597 Guarsis — 3600 deliuerer — 3601 Faites — 3613 P. kel uus — 3615 Dolent — 3618 dans — 3619 plut — 3621 faites

Ki tuz furent gari par vus ;
De gré suffrites mort pur nus ;
3625 Pur vostre pople rechater
Vus laissates en croiz pener,
Meis tut de gré e senz destreit
Vers vostre mort alastes dreit
Quant Jerusalem apresçastes,
3630 Sire, mult vus humiliastes,
Ki chevauchates un asnum ;
Li Ebreu petit vallatun
Ki dedenz Jerusalem furent
A mult grant joie vus receurent ;
3635 Les dras dunt il érent vestu,
Unt par le chemin estenduz,
E de verz reims des olivers     *(144 r° a)*
Junchérent veies e senters,
E criérent tut a un cri :
3640 « *Osanna filio David!*
Beneite seit la venue
Ki tant est lunges attendue !
Kar par cestui ki ici vient
Serra tut le pople reient
3645 Ki par Adam esteit perit ; »
Li Judeu ki ço unt oit
Furent dolent, mult lur pesa
Ke cil chantouent *osanna ;*
Quistrent engin de vus trahir,
3650 Par nuit vus vindrent assaillir,
Menérent vus pris et lié,
Batu fustes e laidengé ;
Od eglenters vus corunérent,
Batirent vus e buffetérent ;
3655 Od dous larruns fustes pendu,
De clous fiché e estendu ;

3637 uersz — 3644 S. trestut le p. rent — 3650 uidrent — 3653 engleters

Danz Joseph e Nichodemus
Vus posérent de la croiz jus,
El sepulchre furent posez
3660 Gaites e chevalers armez ;
Male guarde firent le jur,
Quant il perdirent lur seignur :
A Jués estes vus perdu ;
Mult sunt chaitif e deceu
3665 Ki dutent l'encarnacion        (r° b)
E la mort e la passiun ;
Ben unt veu e assaié
Ço ke d'els ert prophetizé,
Kar puis n'unt rei en lur lignée,
3670 Par muz pais est eissillée ;
Del sepulcre u cil mis vus out
Resuscitates quant vus plout ;
A enfern alastes tut dreit
Pur la gent ki laenz esteit :
3675 Fors en jetastes vos amis
Ki senz deserte i furent mis ;
Mult poÿrent cil estre esbahi
Ki de *monte Oliveti*
Vus virent sus el cel munter,
3680 Mervaille fud a esgarder ;
Corporelment el cel muntastes,
Vus ki tut de neent criastes,
La estes e serrez tut dis ;
Vus pri jo, rei de parais,
3685 Ke tut cil ki me requerrunt
E ki cest liu honurerunt,
Ke vostre aie lur seit preste
E otriée lur requeste ;
Vus m'en avez ja feit l'otrai :
3690 Jo ai le bref ensemble od mei

---

3660 Gaite — 3662 pendirent — 3663 A lur e. — 3669 ligne —
3677 cil *manque* — 3678 monote — 3686 honurunt — 3688 otrie

Pur testemoine e en amur,
Jo l'ai gardé dès k'a cest jur :
Par vus me vint, kar bien le sai,     (v° a)
A Sainte Croiz u jo chantai ;
3695 Meis or le m'estovra guerpir,
Kar mort me feit de lui partir.
Glorius sire, altisme rei,
Recevez ui l'alme de mei;
Seint Michael, bon conduiur,
3700 Conduiez mei a mun seignur.
Trop demuer, ço mei est avis,
Kar jo ne sui o mes amis. »
Atant ad s'oreisun finie :
Le quor li faut, la lange plie ;
3705 Ne pout parler plus lungement.
Tut feit auner le covent ;
Devant lui sunt agenullé.
Il ad chescun par sei beisé,
Leva sa mein e sis seignat,
3710 Trestuz a Deu les comandat ;
Cruice ses meins sur sa peitrine ;
La mort est près, sa vie fine :
Il clot les oilz, la buche ovri,
A tant l'alme del cors parti ;
3715 Mult out angles al receveir,
Si cum l'escrit nus feit saveir,
E li angles seint Michael
L'alme a porté amunt el cel.

Or escutez miracle grant
3720 E ço ke nus trovum lisant :
A testemoine en trai clergie     (v° b)

3693 mes — 3695 mestouera — 3696 luei — 3699 michel — 3701 demert — 3702 a m. — 3709 e *manque* — 3713 l clot — 3714 A. est lalme — 3715 remuer — 3716 saueier — 3719 e. un m.

　　　　E cels ki unt oi la vie.
　　　　La nuit ke seint Gires fini
　　　　(Veritez est ço ke jo di)
3725 Furent li angle al receveir,
　　　　Si ke bien les porent veeir
　　　　Dous moines de cele meisun,
　　　　E pur lur grant religiun
　　　　Fut a ces dous manifesté
3730 Coment le seint est honuré.
　　　　Cil dui virent apertement
　　　　Cum il l'en portent léement ;
　　　　Del chant e de la melodie
　　　　Unt retenu mult grant partie.
3735 Tant ad joie ke plus ne rove :
　　　　Ki bon servise feit sil trove :
　　　　Cil le fist bon, si l'ad trové ;
　　　　En parays est coruné.
　　　　Li cors ki est remis ça jus
3740 Est honuré il ne pot plus ;
　　　　En riche fertre est seelez,
　　　　Or e argent i ad assez.
　　　　Deus feit pur lui vertuz sovent.
　　　　De plusieurs terres vénent gent,
3745 En Provence le vunt requerre
　　　　Li pelerin de autre terre.
　　　　Tant cum dure crestienté
　　　　Est eshaucé e honuré ;
　　　　Il en deit ben aver honur,　　　　　　　　(145 r° a)
3750 Kar mult l'amat nostre seignur ;
　　　　A la parfin bien li mustra,
　　　　Quant ses angles i enveia
　　　　Pur lui conduire e receveir,
　　　　E de sun regne l'ad feit heir.
3755 Or depreium cest Deu ami

3726 ueier — 3729 Out — 3749 Ele — 3752 s a. renueia — 3753 receueier — 3755 Ore.

Dunt ceste vie avum oi,
K'il depreie sun cher seignur
Ke il par la sue dulçur
Nus doinst cele veie tenir
3760 Par quei poissum a lui venir,
E al chanoine sace gré
Ki s'est peiné e travaillé
De ceste vie translater ;
Il ne quert pas sun nun celer :
3765 Gwillame ad nun de Bernevile,
Ki par amur Deu e seint Gile
Enprist cest labur e cest fès;
De ses pechez ait il relès ;
Deus l'en rende le guerredun
3770 E seint Gile le bon barun;
Il le conduie ensemble od sei
En parays devant le rei !
Ki ceste vie funt escrire
E ki l'escutent e funt lire,
3775 Ki l'escutent pur Deu amur
E en lur quers en unt tendrur,
Deus lur rende ben la merite
E de lur pechez seient quite
Par devant les pez nostre sire
3780 Par l'oreisun del bon seint Gire!

Or voill finir icest escrit :
Deus, si lui pleist, ne nus oblit,
Ke al jur de la grant juise,
Quant nus serrum a cele assise,
3785 Ke nus i seiuns, si li pleist,
E k'il tut di iloc nus leist
U ses amis érent enclin,
La u joie n'avera fin,

3757 deprist — 3758 Kil — 3761 fece — 3762 cest p. — 3769 guerdun — 3776 *le second* en *manque*

Si nus defent de la dulur
3790 U il plurent e nuit e jur,
Ço est enfern ; gardez vus i :
Iloc n'avra fors plur e cri ;
Deus nus desfent ke nus n'entrum !
*Amen* dites tut envirun.

3790 *le premier e manque* — 3792 nauera.

# VOCABULAIRE

# ABRÉVIATIONS

EMPLOYÉES DANS LE VOCABULAIRE.

adj., adjectif.
adv., adverbe.
cf , conférez.
cond., conditionnel.
conj., conjonction.
contr., contraction.
f., féminin
imp., imparfait.
impér., impératif.
ind., indicatif.
inf. infinitif.
invar., invariable.
m., masculin.
n., nom.

p., participe.
pas., passif.
pf., parfait
pl., pluriel.
pr., présent.
prép., préposition.
pron., pronom.
r., régime.
s., substantif.
sg., singulier.
sj., sujet.
subj., subjonctif.
v., verbe.
voy., voyez.

Toutes les citations sont imprimées en romain, toutes les explications en italique. Les formes qui sont *entre parenthèses* sont celles du manuscrit qui ont dû être corrigées et qu'on trouve dans les notes; les formes qui sont *entre crochets* sont celles qui ont été introduites dans le texte pour combler des lacunes ou qui sont insérées dans le vocabulaire pour servir de têtes d'article. Dans la déclinaison, les indications *sj. (sujet)* et *r. (régime)* se rapportent à la fonction et non à la forme des mots qu'elles accompagnent.

# VOCABULAIRE

## A

A 14, 3514 (ai), *etc. prép. à* : 143 prent a crier. 1582 a sun chois. 166 vint a meisun, *etc.* — *avec, au moyen de* : 1227 Le Rodne passe a un batel — *sens possessif* : 299 U fille a rei u fille a cunte.

A 515, 2083, 2980, *interj. ah!*

Aage 241, 3530 (age), *etc. s. m. âge.*

[Abanduner] *v.* — *P. pas. sg. f.* abandunée 230 (abandune).

Abatre 1124, *v.*

Abbaie 3381, abbeie 3456 *etc. s. f. abbaye* — *plur.* abbeies 273.

Abbé *s. m.* — *sg. sj.* abes 2203, abbes 2653, abé 2228, *etc.*; *r.* abbé 2464 (abbez) *etc.*, abé 2374 (abes).

Abbeie, *voy.* Abbaie.

Abeisser 1124 *etc. v. abais-*ser, *diminuer* — *Ind. pr. sg. 3* abeisse 798.

Abitacle *s. f. cellule d'ermite* : 1504 en s'abitacle.

[Abiter] *v.* — *Ind. pr. sg. 3* abite 1350.

Abri 1486, *s. m.*

Abstinence 990, *s. f.*

Acceptable 2970, *adj.*

[Acener] *v. faire signe à, appeler par un signe* — *Ind. pr. sg. 3* aceine 2658.

Achaisun 1004, acheisun 1317, *s. f. occasion.*

[Achater] *v. acheter* — *Ind. pr. sg. 3* achate 248; *pf. pl. 2* achatastes 1139.

[Achever] *v.* — *P. pas. m. sg. r.* achevé 3577.

[Acoillir] *v. prendre* 1457, *accueillir* 3275 — *Ind. pr. sg.*

3 acoilt 1457; *fut. pl.* 2 acoillerez 3275 — *Impér. sg.* 2 acoil 2056.

[Acointer] *v. faire connaissance de* — *Ind. pf. sg.* 3 acointat 1126.

[Acomunjer] *v. donner la communion à* — *P. pas. m. sg. sj.* acomunjé 3546.

[Aconseiller] *v. assister de ses conseils* — *Subj. pr. pl.* 2 aconseillez 3262.

[Acoster] *v. accoster, aborder* — *Ind. pr. pl.* 3 acostent 1042.

[Acreis] 2305, *s. m. invar. accroissement.*

[Acunter] *v. raconter* — *P. pas. m. sg. sj.* acunté 3366 (cunte).

ADAM 2128, *n. propre.*

Adès 1735, 3096 *etc. adv. maintenant.*

[Adeser] *v. toucher* — *P. pas. f. sg.* adesée 2069.

Advenz 1565, *s. m. pl. Avent.*

Adverser 90, 2926, *etc. adversaire, spéc. diable.*

[Aeiser] *v. rendre aisé* — *P. pas. m. sg. r.* aeisé 1473 *commode*, 2547, 2587 *dispos, en état de.*

[Aemplir] *v. remplir, accomplir* — *P. pas. m. sg. r.* aempli 3488.

[Aferir] *v.* — *Ind. pr. sg.* 3 Iço n'afert a mei neent 525 *cela ne me regarde point.*

[Affardeiller] *v. charger d'un fardeau* — *P. pas. m. sg. sj.* affardeillé 627.

[Affeblir] *v. affaiblir* — *P. pas. m. sg. sj.* affebli 3492. *Cf.* afleblier.

[Afficher] *v. assurer, affirmer* 2331 ; [s'a.] *s'obstiner* 1377. — *P. pas. m. sg. r.* affiché 2331 ; *pl. sj.* affichez 1377.

[Affier] *v. avoir confiance*; [s'a.] *se confier* — *Ind. pr. pl. 1* affium 3348. *3* s'afient 2361.

Afflictiuns *s. f. pl. r.* 1210, 2272, *pénitences.*

[Afleblier] *v. affaiblir* — *P. pas. m. sg. r.* afleblié 2079, affleblié 1407.

Afuscher *v. mettre à l'affût*, 1845.

[Agenuiller] *v. agenouiller* — *P. pas. m. pl. sj.* agenuilé 3707, agenuillé 2053.

[Agreer] *v.* — *Ind. pr. sg.* 3 agrée 3044 (agre).

[Agreer] *v. gréer* — *Ind. pr. pl.* 3 agreient 929.

Agueit 2520 (angueit) *s. m. sg. r. aguet, embuscade.*

[Aguverner] *v. diriger, gouverner vers* — *P. pas. m. pl. r.* aguvernez 3477.

Ahi 2946, ai 431, 676 *interj.*

[Ahurter, s'] *v. réfl. tomber à l'improviste* — *P. pas. m. sg. sj.* ahurtez 1281.

Ai, *voy.* Ahi.

Aidable 479, *adj. utile, secourable.*

Aider 1050, 1098, 3328, *etc. v.* — *Subj. pr. sg.* 3 ait 428.

Aie 1090, 2591 (eie), *s. f. aide.*

Ail 3324, *s. m.*

**Aillurs** 530, *adv. ailleurs.*

**Ainceis** 510, anceis 1051, einceis 138, 2751 (einces), einzceis (einz) 799, einzcez 385, *adv. auparavant, avant.*

**Ainz** 273, einz 1240, *adv. mais, au contraire.*

**Aire**, *voy.* Eire.

**Aisement** 1991, *s. m., lieu commode.*

**Ajurner** 2750 *v. faire jour* — *Ind. pf. sg. 3* il ajurnat 661 — *P. pas. m. sg. sj.* ajurné 3197.

**[Ajustée]** *s. f. réunion* — *pl.* ajustées 1302.

**[Ajuster, s']** *v. réfl. se rapprocher*—*Ind. pr. pl. 3* s'ajustent 1020.

**Al** 10, 1766 (a), *etc. loc. contr. de* a le, au.

**Alegance** 1374, *s. f. allégeance.*

**Aleger** 3163, *v. alléger.*

**Aleine** 1616, *s. f. haleine.*

**[Alemande]** *s. f. amande* — *pl.* alemandes 1926.

**Aler** 482, *v. aller; employé substantiv.* 628 — *Ind. pr. sg. 3* vait 1225, veit 112, 381, va 1684. *pl. 3* vunt 656 (unt), 1328 (uint), 1699; *imp. sg. 3* alout 77, 100. *pl. 3* alouent 2713; *pf. sg. 2* alas 2126, allas 3070. *3* ala 356. *pl. 2* alastes 3673. *3* alérent 1700; *fut. sg. 1* irrai 554. *3* irrunt 294; *cond. sg. 1* irreie 995, irraie 2549. *pl. 2* iriez 1347 (irrez)— *Impér. sg. 2* va 328. *pl. 1* aluns 1111, alun 1914. *2* alez 1199. — *Subj. pr. sg. 3* alt 2595, 3355. *pl. 3* augent 698, voisent 1698. —*P. pas. m. sg. sj.* alez 767, 2960, alet 1188, alé 391, 2463 (alez). *f.* alée 2727. *pl. m. sj.* alé 1749, alez 1421.

**Aleure** 918, *s. f. allure.*

**[Alexandrin]** *[adj. d'Alexandrie* — *m. pl. r.* alexandrins 852.

**[Alie]** *s. f. alise* — *pl.* alies 1926.

**Alkun** 773, *adj. m. sg. r. quelque* — *f. sg.* alkune 2165 (alkun), alcune 1663.

**Alme** 3714 *s. f. âme* — *pl.* ames 2212.

**Almone** 1116, *s. f. aumône.*

**Almonére** 30 (almoner) *s. f. aumônière, qui fait souvent l'aumône.*

**Alpha** 2105 : alpha et ω; *cf. Apocal.* I, 8. XXI, 6. XXII, 13.

**Alquant** 536, 845, *adj. m. pl. sj. employé avec l'article* : li alquant *quelques-uns.*

**Altisme** 3697, atisme 3093, hautisme 1395 , *très-haut , épithète de Dieu.*

**Altre** autre —*pron. sg. r.* altre 1047, 1331, autre 181, 1401 ; *pl. sj.* autre 3104. *r.* autres 56.

**Altresi** 3481, autresi 1739, *adv. semblablement.*

**[Aluer]** *v. placer* — *P. pas. f. sg.* aluée 176.

**[Amaladir]** *v. devenir malade* — *P. pr. m. sg.* amaladisant 3503.

**Ambes** 1029, 3591 *adj. f. pl. r. toutes deux.*

**Ambure** 658, *adv. également, des deux manières.*

**Ame**, *voy.* Alme.

**Amen** 3794, *mot hébreu.*

**Amender** 2730, *v. corriger.*

[**Amener**] *v.* — *Ind. pr. sg. 3* amaine 1707 — *P. pas. m. sg. r.* amené 812 (amenez).

**Amenuser** 2997, *v. diminuer.*

**Amer** 73, *v. aimer* — *Ind. pr. sg. 1* aim 351 (aime). *3* aimet 2155, aime 1182; *imp. sg. 3* amout 1757; *pf. sg. 3* amat 67; *fut. sg. 3* amera 3300. — *P. pas. m. sg. sj.* amez 2314, amed 1271.

**Amérement** 2814, *adv.*

[**Amesurer**] *v. proportionner* — *P. pas. m. sg. sj.* amesuré 2098.

**Ami** *s. m. sg. sj.* amis 422, ami 15 *etc.*; *r.* ami 3755 *etc.*; *pl. sj.* ami 194 *etc.*, *r.* amis 12.

**Amie** *s. f. sg.* 378.

[**Amisté**] *s. f. amitié* — *pl.* amistez 1761, 2475.

**Amonester** 3538, *v. admonester.*

[**Ampole**] *s. f. ampoule, fiole* — *pl.* ampoles 2259.

**Amunt** 657, 2652, *adv. amont.*

**Amur** 3, *etc. s. f. amour.*

**An** 6, *etc. s. m.* — *pl. r.* anz 43, 1487, 1489, *etc.*

**Anbedui** 2417, *adj. pl. sj. tous deux.*

**Ancestre** 228, *s. m. pl. sj. ancêtres.*

[**Ancre**] *s. f.* — *pl.* ancres 880.

**Andui**, *voy.* Ansdous.

**Anfermeté** 2269, *s. f. infirmité.*

**Angele**, angle, *s. m. ange. Le premier e de angele ne sert qu'à adoucir le g, qui doit aussi se prononcer comme j dans* angle — *sg. sj.* angeles 3035 (angles), 3717, angele 3020, 3025; *etc.*; *pl. sj.* angele 191, angle 3725. *r.* angles 3715.

**Angle** 1084, *s. m. sg. r. angle.*

**Anguisse** 1448, *s. f. angoisse.*

[**Anguisser**] *v. angoisser, faire souffrir.* — *Ind. pr. sg. 3* anguisse 3504. — *P. pas. m. sg. r.* anguissé 3245.

**Anguissus** 1260, 1383, anguisus 1967, *adj. m. invar. pénible, fatigant* 1260, *plein d'angoisse* 1383, 1967 — *f. sg.* anguisuse 1610.

**Ansdous** *adj. pl. tous les deux* — *sj.* andui 33, 943, 2735. *r.* ansdous ses mains 430.

**Anuit** 2392, *adv. cette nuit.*

[**Apareir**] *v. apparaître* — *Ind. pf. sg. 3* aparut 402.

**Aparriller** 585, appariller 932, *v. appareiller* 932, *préparer, mettre sur la table* 585, 1079, *se préparer* 1798 — *Ind. pr. sg. 3* appareille 1079 — *Subj. pr. sg. 3* s'aparailt 1798 (sa parailz).

**Apel** 3602, *s. m. appel.*

[**Apeler**] *v. appeler* — *Ind. pr. sg. 3* apele 2789, 1642. *pl. 3* apelent 41; *fut. sg. 3* apelerat 3101. — *Impér. pl. 2* apelez 3158. — *P. pas. m. sg. sj.* apelez 1542, apelé 2010; *f. sg.* apelée 1152.

[**Apener**] *v. réfl. se mettre en peine* — *Ind. pr. sg. 3* s'apaine 976.

[**Aperceveir**] *v. apercevoir* —

*Ind. pf. sg. 3* aperceut 624. aperçut 1872. *pl. 3* aperçurent 636.

**Apert** *adj. ouvert.* En apert 212 *ouvertement.*

**Aport** 3232, *s. m. sg. sj.* apport.

**Aporter** 3479, *v. apporter* — *Ind. pr. pl. 1* aportuns 2419. *3* aportent 590 ; *pf. sg. 3* aporta 2697. *pl. 3* aportérent 2856. — *P. pas. m. sg. r.* aporté 2706 ; *pl. r.* aportez 2554.

**Apostle** 558, aposteles 3426, apostre 195, *etc. s. m. pl. sj.* apôtres.

**Apostoile** *s. m. pape* — *sg. sj.* apostoilles 3364, *etc.* apostolles 3373. *r.* apostoile 562.

**Apostre,** *voy.* Apostle.

[**Aprendre**] *v. apprendre* — *Ind. imp. sg. 3* aperneit 101 ; *cond. sg. 1* aprendraie 560.

**Après** *prép.* 312, 696 (apre) *etc.*

**Après** *adv. ensuite.* Cil veit après 143, *etc.*

[**Aprescer**], *voy.* Aprocer.

[**Aprester**] *v. apprêter* — *Ind. pr. sg. 3* s'apreste 142. — *P. pas. m. sg. sj.* apresté 581. 2731 ; *f.* aprestée 2239 (apreste).

**Aprismer** 1624, *v. approcher* — *Ind. pr. sg. 3* aprisme 1745, 2687, apresme 3096.

**Aprocer** 1258, *v. approcher* — *Ind. pf. pl. 2* apresçastes 3629 — *P. pas. f. sg.* aproscée 1607, 1859 (aprosce).

**Arbre** 1871, *s. m. sg. r.*

**Arbreissal** 1467 (arbreissals) arbreisel 1922, *s. m. pl. sj.* arbrisseaux.

**Arc** 1623, *s. m. sg. r.*

**Archangele** 193, *s. m. pl. sj.* archanges ; *cf.* Angele.

**Archer** *s. m. sg. sj.* 1877 *pl. r.* archers 1845.

A<small>RCHITRICLIN</small> 3618, *r., n. prop.* sorti d'une expression mal comprise de l'Ev. de Jean, II, 9.

**Arcidiacne** *s. m. archidiacre* — *sg. sj.* 1211. *r.* 1184.

**Ardanz** *adj. pris substantiv.* malade du feu de saint Antoine ou mal des ardents, sorte de maladie de peau très-répandue au moyen-âge. — *sg. r.* ardant 1307 (ardanz); *pl. r.* ardanz 499.

[**Areisuner**] *v. adresser la parole à* — *Ind. pr. sg. 3* areisune 168 — *P. pas. m. pl. r.* areisunez 3507.

**Arére** 672, 1842, 1890, *adv.* arrière.

**Argent** 74, 267, *s. m. sg. r.*

[**Ariver**] *v. aborder* — *Ind. pf. sg. 1* arrivai 1989 — *P. pas. m. pl. r.* arivez 3464.

[**Armer**] *v.* — *P. pas. m. pl. sj.* armez 3660.

A<small>RRELAIS</small> 1068, *n. prop.* maladroitement tiré du latin Arelatensis.

**Art** 3439, *s. f. sg.*

[**Aruser**] *v. arroser* — *P. pas. f. sg.* arusée 1615.

**As** 271, 571 (al), 3421 (a), 1325, *etc. loc. contr. de* a les, aux.

**Asloant** 1620, *voy.* Halloer.

Asnum 3631, *s. m. sg. r. anon.*

Aspre *adj.* — *m. sg. sj.* 971 ; *f. sg. r.* 720.

Asprement 3280, *adv.*

[Assaier], *voy.* Essaier.

Assaillir 3650, *v.*

[Asseeir] *v. asseoir* — *Ind. pf. sg. 3* assit 386. *pl. 3* assistrent 2726. — *P. pas. m.* assis. *sg.* 155, 2852. *pl.* 2655, 3090.

Assemblée *s. f. réunion de personnes* 2240 (assemble), 2478 (assemble); *réunion, compagnie* 31.

[Assembler] *v.* — *P. pas. m. pl. sj.* assemblé 1164, 2907, assemblez 151.

[Assener] *v. diriger.* — *P. pas. m. sg. sj.* assenez 1256.

Assez 260. asez 605, *adv.*

Assise 3784, *s. f. jugement, session judiciaire.*

[Aster] *v.*, *voy.* Haster.

[Atalenter] *v. plaire, convenir* — *Ind. pr. sg. 3* atalente 3044 (talent); *imp. sg. 3* atalentout 2280.

Atant 564, 2639, etc. *adv. alors.*

[Ateindre] *v. atteindre* — *P. pas. m. sg. sj.* ateint 180.

Atendre 685 (entendre), 3234. *v. attendre* — *Ind. pr. sg. 3* atend 1763, 3085. *pl. 3* atendent 1715; *imp. sg. 3* attendeit 2620; *pf. sg. 3* atendit 1729; *fut. pl. 3* atendrunt 1719. — *Impér. pl. 2* atendez 2426 (entendez) — *P. pas. f. sg.* atendue 3642.

Atenir 2828, *v. abstenir.*

Atente 3532, *s. f.* attente.

[Atevrer] *v. munir, équiper, outiller* — *P. pas. f. sg.* atevrée 1037.

ATHÉNES 23, *n. propre.*

Atisme, *voy.* Altisme.

[Atreire] *v. tirer vers.* Assez i atraient conrei 1578 *amassent des provisions.* Chascun atreit vers sun ostel 1566 *tire vers sa maison, se retire chez soi* — *Ind. pr. sg. 3* atreit 1566. *pl. 3* atraient 1578. — *P. pas. m. sg. r.* atreit 1484 (atreite).

Atreit 2232, *s. m. action d'amener en un lieu.*

Atur *s. m. r. sens plus général que le sens actuel d'atour :* Meisuns bones de grant atur 2208 *de grande apparence.* Il ad feit feire son atur 2608 *il a fait faire ses préparatifs de voyage.*

Aturner 2368, 2729, *v. arranger, préparer* 1804, 2368. *habiller* 1652 — *Ind. pr. sg. 3* aturne 1804. — *Subj. pr. sg. 3* il s'aturt 1825. — *P. pas. m. sg. sj.* aturné 1652. *pl. sj.* aturnez 2353.

Aube 915, *s. f. aurore* — *pl.* aubes 2255, *vêtement blanc de prêtre.*

Auctorité 3486, *s. f.*

Aukes 1597, *adv. quelque peu.* Aukes pensis 156, aukes de bien 560, etc.

[Auner] *v. rassembler, réunir* — *Ind. pr. pl. 3* s'aunent 148 (sanent); *pf. sg. 3* aunad 2772. *pl. 3* s'aunérent 501 (sanerent).

AURELIUS 1185, *n. prop.*

[Aurer] *v. adorer* — *Ind. pr.*

*sg. 1* aur 2084. *3* aure 1488;
*pf. pl. 3* aurérent 34.

Autel 394, *s. m. sg. r.*

Autre, *voy.* Altre.

Autrement 293, *adv.*

Autresi 1739, *adv. voy.* Altresi.

Aval 204, 657, *etc. prép. et adv.* en bas.

Avant 200, *adv.*

[Aveier] *v. mettre dans le chemin* — *P. pas. m. sg. r.* aveié 1053 (auoe).

Aveir 357, 2047, aver 26, 694, 2181, 3071, *v. avoir : employé substantiv. sj.* 2181, 2047, 26, *etc.* — *Ind. pr. sg. 1* ai 119, 986. *2* as 441. *3* ad 45, 133, *etc.* at 1246, *etc.* a 1484, *etc. pl. 1* avum 746, *etc.* avun 1332, *etc.* avuns 750. *2* avez 170, *etc. 3* unt 305, 2729 (um), *etc.* ont 1626 (out·, und 923, *etc.*; *imp. sg. 1* aveie 527, 2097 (auei), *etc. 3* aveit 72, 388, *etc.*; *pf. sg. 3* out 4, 18, 59. 2798 (ou), *etc. pl. 3* orent 158, 679; *fut. sg. 1* avrei 122 (auerei), avrai 1446. *2* averas 286, avras 3072 (aueras). *3* avrad 2446, avra 3000 (auera), 3046 (auera). *pl. 2* averez 735, avrez 232. *3* averunt 192, avrunt 193 (auerunt), 3222 (auerunt); *cond. sg. 1* avreie 3310 (auereie). — *Impér. pl. 2* aez 503, 505, *etc.* aiez 415, *etc.* — *Subj. pr. sg. 3* eit 1268, 2841. *pl. 2* eez 1658. *3* aient 688, 1627 (aueint); *imp. sg. 1* cusse 2516. *3* eust 739 (ust), 1156 (ust), 1862, oust 1863. — *P. pas. m. sg. r.* eu 207, 3257.

Avenir 2959, *v.* — *Ind. pf. sg. 3* avint 99, 387. — *Subj. pr. sg. 3* avenge 3316. — *P. pas. m. sg. sj.* avenut 470, avenud 1176, avenu 961.

Aventure 387, *s. f.* — *pl.* aventures 960.

Aver, *voy.* Aveir.

Avespré 3574, *s. m. sg. r. soir.*

Avis *s. m. invar.* mei est avis 659, *il me semble.*

Avogle 1308, *s. m. sg. r. aveugle.*

Avoglé 498, *s. m. sg. r.* aveugle.

Azur 853, *s. m. sg. r.*


# B

[Bacin] *s. m. bassin* — *pl. r.* bacins 2259.

Bagordinge 887, *s. sg. r.* terme de marine dont nous ignorons la signification. Peut-etre faut-il lire bagardinge, gardinge de bâbord? les gardinges sont les cargues-fonds et les cargues - boulines; *voy.* Jal, *Archéol. nav.* I, 185.

Bailler *v.*, prendre 3270, donner 2246. — *Ind. pr. sg. 3* baille 2246.

Baillie 1393, *s. f.* domination,

[Baillir] *v.* — *P. pas. m. sg. sj.* mal est bailli 1734. *il est mal partagé, mal traité.*

Balaine 3607, *s. f. baleine*

Baltasar 2114, *n. prop. sj.*

Banc 155, 2852, *s. m. sg. r.* — *pl. r.* bans 2262.

[Baptizer] *v.* — *P. pas. m. sg. sj.* baptizez 40, baptizé 2011.

Baratrum 220, *s. m. sg. r.* barathre.

Barbe 947, *s. f.*

Barete 1805 *s. f. tapage, agitation.*

Barné 1646 *s. m. sj. assemblée de barons, de seigneurs.*

Barun *s. m. baron.* — *sg. sj.* barun 3770. *r.* barun 298. — *pl. sj.* barun 2435. *r.* baruns 84, 2849.

Bas *adj. m. sg. sj.* 1639 — *f.* de basse main 19. *d'extraction inférieure.*

Batel 774, *s. m. sg. r. bateau.*

Batre 210, *v. battre* — *Ind. pf. pl. 3* batirent 3654. — *P. pas. m. pl. sj.* batu 3652.

Bealté 728, beuté 325, *s. f. beauté.*

[Beiser] *v. baiser*—*Ind. pf. sg. 3* beisat 1018. — *P. pas. m. sg. r.* beisé 3252, 3708.

Beivre 582, 2995 (beiuer) *v. boire*—*Ind. pr. sg. 3* beit 3002; *imp. sg. 3* beveit 2806; *pf. sg. 3* but 690, 2733, 3372. *pl. 3* burent 593. — *P. pas. m. sg. r.* beu 2735.

Bel *adj.* — *m. sg. sj.* bels 55, bel 169, 2963. (bele), beaus 1765; *pl. r.* bels 1550. — *f. sg.* bele 61, 66 (bel), 387 (bel), 1329 (bel), 3590 (bel), etc. *pl.* beles 63.

Bel 1497, 1472 (bele), 1686, 2466, 1329, *adv. bien.*

Belement 2371, 2719, *adv. bellement.*

Ben 181, *s. m. sg. r. bien.*

Ben 32, 213, 214, 285, 1087 (bene), 3522 (biei) *etc.,* bien 54, *adv.*

Bende 1977, *s. f. bande.*

Benedicite 2430, *mot latin.*

[Beneir] *v. bénir* — *P. pas. f. sg.* beneite 3641.

[Benfeit] *s. m. bienfait* — *pl. r.* benfeiz 1025, 3263.

Bére 1334 *s. f. bière, civière.*

[Berner] *s. m. valet de chiens* — *pl. r.* berners 1588, 1695.

Bernevile, *patrie de l'auteur du poëme* 1039, 3765.

[Berseret] *s. m. chien de chasse* — *pl. r.* berserez 1800.

[Beste] *s. f. bête* — *pl.* bestes 5, *etc.*

Bethanie 3594, *n. propre.*

Bethleem 2111, *n. propre.*

Beuté 325, *s. f. voy.* Bealté.

Bien, *voy.* Ben.

Bis 2146, *adj. m. invar. gris.*

Bisse 1507, 1517, *etc. s. f. biche* — *pl.* bisses 1558.

[Blanc] *adj.* — *m. pl. r.* blans 63 — *f. sg.* blanche 59.

Blamer 85, *v. blâmer.*

Blasme *s. m. blâme* — *sg. sj.* blasmes 2550 (blasme).

Blé 982, *s. m. sg. r.*

Bleis 1167. *n. propre, Blois.*

[Blescer] *v. blesser* — *P. pas. m. sg. sj.* blescé 2089. *r.* 2005; *pl. sj.* blescez 3478 *en parlant de portes en bois.* —

*f. sg.* blescée 806 (blece) *en parlant d'un navire.*

**Blesceure** 452, *s. f. blessure.*

**Bliaut** 1976, *s. m. sg. r. tunique.*

**Bloi** 58, *adj. m. sg. r. blond.*

**Bobance** 2435, *s. f. faste.*

**Boesline** 889 (bocsline), *s. f. bouline.*

**Bois** 1073, *s. m. invar.*

[**Boisser**] *v., se tromper — Ind. pr. pl.* 3 boissent 1603.

**Bon**, *adj. — m. sg. sj.* bons 515, 883. *r.* bon 1057 (bone), *etc* ; *pl. r.* bons 76. — *f. sg.* bone 31 (bon), 33, 1373 (bon), *etc.; pl.* bones 53.

**Bonement** 1274, *adv., bonnement, avec droiture.*

**Borde** 198, 967, *s. f. cabane.*

**Boscage** 1457, boschage 769, *s. m. sg. r. bocage, bois — pl. r.* boscages 1231.

**Boscage** 2300, *adj. sg. f. boisé.*

**Bosuignus** 504, *adj. m. besoigneux.*

**Bozu** 1307, *s. m. sg. r. bossu.*

**Braconer** *s. m. valet de chiens braques — pl. sj.* braconer 1702 (bucoiner), 1793.

**Braire** 721, *v. crier, en parlant des hommes* 2913, 2926; *en parlant des animaux* 1738; *faire du bruit, en parlant des choses inanimées* 782 — *Ind. pr. sg.* 3 brait 782, 2926. *pl.* 3 braient 1738.

[**Branche**] *s. f. — pl.* branches 1512.

**Bras** 896, *s. m. invar., terme de marine.*

**Braz** *s. m. invar.* bras — *pl. r.* 2650 (brace).

**Bref** 3690 *s. m. sg. r. lettre — pl. r.* brefs 2419, 2554 (brer), brés 2350 (bref).

**Bref** 2030, *adj. m. sg. r. — f. sg.* bréve 118.

**Brefment** 3590, *adv. brièvement.*

**Bricun** 307, *s. m. sg. r. fou, follement prodigue*

[**Brutun**] *s. m. Breton — pl. r.* Brutuns 2850.

**Buce** 774, *s. f. sorte de navire.*

**Buche** 61, 1893, *s. f. bouche.*

**Bucher** 1637, *v. fouiller le bois.*

**Buffei** 1295, *s. m. sg. r. hauteur, vanité*

[**Buffeter**], *v. souffleter — Ind pf. pl.* 3 buffetèrent 3654.

**Buissun** 197, 328, *s. m. sg. r. buisson — pl. sj.* buissun 1466 (buissuns).

**Bunté** 326, *s. f. bonté.*

[**Burel**], *s. m. bureau, grosse étoffe de laine — pl. r.* burels engleis 1648.

[**Burg**], *s. m. bourg — pl. r.* burs 266.

**Burgeis**, *s. m. invar. bourgeois — sg. r.* 1054; *pl. sj.* 757.

**Burguigne** 1544, *n. prop. Bourgogne.*

**Busuigne** 2546, *s. f. besogne, affaire.*

[**Busuigner**], *v. besogner avec*

*le sens de falloir, faire besoin — Ind. pr. sg. 3* busuigne 1130.

[Buter] *v. bouter, pousser — Ind. pr. sg. 3* bute 791 *— P. pas. m. sg. r.* buté 668.

Butiller 2693, *s. m. sg. r. bouteiller, sommelier.*

## C

Ça 226, 964 *etc. adv. çà. —* De ça 28, *loc. adv. en deça.*

Çaenz 2947, *adv. ici dedans.*

Cana 3616, *n. prop.*

[Candeler] *s. m. chandelier — pl. r.* candelers 2257.

Canel 854, *s. m. sg. r. cannelle.*

Car 1246, 3094, *conj., voy.* Kar.

[Caver] *v. creuser — P. pas. sg. f.* cavée 1463.

Ce, *voy.* Ço.

Cel *pron. démonst. ce, celui — m. sg. sj.* cil 133, 1974 (e il), *r.* cel 178, *etc.; pl. sj.* cil 215, *r.* cels 225, *etc. — f. sg.* cele 57, 1675 (cel), 1864 *etc.*

Cel 1305, 2989 *etc.* ciel 2129, *s. m.*

Celée *s. f. action de celer —* a celée 14, 2157 *en cachette.*

Celer *s. m. cellier — sg. r.* 2206, *pl. sj.* 591.

Celer 358, 3133, *v. cacher — P. pas. m. sg. r.* celé 3111.

Celestre 227, 3075 *adj. des deux genres, céleste.*

[Cendal] *s. m. sorte d'étoffe de soie — pl. r.* cendals 267, 2146, 3206. cendaus 849.

Cent 149, *adj. numér.*

[Cercher] 1638, *v. chercher.*

[Cerf] *s. m. — pl. r.* cers 1233, cerfs 1586.

Cerfoill 1266, *s. m. cerfeuil.*

Certainement 3003 (certainent), 3335, certeinement 1181, *adv.*

Certes 199, *adv.*

Cesaries 1063, *n. propr. Césaire, évêque d'Arles.*

Cesser 3494, *v. — Ind. pr. sg.* 2 cesses 288. *3* cesse 1146. *— Impér. sg.* 2 cesse 2937. *pl.* 2 cessez 3449.

Cest *pron. démonst.* ce, cet *— m. sg. sj.* cist 24, 1286, 2018. *r.* cestui 144, 443; *— f. sg.* ceste 331, 2008 (cest), 2135 (cest), 3155 (cest), 3337 (cest), *etc.*

Chaelet 1795, *s. m. sg. sj. dim. du dim.* chael, *petit chien, mais pris dans le sens général de chien.*

Chaer 466, *v. choir — Ind. pr. sg. 3* chet 672; *pf. pl. 3* chairent 2954 *— P. pas. m. pl. sj.* cheeit (cheit) 1378.

[Chaere] *s. f. chaire — pl.* chaeres 2262.

Chaitif, cheitif, *adj. malheureux — m. sg. r.* chaitif 2951. cheitif 102. 2950. *pl. r.* chaitifs 2132. cheitis 1137. *— f. sg.* cheitive 1126.

Chaleir 301, *v. impers. préoccuper, soucier, avec la chose au sujet et la personne au datif — Ind. pr. sg. 3* chaut 741, 3136 (chant.

[Chalemeler] v. jouer du chalumeau — Ind. pr. sg. 3 chalemele 634.

Chalt 1606, s. m. sg. r. chaud.

Chamberlenc s. m. valet de chambre — sg. sj. chamberleins 662, 670. chamberlencs 2752 (chamberlenes), 2767. chamberlenc 624; r. chamberlenc 2764.

Chambre 604, s. f.

Champ 2884 (champe), s. m. sg. r.

[Changer] v. — Subj. imp. sg. 3 changast 1476 — P. pas. m. sg. sj. changé 2012.

Chanoine 3721, s. m. sg. r.

Chant 3733, s. m. sg. r.

Chanter 2242, v. — Ind. imp. pl. 3 chantouent 3648. — P. pr. m. sg. r. chantant 3583.

[Chape] s. f. manteau de prêtre officiant — pl. chapes 2256.

Chapele 2465, 2501, 3085. chapelle 2427, s. f.

[Chaperun] s. m. chaperon, capuchon de moine — pl. r. chaperuns 2560.

Chapitre s. m. sg. r. 2206 salle où se réunissent les moines; 2491 assemblée de moines.

Char, voy. Charn.

Chareter 2363, adj. m. sg. r. charretier, carrossable.

Charger 625, 3269, v. — P. pas. m. sg. sj. chargé 2099, 3162.

Charitage 2299, s. m. sg. r. acte charitable.

Charité 831, s. f. charité, amour, affection.

CHARLEMAINE n. prop. Charlemagne — sg. sj. Charlemaines 3195. Charlemeines 3237. Charlemaine 2541, 3202. r. Charlemeine 3005 (Charlemein).

CHARLE n. prop. — sg. sj. Charles 3147. r. Charlun 1547.

Charn 59, 134. char 2092, s. f. chair.

Chartre 2306, s. f. charte, lettre — pl. chartres 2419.

Chascer 1567, v. chasser — Ind. pr. pl. 1 nus chascum 1909 — P. pr. chasçant 1619; pas. m. sg. r. chascé 1778. f. chascée 1731.

[Chasceur] s. m. cheval de chasse — pl. r. chasceurs 1900.

[Chascun] pron. chacun — m. sg. sj. chascuns 1798. chescuns 1804. checuns 2552.

[Chasse] s. f. châsse — pl. chasses 2257.

Chaste adj.—m. sg. sj. chastes 1758; f. sg. chaste 30, 1431.

Chastement 1003, adv.

[Chastier] v. châtier — Ind. pr. pl. 3 chastient 279 — P. pas. m. sg. r. chastié 1408. f. chastiée 1732.

[Chasuble] s. f. — pl. chasubles 2255.

Chatel 2645, s. m. sg. r. château — pl. r. chastels 266.

[Chauce] s. f. chausse — pl. chauces 665.

Chaucer v. chausser — P. pas. m. sg. sj. chaucé 2759, 2909.

**Chaut** *adj. m. sg. r. chaud.* chaut pas 943 *loc. adverb. d'un pas animé, vivement.*

**Chauz** 2233, *s. f. chaux.*

**Checuns,** chescuns, *voy.* Chascun.

**Chef** *s. m. chef, tête* — *sg. r.* chef 58, 344. *pl. r.* chés 2559 — *Al* chef de tur 10 *à la fin.* De chef en chef 3146 *d'un bout à l'autre.*

**Chemin** 178, *s. m. sg. r.*

**Chemise** 2758, *s. f.*

**Chen** *s. m. chien* — *sg. sj.* chen 1624. *r.* chen 1710; *pl. sj.* chen 1640. *r.* chens 1551. — fois chens 1846, 1588 *chiens courants.*

**Cher** 3 *etc. adj. m. sg. r.*

**Cherir** 2318, *v.* — *P. pas. m. sg. r.* cheri 1218, 3182.

**Cherté** 41, 68, *s. f. affection, charité.*

**Chés** 1054, 1076, *prép. chez.*

**Cheval** *s. m. sg. r.* 644, 3269 — *pl. r.* chevals 268. chevaus 75.

**Chevalcher** 2367, 2738, *v. chevaucher* — *Ind. pf. pl.* 2 chevauchates 3631 — *P. pas. m. sg. r.* chevalché 3246, 3459.

**Chevaler** *s. m. chevalier* — *pl. sj.* chevaler 2785. chevalers 258.

**Chevoil** 600, *s. m. sg. r. cheveu* — *pl. r.* chevols 675.

**[Chevrol]** *s. m. chevreuil* — *pl. r.* chevrols 1558.

**Chiminée** 2728, *s. f. cheminée.*

**Chive** 1264, *s. f. oignon.*

**Chois** 1582, *s. m. invar. choix.*

**[Choisir]** *v. apercevoir, voir* — *Ind. pf. pl.* 3 choisirent 2941.

**Chose** *s. f.* 114, 2453, 3065.

**[Choser]** *v. gronder* — *P. pas. f. sg.* chosée 1732.

**Ci** 359 *etc. adv. ici.*

**[Ciclatun]** *s. m. espèce d'étoffe* — *pl. r.* ciclatuns 850, 1650, 3206.

**Ciel,** *voy.* Cel.

**Cinc** 2296, *cinq.*

**Ciprès** 3423, *s. m. invar. cypres.*

**Cité** 23, *s. f.*

**Citeein** 755, *s. m. pl. sj. citoyens.*

**[Clamer]** *v. appeler avec ferveur, invoquer* — *Ind. pr. sg.* 3 cleime 2502.

**Cler** *adj. clair* — *m. sg. sj.* cler 876. *r.* 1479; *f. pl.* cléres 61.

**[Clerc]** *s. m.* — *pl. r,* clers 2241.

**Clergie** 3721, *s. f. réunion de clercs.*

**[Cliner]** *v. neutre et actif, s'incliner, baisser, saluer* — *Ind. pr. sg.* 3 clinet 1329 (cline). Cline a l'autel 394 *s'incline devant l'autel.* Cline 2430 *s'incline.* Cline l'oreille 1725 *baisse l'oreille.* Le cline 2824 *le salue. pl.* 3 clinent 2559.

**[Cloer]** *v. clouer* — *P. pas. m. sg. r.* cloé 885.

**[Clorre]** *v. fermer* — *Ind. pr. sg.* 3 clot 3713.

**[Clou]** *s. m.* — *pl. r.* clous 203.

Ço 10 etc. etc. pron. démonstr. neutre. ce, cela. non élidé : ço ert 35. ço est 80 etc. ne s'élide que très-rarement : c'est merveille 116. si c'est 1780 — Pur ço 336 pour cela, c'est pourquoi. Ço dit 823 c'est-à-dire.

Coc 3583, s. m. sg. r. coq.

[Coillir] v. cueillir, ramasser 1485, 2754. choisir 2355 — Ind. pr. sg. 3 coilt 1485. pl. 3 coilent 2355 — P. pas. m. sg. r. coilli 2754.

[Cointe] adj. instruit, avisé — m. pl. r. cointes 2352.

Col 1725, 2095, s. m. sg. r.

[Colle] s. f. habit de moine porté par dessus la tunique et couvrant la tête et les épaules — pl. colles 2260 (cofles).

Colur 170, s. f. couleur.

[Colurer] v. colorer — P. pas. m. sg. sj. coluré 1472.

[Comander] v. commander, recommander — Ind. pr. sg. 1 comand 3447. 3 comandet 580 (comande). comande 1618; pf. sg. 2 comandas 2984. 3 comandat 3710. comanda 2711 — P. pas. m. sg. r. comandé 679, 2994; pl. sj. comandé 3420.

Comant 2217, s. m. sg. r. commandement.

[Combatre] v. combattre. Se conjugue avec être à la forme réfléchie comme le simple batre — P. pas. m. sg. sj. combatu 999, 2883.

Començail 3531, s. m. sg. r. commencement.

Comencement 2981, s. m. sg. r. commencement.

Comencer 2234, v. commencer — Ind. pr. sg. 3 comencet 482. comence 342; pf. sg. 3 començad 1480. començat 2799. pl. 3 comencérent 1630 — P. pas. m. sg. r. comencé 1637.

Coment 287, 1982, 3121, adv. comment.

Commandement 584, s. m.

Communement 502, adv. à la fois.

Compaignie 865. compainie 234, s. f. compagnie.

Compaignun s. m. compagnon — pl. sj. compaignun 308, 1318. r. compaignuns 1043.

Conduire 3753, v. — Ind. pr. sg. 3 conduit 1215; imp. sg. 3 conduieit 638 ; fut. sg. 3 conduira 3436 — Impér. pl. 2 conduiez 3700 — Subj. pr. sg. 3 conduie 3771.

Conduit 2396, s. m. sg. r. guide.

Conduiur 3699, s. m. sg. voc. conducteur, guide.

Confermement 3393 (conferment), s. m. sg. r. confirmation.

Confermer v. confirmer — Subj. pr. pl. 2 confermez 3391 — P. pas. m. sg. sj. confermé 42. r. 2304.

Confès 3546, 2347, adj. m. invar. confès, confessé.

Confession 3048. confessiun 3160, s. f.

Confort s. m. sg. r. 436. voc. sg. 3287.

Conforter 2278, 2799, v. Employé substantiv. 437. — Ind. fut. sg. 3 conforterad 3570.

Congé 375. cungé 1030, *s. m.*

Conjuratiun 2920, *s. f. conjuration pour chasser le malin esprit.*

[Conjurer] *v.* — *Ind. pr. sg.* 3 conjure 2163.

Conquere 698, *v. conquérir* — *Ind. pr. pl.* 2 conquerrez 2887.

[Conreer] *v. fournir à l'entretien, équiper* — *P. pas. m. sg. sj.* conreez 1822 (conreiez). *r.* conreé 1055 (conreié).

Conrei 581 *etc. s. m. sens assez vague de : moyens de subsistance* 1245, 1270; *nourriture* 736; *équipement* 1804 — *sg. sj.* conrei 581. *r.* 1245; *pl. r.* conreiz 76.

Conscience 843, *s. f.*

Conseil 295, 562. conseill 564. consell 2503, *s. m. sg. r.* — *pl. r.* conseilz 2540.

[Conseiller], consailer, 2870 *v. conseiller, tenir conseil, parler en secret,* — *Ind. pr. pl.* 3 conseillent 2049; *imp. sg.* 3 conseillout 1274; *fut. sg.* 3 conseillerad 3569 — *Impér. sg.* 2 conseilez 432. *pl.* 2 conseillez 554, 3294 — *P. pas. m. sg. sj.* conseillez 1354.

[Consentir] *v.* — *Ind. pr. sg.* 3 consent 872.

Contenement 687, 1016. conteinement 3086, *s. m. sg. r. conduite.*

[Contenir, se] *v. réfl. se conduire* — *Ind. pr. sg.* 2 te contens 293; *fut. sg.* 1 me contendrai 1426 — *Impér. sg.* 2 conten 296.

[Contrallier] *v. contrarier* — *P. pas. m. pl. r.* contralliez 861.

Contre 449. cuntre 3250, *prép. contre, au devant de.*

Contrée 13 *etc. s. f.*

Contreit *s. m. perclus* — *sg. sj.* 107. *r.* 146; *pl. r.* contreiz 275. contraiz 1223.

[Conuistre] *v. connaître, reconnaître* — *Ind. pr. sg. 1* conuis 3153. *3* conuist 2443; *pf. sg.* 3 conut 1046. conuit 1289; *fut. pl.* 2 conusterez 2302 (conustrez) — *Impér. sg.* 2 conuis 3110 — *P. pas. m. sg. r.* coneu 2683. conu 766.

[Conveier] *v. convoyer, accompagner* — *Ind. pr. sg.* 3 conveie 2356. *pl.* 3 conveient 1044 (coueient); *pf. sg.* 3 conveat 3238.

[Convenir] *v.* — *Ind. cond. sg.* 3 convendreit 3344.

Convers 1953, *s. m. invar. manière de vivre.*

Converser 973, 3517, *v. habiter, demeurer, vivre avec* — *Ind. pr. sg.* 3 converse 495 — *P. pas. m. sg. r.* conversé 558.

[Cooing] *s. m. coing* — *pl. r.* cooinz 1925 (coinz).

Cop 1886, *s. m. sg. sj. coup.*

[Corde] *s. f.* — *pl.* cordes 933.

Corn 1893, *s. m. sg. r. cor.*

Corner 1638, *v. sonner du cor* — *Ind. pr. sg.* 3 corne 633 — *P. pr.* cornant 1704.

[Cornu] *adj.* — *f. pl.* cornues 1235.

Corporelment 3681, *adv. corporellement.*

Cors 325, 3714, 3739 *etc. s. m. invar. corps.* Vein out le quor *(cœur)*, le cors *(corps)* pesant 3588.

Corune 205, *s. f. couronne.*

[Coruner] *v. couronner — Ind. pf. pl. 3* corunérent 3653 — *P. pas. m. sg. sj.* coruné 3738.

[Costeer] *v. côtoyer — P. pr.* costeant 1242.

[Costet] *s. m. côté, partie latérale de la poitrine — pl. r.* costez 64.

Cote 129, 243, *s. f. cotte.*

[Coveiter] *v. convoiter, désirer — Ind. pr. sg. 3* coveite 2344. *pl. 3* coveitent 882 — *P. pas. f. sg.* coveitée 3076 (coueite).

[Covenir] *v. convenir, falloir — Ind. pr. sg. 3* covent 827, 3127.

Covent *s. m. réunion de religieux, couvent — sg. sj.* covenz 2557. *r.* covent 3706.

Coventer 2244, *v. mener en commun la vie religieuse.*

Covertement 14, *adv. couvertement.*

Covrir 3114, *v. couvrir, cacher — Ind. pf. sg. 3* covri 1485.

Creance 472, 2811, *s. f. croyance.*

Creatur 2083, *s. m. sg. voc. créateur.*

Crede 2456, *mot latin.*

Creire 1103, 3120, *v croire — Ind. pr. sg. 1* jo crai 1406. crei 3297. *3* creit 1488; *imp. sg. 3* creeit 1757; *fut. sg. 2* crerras 3143; *cond. sg. 1* crereie 3142 — *Impér. sg. 2* crei 295.

Creis 2293, 2298, *s. m. invar. accroissement.*

[Creistre] *v. croître — Ind. pr. sg. 3* crest 939. creist 2515.*pl. 3* croissent 134 ; *imp.sg 3* creisseit 1264; *pf. sg. 3* crut 689 — *P. pas.m.sg.sj.*creu 44.

Crem 2904, *s. m. sg. r. crainte.*

[Crembre] *v. craindre — Ind. pr. sg. 1* crem 2522, 2904. *3* il se crent 766, 2346. *pl. 3* crement 2600.

Crestien *s. m. chrétien — sg. sj.* crestiens 3119. crestien 882, 3118.

Crestienté 557. cristienté 3465, *s. f. chrétienté.*

[Crever] *v. — Ind. pr. sg. 3* Al quint jur si cum l'aube créve 915 (crue) *au cinquième jour comme l'aube apparaît.*

Cri 135, *s. m. sg. r.* — a un cri 459 *tous d'une voix* — *pl. r.* criz 511.

Criée 703 (crie), *s. f. action de crier.* 1721 cris.

[Crier] *v. créer — Ind. pf. pl. 2* criastes 3682.

Crier 143, *v. crier — Ind. pr. sg. 1* cri 2836. *3* crie 434. *pl. 3* crient 459; *pf. pl. 3* crièrent 502 — *Impér. pl. 1* crium 2818.

Cristienté, *voy.* Crestienté.

Croiz 186, *s. f. croix* — Seinte Croix 2910, *cathédrale d'Orléans.*

[Cru] *adj.* — *f. pl.* crues 6.

Crucifier 209, *v.*

Cruel *adj. m. sg. sj.* 92, 95.

[Cruicer] *v. croiser — Ind. pr. sg. 3* cruice 3711.

**Cucher** 1689, 2771 *etc.* chucher 605, *v. coucher* — *Ind. pf. sg. 3* chuchad 2773 — *P. pas. m. sg. sj.* cuché 607, 2756.

**Cui**, *voy.* Ki.

**Culpe** 2220, *s. f. faute.*

**Cum** 137, 188, *etc.* cume 59, 296. *conj. comme* — cum feit, quel, *littér. comment fait* : Cum feit respuns il lur dirat 343 *quelle réponse il leur fera.* cum faitement, *comment* : Cum faitement me contendrai ? 1426 *comment me conduirai-je ?*

**Cumben** 978. cumbien 1959, *adv. combien.*

**Cume**, *voy.* Cum, *qui est employé beaucoup plus souvent.*

**Cunte** *s. m. comte* — *sg. r.* cunte 299 ; *pl. r.* cuntes 2849.

**Cunte** 3359, *s. m. sg. r.* conte.

**Cunté** 1476, *s. m. sg. r. comté.*

**Cunter** 1809, *v. conter, raconter* — *Ind. pr. sg. 3* cunte 1015 — *P. pr.* cuntant 995 ; *pas. m. sg. r.* cunté 1163.

**Cuntre**, *voy.* Contre.

**Curage** 2879 *etc. s. m. sg. r. cœur, âme.* Meis Deus set assez sun curage 260 *connaît assez le fond de son cœur.* Li reis.... en sun curage se purpense 2339.

**Cure** 72, 2212, 1061 (cur), *s. f. soin, souci.*

**Cure** 1640, *v. courre, courir* — *Ind. pr. sg. 3* curt 1384. *pl. 3* current 901 ; *imp. pl. 3* cureient 1735 (curent) ; *pf. sg. 3* curut 204. currut 1482 — *Impér. sg. 2* cur 1202 — *P. pr.* curant 1796 ; *pas. m. sg. r.* curu 962, 1672.

**Curecer** 1740, *v. se courroucer* — *P. pas. m. sg. r.* coruscé 172 ; *pl. sj.* curucez 1747.

**Curius** 3536, *adj. soucieux.*

**Curlius** 656, *s. m. pl. r. courriers.*

**Curs** 911, *s. m. invar. cours, sens de course, voyage.*

**Curt** 1646, 3075, *s. f. cour.*

**Curt** *adj. court* — *m. sg. sj.* curz 1639. *r.* curt 286.

**Curteier** 2517, *v. vivre à la cour.*

**Curteis** *adj. m. invar. courtois* 137, 1300. *ceux qui font partie de la cour d'un seigneur* 756, 758 — *f. sg.* curteise 353.

[**Curtine**] *s. f. courtines, tentures* — *pl.* curtines 2261.

**Curuz** 336, *s. m. invar. courroux.*

**Cusine** 2688, *s. f. cuisine.*

[**Custer**] *v. coûter* — *Ind. pf. sg. 3* custat 628.

**Custumer** 663, *adj. m. sg. sj. coutumier.*

# D

[**Dalmatike**] *s. f. dalmatique* — *pl.* dalmatikes 2256.

**Damage** 2880, *s. m. sg. sj. dommage.*

**Dame** 1099, *s. f.*

**Dameisel** 2624. damoisel 1718, *s. m. jeune noble, jeune serviteur à la cour* — *sg. r.* dameisel 2624 ; *pl. sj.* damoisel 1718. *r.* damoisels 56. damosels 1802.

**Dameisele** 351, *s. f.* demoiselle.

**Damerdeu**, *voy.* Dampnedeu.

**Damoisel**, *voy.* Dameisel.

**Dampnatiun** 3292, 3604, *s. f.* damnation.

**Dampnedeu** *s. m. sg.* Dieu notre Seigneur — *sj.* Dampnedeus 1520. *voc.* Dampnedeu 553, 2104. Damerdeu 1425 (damurdeu).

[**Dampner**] *v.* damner — *P. pas. m. pl. sj.* dampné 3106. dampnez 219.

**Dan** *s. m.* dom, seigneur, titre mis devant un nom ou une qualité. Danz abes 2565, Danz Joseph 3657 *le seigneur abbé, le seigneur Joseph* — *Sg. sj.* danz 2565, 3657. *r.* dan 3618.

DANIEL 3601, *n. propre.*

**Danter** *v.* employé *substantiv.* 2094, *dompter.*

DAVID 3640, *n. propre.*

**De** 7, 8, 10, 13 *etc. prép.* de grant parage 7. al chef de tur 10. *L'e élidé en général devant une voy.* : D'un dulz escrit 1 (De). riche de terre e d'eritage 8.

**Dé**, *voy.* Deu.

[**Debaier**] *v.* aboyer — *Ind. pr. pl. 3* debaient 1742.

**Debriser** 2555, *v.* briser.

[**Debuter**] *v.* renvoyer — *Ind. pr. sg. 3* debute 544.

**De ça** 28, *loc. adverb.* deça.

[**Deceveir**] *v.* décevoir — *P. pas. m. pl sj.* deceu 3664.

[**Decharger**] *v.* — *P. pas. m. sg. sj.* dechargé 3180.

**Dechascer** 778, *v.* terme de mar. chasser, être entraîné.

[**Decirer**] *v.* déchirer — *P. pas. m. pl. sj.* decirez 1934.

**Dedenz** 23, *prép.* dans.

[**Dedier**] *v.* — *P. pas. m. sg. sj.* dedié 3313.

**Dedoire** [se] 1808, *v.* se divertir.

**Dedoit** 2274. deduit 2866, *s. m. sg. r.* déduit, plaisir, délassement — *pl. r.* dedoiz 1550.

**Defeit**, *voy.* Desfeit.

**Defendre** 686, 3233, *v.* — *Subj. pr. sg. 3* defende 379. desfent 3793. defent 462.

[**Defigurer**] *v.* — *P. pas. m. sg. sj.* defigurez 396.

**Definement** 2982, *s. m. fin.*

[**Degré**] *s. m.* — *pl. r.* degrez 1281.

**Deguaster** 282, *v.* ruiner, détruire. Ne deguaster issi t'onur *ne ruine pas ainsi ton domaine.*

[**Deguerpir**] *v.* abandonner — *P. pas. m. sg. r.* deguerpi 1014.

**Deheité** 171, *adj. m. sg. sj.* chagrin, triste, le contraire de heité.

**Dehors** 2270, *adv.*

**Dei** 1841, *s. m. sg. r.* doigt — *pl. r.* deiz 63.

[**Deim**] *s. m.* daim — *pl. r.* deims 1233. deins 1557.

**Deis** 1647, *s. m invar.* table à

*manger.* Meistre deis 2861 *table principale où se plaçait le maître de la maison avec les personnes qu'il voulait honorer.*

**Deité** 2993, *s. f. terme de théologie : divinité.*

**Dejuste** 3379, *prép. près de.*

**Del,** *voy.* Le.

**Delit** 73, *s. m. sg. sj. plaisir.*

**Deliter,** se 537, *v. trouver son plaisir* — *Ind. pr. pl. 3* delitent 536.

**Delivrer** 3600 *v. délivrer.* 2660 (deliuerer) *apprêter promptement.*

**Demain** 120. demein 1801, *adv.*

**Demander** 2695, 3185, *v.* — *Ind. pr. sg. 1* demant 996 (demande). demande 2041. *3* demandet 2412. demande 113, 3253. *pl. 2* vus demandez 1982. *3* demandent 708 — *P. pas. m. sg. r.* demandé 2329.

**Demaneis** 2071, *adv. sur le champ.*

**Demein,** *voy.* Demain.

[**Demeine**] *adj. particulier, qui appartient en propre* — *f. sg.* de meine 3371. En sa demeine chambre jut *il coucha dans la propre chambre du pape.*

[**Demener**] *v. conduire, mener* — *Ind. pr. pl. 3* demeinent 723; *pf. pl. 3* demenérent 752 — *P. pas. m. sg. r.* demené 1089. *f.* demenée 704.

**Dementer** 125, desmenter 674, *v. se désoler, être comme fou* — *Ind. pr. sg. 3* se demente 514, 2979 — *P. pas. m. sg. sj.* desmenté 3285.

**Dementers** 1415 *conj. pendant que.*

**Demurer** 122, *v. demeurer, retarder. employé substantiv.* le demurer 364 — *Ind. pr. sg. 3* demure 1528. demore 3188 ; *pf. sg. 3* demurat 96, 253. *pl. 3* demurérent 1699 — *Impér. pl. 2* demurez 1764 — *Subj. pr. sg. 3* demurge 2603 — *P. pas. m. sg. r.* demuré 1654. demoré 3189.

[**Demustrer**] *v. démontrer, faire voir* — *Impér. sg. 2* demustre 443, 439. *pl. 2* demustrez 1399 (demustre) — *P. pas. m. sg. r.* demustré 463.

**Dener** 734, 3225, *s. m. denier.*

**Denis** 2421, *n. propr.* Charles li reis de Seint Denis 2473.

[**Dent**] *s. f.* — *pl.* cléres les denz 61.

**Departir** *v. diviser, partager* 2176. *s'en aller* 2865. *employé substantiv.* 2096 — *Ind. pr. sg. 3* depart 270. *pl. 3* departent 2865, 3240; *pf. sg. 3* departi 277.

**Depecer** 1976, *v.* — *P. pas. m. pl. sj.* depecez 1934.

[**Depreier**] *v. prier* — *Ind. pr. sg. 3* deprie 1613 ; *imp. sg. 3* depreiout 1506 — *Impér. sg. 2* depreie 461 (depreiez). *pl. 1* depreium 3755 — *Subj. pr. sg. 3* depreie 3757 — *P. pas. m. sg. r.* depreié 796, 2901.

**Derein** 190, *adj. m. sg. r. dernier.*

[**Deruer**] *v. précipiter* — *Ind. pr. pl. 3* deruent 1742.

**Des** *prép. dès.* des or 1228 *loc. adv. depuis lors.*

[**Descendre**] *v.* — *Ind. pr. sg. 3* descent 3025. *pl. 3* descendent 1716. decendent 2647

— P. pas. m. sg. sj. descenduz 1837. descendu 1904.

Deschaucer 606, v. déchausser.

Descoluré 1930. desculuré 104, adj. altéré de couleur, pâle.

[Desconseiler] v. déconcerter — P. pas. m. sg. r. desconseilé 292 (desconseilez).

[Descopler] v. découpler — Ind. pf. pl. 3 descuplérent 1720 — P. pas. f. sg. descoplée 1594.

[Descorder] v. décorder, lâcher la corde de l'arc — Ind. pr. sg. 3 descorde 1882.

Descovrir 350, v. découvrir — P. pas. m. sg. sj. descovert 2672.

[Descreistre] v. décroître — Ind. fut. sg. 3 descreitra 3302.

[Desemfler] v. désenfler — P. pas. m. pl. sj. desemflez 450.

Desert 1487, s. m. sg. r. — pl. r. deserz 1231.

Deserte 3072, s. f. salaire mérité. Senz deserte 3676 sans l'avoir mérité.

Desertine 1462, s. f. désert.

[Deservir] v. mériter — Ind. pr. sg. 1 deserf 2045 — P. pas. m. sg. r. deservi 2008.

Desesperer 1788, v. — Impér. pl. 1 desesperum 2817 — P. pas. m. sg. sj. desesperez 1676.

[Desestre] v. manquer — Ind. imp. sg. 3 desesteit 3254.

Desevrer 1318. 3239 (deseuerer), v. séparer. employé substantiv. 1449 — Ind. pf. pl. 3 desevrérent 3454 — P. pas. m. pl. sj. desevrez 1315 (deseuerez). desevré 3105 de- (deseuere).

Desfeit 108, adj. défait. employé substantiv. 1306 malade — m. sg. r. desfeit 108, 1306. pl. r. defeiz 276.

Deshoser 1684, v. enlever les heuses (bottes), débotter.

Desirer v. employé substantiv. 121 — Ind. pr. sg. 3 desire 2482.

Deske 3692, prép. jusqu'à.

Dès ke 750, etc. conj. dès que.

Desmenter, voy. Dementer.

Desmentir 3138, v. démentir.

[Despendre] v. dépenser — P. pas. m. sg. r. despendu 1337.

Despense 2340, s. f. dépense.

Despenser 2692, s. m. sg. r. dépensier, qui a soin des provisions de bouche.

[Despire] v. mépriser — Impér. pl. 2 despisez 1396.

Despit 74, s. m. sg. r. mépris.

[Despuiller, se] v. réfl. se dépouiller — Ind. pf. sg. 3 se despuilla 130.

[Desramer] v. déchirer — P. pas. m. pl. sj. desramez 1933.

[Desrompre] v. se briser — Ind. pr. sg. 3 desront 792 (desirout).

[Destolir, se] v. réfl. se dérober — P. pas. m. sg. sj. destoleit 1206. f. destoleite 1876.

[Destraindre, se] v. réfl. — P. pas. m. sg. sj. destreit 3282. Del vivre s'est assez destreit il s'est resserré, restreint dans sa manière de vivre.

**Destre** 224, 2651, *adj. f. sg. droite.*

**Destreit** 3627, *s. m. sg. r. contrainte* — *pl. r.* destreiz 1592 *détroits, endroits resserrés de la forêt.*

**Destructiun** 2593, *s. f. destruction.*

[**Destruire**] *v. détruire* — *Ind. pf. sg.* 2 destrusis 3288 — *P. pas. m. pl. sj.* destruit 314.

**Desturber** 2864, *v. troubler, détourner. employé substantiv.* 546, 2521 — *P. pas. m. sg. r.* desturbé 3578.

**Desur** 2304, *prép. sur.*

**Desus** 930, *prép. sur.*

**Desus** 938, *adv. au dessus.*

**Desverie** 477, *s. f. folie.*

**Detenir** 2685, *v. retenir.*

[**Detirer**] *v.* — *Ind. pr. pl.* 3 detirent 3556.

**Detortre** 722, *v. tordre* — *Ind. pr. sg.* 3 detort 675.

**Deu, Dé** *s. m. Dieu* — *sg. sj.* Deus 97 *etc.*, Deu 37 *etc. r.* Deu 34 *etc.* Pur Deu 2179. Pur Deu amur 2216. Par amur Deu 3766. Dé 1362 *etc.* Pur Dé amur 2164.

**Deus**, *voy.* Dous.

**Devant** 105, *prép.*

**Devant** 1287, *adv. auparavant.*

[**Deveir**] *v. devoir* — *Ind. pr. sg.* 1 dei 474. 2 deis 3014. 3 deit 144. dait 1406. *pl.* 1 devum 1941. 2 devez 3417; *imp. sg.* 3 deveit 1943. *pl.* 2 deviez 1663. 3 deveient 2317, *pf. sg.* 3 dut 1290, 2765; *cond. sg.* 1 devreie 3537 — *Subj. imp. sg.* 1 deuisse 3414. *pl.* 2 deussez 2895.

[**Devenir**] *v.* — *Ind. fut. pl.* 1 devendrum 747 — *Impér. sg.* 2 deven 329 — *P. pas. m. sg. sj.* devenu 302. *f. sg.* devenue 173.

[**Devestir, se**] *v. réfl. se déshabiller* — *Ind. pf. sg.* 3 se devesti 2788.

**Deviser** 3399, *v.*

**Devotement** 2784, *adv.*

**Di** 2310 *etc. s. m. sg. r. jour.*

**Diable** *s. m.* — *sg. sj.* diables 998. diable 380.

[**Diape**] *s. m. drap à fleurs* — *pl. r.* diapes 851.

**Diemeine** 2905 *s. m. dimanche.*

**Digne** *adj. m. sg. r.* 2044 — *m. sg. sj.* dignes 3023.

**Dignement** 3001, *adv.*

**Digner**, *voy.* Disgner.

**Dire** 1678, *v.* — *Ind. pr. sg.* 1 di 471. 3 dit 89. *pl.* 2 dites 347. 3 dient 93; *imp. sg.* 1 disaie 3141. 3 diseit 3139. *pl.* 3 diseient 1178; *pf. sg.* 3 dist 168, 822, 3272; *fut. sg.* 1 dirrai 2 *etc.* dirai 2183. 3 dirrat 201 *etc.* dirat 343. *pl.* 1 dirrum 1333. 2 dirrez 2823; *cond. sg.* 1 dirraie 3140. dirreie 81 — *Impér. sg.* 2 di 819. *pl.* 2 dites 211, 3227 — *Subj. pr. sg.* 1 die 433. 3 die 321, 2480. *pl.* 1 dium 2017; *imp. sg.* 3 desist 2826 — *P. pas. m. sg. r.* dit 2134 *f. sg.* dite 1832.

**Disgner** 1525. digner 1268, *v. dîner. s'emploie avec la forme réfléchie*: Ne porte od sei ne pain ne vin dunt il se digne a cel matin 1248 — *P. pas. m. pl. sj.* Kant vus serrez dignez 2393. Après messe furent dignez 1833 *ils dinèrent. Le dîner était le repas du matin.*

Dit 529, *s. m. sg. r.* dit, parole — *pl. r.* diz 240.

Divers 2116, *adj. m. invar.*

Divinité 46, *s. f. théologie.*

Doi, *voy.* Dous.

Doilant, *voy.* Doleir.

Dol *s. m. deuil, douleur* — *sg. sj.* dols 717. dol 599.

[Doleir, se] *v. souffrir* — *Ind. pr. sg. 1* doili 2089. *3* dolt; *pf. sg. 3* dout 1887 — *P. pr. m. sg. sj.* doilant 2151.

Dolent *adj. souffrant* — *m. sg. sj.* dolenz 513. dolens 157. dolent 526. *r.* dolent 409 ; *f.* dolente 3615.

Dolur 119. dulur 1966, *s. f. douleur.*

Dominus 2431, *mot latin.*

Doner 283. duner 424, *v. donner* — *Ind. pr. sg. 3* dunet 70 (dune). dune 3572. *pl. 2* dunez 1394. *3* dunent 2601 ; *imp. sg. 3* donout 271 ; *pf. sg. 1* dunai 177. donai 183. *3* dunat 37 ; *fut. sg. 1* durrai 1092. durrei 2290. *3* durrad 3274. durra 3398. durat 734. *pl. 1* durrum 2843 — *Impér. sg. 2* dune 3048. dunes 524. *pl. 2* dunez 1410 — *Subj. pr. 3* doinst 120, 3759. *pl. 2* donez 3392 ; *imp. sg. 3* dunast 251 — *P. pas. m. sg. r.* duné 3388. doné 370. *f.* donée 175, 2334.

Doresnavant 3161, *adv. dorénavant.*

Dormir 619, *v. neut. et réfl.* — *Ind. pr. sg. 3* se dort 907. dort 1690 ; *imp. sg. 3* se dormeit 2762 — *Subj. pr. sg. 3* dormet 617 (dorme).

Dortur 2206, *s. m. dortoir.*

Dos 133, *s. m. inv.*

Dosse 3324, *s. f. gousse.*

[Dossel] *s. m. ornement d'église, ital.* dossale — *pl. r.* dossels 2261.

Doui, *voy.* Dous.

Dous *adj. numér. deux* — *sj.* dui 1021. doui 2663, 3731. doi 3603. deus 3170. dous 3727. *r.* dous 31, 987, 1220, 1221, 1585 *etc.*

Drap *s. m. drap, habit, vêtement* — *sg. r.* drap 249 ; *pl. sj.* dras, 1933. *r.* dras 76.

Drapel 2081, *s. m. dimin. de drap, sens de linge.*

Dreit 229, 1135 *s. m. droit.*

Dreit *adj. droit; employé neutralem.* il est dreit 2091 *il convient ; employé adverbialem.* dreit a la scole 79 — En dreit, *au sujet de :* En dreit de femme aver e prendre 362. En dreit sei 1798 *par devers soi.* En dreit de quei 2450 *pourquoi ?* — *f.* dreite 48.

Dreiture 3317, *s. f. droit* — *pl.* dreitures 3542 *devoirs, et ici devoirs religieux.*

Drescer 494, *v. dresser, adresser* — *Ind. pr. sg. 3* se dresce 136. dresce sun chef 1962 — *P. pas. m. sg. sj.* drescez 449. *pl. sj.* drescé 706. drescez 1342.

Duble 681, *adj. double.*

Ducement, *voy.* Dulcement.

**Duçur**, *voy.* Dulçur.

**Dui**, *voy.* Dous.

**Duit** *s. m. ruisseau* — *sg. sj.* duiz 1470. *r.* duit 939.

**Duitel** *s. m. dimin. de* duit, *petit ruisseau* — *sg. sj.* duitals 1468. *r.* duitel 1471.

**Dulcement** 810, 3250. ducement 1981, *adv. doucement.*

**Dulçur** 2838, 3758. duçur 1965, *s. f. douceur.*

**Dulur**, *voy.* Dolur.

**Dulz** 1, duz 2701 *etc. adj. doux*, *invar. au m.* — *f. sg*, duce : duce éwe 3450, ducè mére 2130. dulce : dulce France 2376. Dulz *a toujours eu la forme* dulce *pour le fém, d'où l'adv.* dulcement. *Voy. pour ces formes féminines* : grant, dolent.

**Dun** 2243 *s. m. don.*

**Dunc** 172, 1547, 1893, 2222, *adv. alors, maintenant.*

**Duner**, *voy.* Doner.

**Dunkes** 2448, *adv. donc.*

**Dunt** 218, dun 38, *adv. d'où* 810, 1180; *dont* 38.

[**Dur**] *adj.* — *f. sg.* dure 2773. dure nuvele 1862 *nouvelle pénible.*

**Durement** 1921, 2080, 3365, 3487 *etc. adv. beaucoup, très* : bels durement 353. lez durement 485 *etc.*

**Durer** 287, *v.* — *Ind. pr. sg. 3* dure 3747.

**Dutance** 206, 2812, 3052, *s. f. doute.*

**Dute** 232, 543, *s. m. crainte.*

[**Duter**] *v. craindre, hésiter; douter de* 3665 — *Ind. pr. sg. 3* mut se dute de la gueite 632 *craint la garde*, ne dutet pas 1513 *n'hésite pas. pl. 1* nus dutum 1945. *3* dutent 3665 — *P. pr.* dutant 2224.

**Duz**, *voy.* Dulz.

**Duze** 1087, *adj. numér. douze.*

### E

**E** 4, 6, 8, 11, 12, 14 *etc., etc. conj. et. Cette conj. est le plus souvent écrite* e *ou marquée par le sigle* &. *On ne trouve* et *qu'au v.* 2105 *où il peut être regardé comme la conj. latine.*

**E** 1121, *interj. ah!*

**Eals**, *voy.* Il.

**Ebatre** 1320, *v. réfl.* pur sei ebatre *pour s'ébattre.*

**Ebreu** 3632, *s. m. pl. sj. Hébreux.*

[**Edefier**] *v. édifier, avec le sens de porter a la vertu* — *P. pas. m. sg. sj.* edefié 1071.

[**Efforcer**] *v.* — *P. pas. m. sg. sj.* efforcé 652.

**Egarder**, *voy.* Esguarder.

**Eglenter** *s. m. églantier* — *pl. sj.* eglenter 1467 (engleter). *r.* eglenters 3653 (engleters).

**Eglise** 1208, 2218, *s. f.* — *pl.* eglises 2234.

**Eguarer**, *voy.* Esguarer.

**Einceis**, *voy.* Ainceis.

**Einz** 120, *prép. avant*

Einz, *voy*. Ainz.

Einzcez, *voy*. Ainceis.

Eir 2755, 2762, *s. m. aire, sol.*

Eire 2570. heire 3199, aire 905, *s. m. erre, voyage.*

Eisement *voy*. Aisement.

[Eissiller] *v. dévaster* 1657, 315. *exiler* 3670 — *Ind. pr. pl.* 2 vus eissilliez 1657 — *P. pas. m. sg. sj.* eisseillé 315; *f.* eissillée 3670.

El, *voy*. Il.

El *contract. de* en le, *voy*. En.

El 81, 3027. *adj. neutre, autre chose.*

Els, *voy*. Il.

Em, *voy*. En.

[Embatre, s'] *v. réfl.* — *Ind. pr. sg.* 3 Le jur s'enbat 916 *arrive brusquement.*

Emerveiller, *voy*. Esmerveiller.

Emfant, *voy*. Enfant.

[Emfler] *v. enfler* — *P. pas. m. sg. r.* emflé 401.

Emfleure 451, *s. f. enflure.*

Emperéres *s. m. sg. sj.* 2492 *empereur.*

En 39 *etc.*, *etc. une seule fois* em 338, *adv. de lieu, faisant aussi fonction de pron. relatif, souvent explétif:* mors en fud 255 *etc.*

En 28, 31 *etc., etc. prép. en, dans.* En apert 212 — El *pour* en le : 217, 972 *etc.* (Ela) *pour* en la *une seule fois* 103. Es *pour* en les 1740 *etc.*

[Enbracer] *v. embrasser* —
*Ind. pr. sg.* 3 enbrace 1018.

[Enbrun] *adj. incliné* — *m. pl. sj.* enbruns 2559 (brucuns.

Encarnacion 3665, *s. f. incarnation.*

Encens 2115, *s. m. invar.*

[Encenser] *s. m. encensoir* — *pl. r.* encensers 2258.

Enclin 156. *adj. m. sg. r. penché* — *pl. sj.* enclin 3787.

[Encliner] *v. incliner* — *Ind. pr. sg.* 3 encline 841, 3176; *pf. sg.* 3 s'enclinat 344.

[Enclore] *v.* — *Ind. pr. sg.* 3 enclot 1002 — *P. pas. m. sg. sj.* enclos 2935.

Encontre 1414. encuntre 1769 *prép. contre; sens de : pour, au sujet de* 1578.

[Encontrer] *v. rencontrer* — *P. pas. m. sg. r.* encontré 2631.

Encumbrer 379, *v. trébucher contre un obstacle.*

Encuntre, *voy*. Encontre.

[Encuser] *v. accuser* — *Ind. pr. pl.* 3 encusent 279.

Endemain 375, *s. m. lendemain.*

[Endormir] *v.* — *P. pas. m. sg. sj.* endormi 2752. *pl. sj.* endormi 614, 621.

Endreit 398, *s. m. endroit.*

Endreit 1897, *adv. précisément.*

Enemi 462, 2520, 2924, *s. m. sg. r. comme* adverser, *le diable.*

Enfant 141 emfant 100 *etc.*
*s. m. — sg. sj.* emfes 47
*etc.* emfant 100 *etc. r. sg.*
enfant 141, *etc. pl. r.* enfanz
311.

Enfern 217, 3288, *s. m. sg. r.*
enfer.

Enferté 138, 2442, *s. f. infirmité.*

[Enforcer] *v. presser vivement
— Ind. pr. sg. 3* enforce
2159.

Engignus 2345, *adj. avisé,
intelligent.*

Engin 3694, *s. m. sg. r.
moyen.*

Engingner 380, *v. tromper
— Ind. pf. sg. 3* enginna
2807.

Engleis 1648, *adj. m. pl. r.
anglais.*

Engrosser 794, *v. devenir
gros.*

[Engruté] *s. m. tombé dans
une longue maladie — pl. r.*
engrutez 499.

[Enlier] *v. se lier — P. pr. m.
sg.* enliant 3587.

Ennui 1226, *s. m.*

[Ennuier] *v. ennuyer, fatiguer — Subj. pr. sg. 3* ennoit 364. ennuit 2426: ne vus
ennuit *formule de politesse
équiv. à prenez patience — P.
pas. m. sg. sj.* ennuié 3196.

[Enoiller] *v. oindre — P. pas.
m. sg. sj.* enoillé 3545.

[Enorgoillir, s'] *v. réfl. s'enorgueillir — Subj. pr. sg. 1*
m'enorgoill 2150.

[Enpaindre] *v. pousser en
avant — Ind. pr. pl. 3* enpainent 1034.

[Enpirer] *v. empirer — Ind. pr.
sg. 3* enpire 2078.

Empleier 2182, *v. employer
— P. pas. m. sg. r.* empleé
304.

Enprendre 2566, *v. entreprendre — Ind. pr. sg. 3*
enprent 569 (eprent).

Enquere 976, enquerre 3374,
*v. enquérir — P. pas. m. sg.
r.* enquis 1175. *pl.* 2665.

[Enseigner] *v. — Impér. pl. 2*
enseignez mei 555 — *P. pas.
m. sg. sj.* enseigné 2411 (enseignez) *bien appris.*

Ensemble 500, *adv.* ensemble od 1219, *prép. avec.*

Ensement 3218, *adv. également.*

Enserer 3400, *v. enfermer,
faire tenir.*

Ensurketut 5, *adv. surtout.*

[Entailler] *v. tailler, sculpter
— P. pas. m. pl. sj.* entaillez
1282. *r.* entaillez 3427. entallez 2263.

Enteimes 2904, *adv. même.*

[Entendre] *v. comprendre*
1375. *avoir l'esprit tendu*
2274 — *Ind. pr. sg. 3* entent 1375, 3591. *pl. 2* entendez 3508; *imp. sg. 3* entendeit 2274. — *Impér. pl. 2* entendez 3333 — *P. pas. m.
sg. r.* entendu 2684.

Entente *s. f. attention* 47,
2092. *intelligence* 2980.

Ententif 3544, *adj. m. sg. sj.
attentif.*

Enter *adj. m. sg. r.* 2689 *entier
— pl. r.* enters 1220.

Enterrin 2999, *adj. m. sg. sj.
entier.*

[Entrainer] *v.* — *Ind. pr. pl. 3* entrainent 1297.

Entre *adv. exprime l'action mutuelle* Cil dui se sunt entre trové 1021 — *prép. précédant deux noms séparés par e signifie qu'ils existent ou agissent à eux deux, tant l'un que l'autre* 307, 1250.

Entrée 1464, 1468. *s. f.*

[Entremettre, s'] *v. réfl.* — *Ind. pr. sg. 3* s'entremet 1891 — *Impér. sg. 2* or t'entremet 1094. entremet tai 1098.

[Entreprendre] *v.* — *P. pas. m. pl. r.* entrepris 2131 *employé adjectiv., tourmentés.*

Entrer 1617, *v.* — *Ind. pr. sg. 3* entre 1241. *pl. 3* entrent 2639; *pf. sg. 3* entrat 2003. *pl. 3* entrérent 2846 — *Subj. pr. pl. 1* entrum 3793 — *P. pas. f. sg.* entrée 1609.

Entreseit 2486, entresheit 1690, *adv.* aussitôt, de suite.

[Entretrover, s'] *v. réfl.* — *P. pas. m. pl. sj.* entretrové 1021.

Entur 2297, *adv.* autour.

Envei 2506, *s. m.* envoi.

Enveier 1754, *v.* envoyer — *Ind. pr. sg. 1* envei 3230. *3* enveie 2688; *pf. sg. 3* enveiad 1520. enveia 3752; *fut. pl. 1* enveierum 3216 — *Subj. pr. sg. 3* enveit 2508; *imp. sg. 3* enveast 2934 — *P. pas. m. sg. r.* enveié 2085. enveé 2625. *pl. sj.* enveiez 2472. *r.* enveiez 2437.

[Enveiser s'] *v. réfl. se réjouir* — *Subj. pr. sg. 1* m'enveise 2150.

[Envenimer] *v.* — *P. pas. m. sg. r.* envenimé (enuenimez) 399.

Envie 2121 *s. f.*

Envirun 2786, 2794, *adv.* autour.

[Enviruner] *v.* environner — *P. pas. f. sg.* envirunée 1743.

Enviz, a 3240, *loc. adv.* à regret, malgré eux.

Enz 1455, 1486, *adv.* dedans.

Erage, *voy.* Esrager.

Erbes, *voy.* Herbe.

Eritage, *voy.* Heritage.

Erité, *voy.* Herité.

Ermitage 2669. hermitage 1458, *s. m.*

Ermite 1285. hermite 1256, *s. m. sg. sj.*

Errer 763, 2367, 2469, *v.* voyager, marcher — *P. pr. m. sg. r.* errant 1321. *f. sg.* errante 1508; *pas. m. sg. r.* erré 649, 2073, 3459.

Erte 1806, *sens ignoré; on ne peut voir ici une importation de l'ital.* erta. *Peut-être a* erte *est-il une faute pour* aate; *on corrigerait alors au v.* 1805 barete *en* barate; *mais le sens resterait obscur (même en lisant* ert *pour* est*).*

Es, *contract. de* en les, *voy.* En.

Esbaé 1606, *adj. m. pl. sj. la gueule ouverte, en parlant de chiens.*

[Esbair, s'] *v. réfl.* s'étonner — *Ind. pf. pl. 3* s'esbairent 2942 — *P. pas. m. sg. sj.* esbai 2939. *f.* ebaie 1157; *pl. sj.* esbahi 3677.

Escamonie 855, *s. f.* scammonée.

[Escaper] *v. échapper* — *P. pas. m. sg. sj.* escapé 400 (escapez).

Eschaluine 1265, *s. f. échalotte.*

Eschariement 2868. eschariment 2282, *adv. en petite compagnie.*

[Escharnir] *v. insulter, bafouer* — *P. pas. m. sg. sj.* escharni 552; *pl. r.* escharniz 1752.

Eschiper 881, *v. équiper, se mettre en mer.*

Eschiver 3109 (eschiure), *v. esquiver, éviter. Employé substantiv.* 1376 — *Impér. pl. 2* eschivez 865.

Escient *s. m.* 559, 1775 etc. men escient, *à mon escient.*

[Esclairer] *v. impers. faire des éclairs* — *Ind. pr. sg. 3* esclaire 786.

Escole 101 etc. scole 79, *s. f. école.*

[Escondire] *v. refuser* — *P. pas. m. sg. r.* escundit 2161; *f. sg.* escondite 3066 (escondit).

Escote 888 *s. f. terme de mar.* écoute.

[Escrever] *v. crever, s'ouvrir* — *Ind. pr. sg. 3* escreve 3244.

Escripture seinte 2710, *s. f.*

Escrire 3773, *v. écrire* — *P. pas. m. sg. r.* escrit 3056.

Escrit 1, 2306, *s. m. écrit.*

Escu 1000, *s. m. écu, défense.*

Escut 2481, *s. m. attention.*

[Escuter] *v. écouter* — *Ind. pr. pl. 3* escutent 3775; *pf. sg. 3* escutat 1017 — *Impér. pl.* 2 escutez 346 — *P. pas. m. sg. r.* escuté 392, 2784. esculté 3017. *f.* escoltée 2328. escutée 3043 (escute).

[Esfreer] *v. troubler*—*P. pas. f. sg.* esfreée (esfree) 2070.

Esfrei 1723, 2583. *s. m. sg. r. trouble, bruit.*

Esgart 2551, *s. m. sg. r. avis.*

Esguarder 974. esgarder 1914. egarder 457, *v. regarder* — *Ind. pr. sg. 3* il esgardet 776. esgarde 2656; *pf. sg. 3* esgardat 1963. esgarda 2698 — *P. pas. m. sg. sj.* esgardé 3640. *r.* eguardé 3084.

[Esguarer] eguarer 2398, *v. égarer* 2398. *rendre fou* 700. *Ellipse du pron. personnel :* Mar avrez dute d'eguarer 2398 — *P. pas. m. sg. sj.* esgarrez 824. eswaré 832. esgaré 1047. *r.* esguaré 2526. *pl. sj.* egarés 700. esguarrez 3311; *f. sg.* esgarrée 3615.

Eshaucer 3008 (eschaucer), *v. élever* — *P. pas. m. sg. sj.* eshaucé 3748 *exhaussé.*

[Esjoir] *v. réfl. se réjouir* — *Ind. pr. sg. 1* m'esjoi 1008.

[Eslire] *v. élire* — *Subj. pr. pl. 2* eslisez 3526.

Esloigner 545. esluigner 538. *v. éloigner* — *Ind. pr. sg. 3* esloigne 762 *s'éloigne.*

[Esmaier s'] *v. perdre ses forces, défaillir* — *Subj. pr. sg. 3* il s'esmaie 1931.

Esme *s. m. opinion.* A lur esme 1746 *suivant leur opinion.*

[Esmerveiller, s'] emerveiller 1941, *v. réfl.* — *Ind. pr. sg. 3* il s'esmerveille 1633. *pl.*

VOCABULAIRE 145

*3* s'esmerveillent 2050 — *P. pas. m. sg. sj.*esmerveillé 1670.

Esoigne 2544, *s. f. excuse.*

Espace 1149, *s. m.*

[Espandre] *v. épandre — P. pas. m. sg. sj.* espandu 1141. *pl. sj.* espandu 1866; *f. sg.* espandue 162.

[Esparnier] *v. épargner — Ind. pf. sg. 3* esparniat 1857.

Espeir 94, 3340, *s. m. sg. r. espoir.*

Espeisse 1839. espesse 1681 (espessei), *s. f. fourré.*

Espeneir 825, *v. expier.*

Esperance 3260, *s. f.*

[Esperer] *v. — Ind. pr. sg. 1* jo l'espeir 263.

Esperit, saint 3499, *s. m. le saint Esprit.*

[Esperver] *s. m. épervier — pl. r.* espervers 1553.

Espesse, *voy.* Espeisse.

Espice 856, *s. f. épice.*

[Espie] *s. f. espion — pl.* espies 656.

Espiritel 51, 82, *adj. des deux genres : spirituel.*

Espleit 3308, *s. m. sg. r. affaire —* a espleit 1898, *loc. adv. vivement, rapidement.*

Espleiter 910, *v. travailler, accomplir, faire sa besogne. Employé substantiv.* 2357 — *Ind. pr. pl. 3* espleitent 919; *fut. sg. 2* espleiteras 3064 — *P. pas. m. sg. r.* espleité 3409.

Espruver 1666, *v. éprouver.*

Espurun *s. m. éperon —* a espurun 2629, *loc. adv. en éperonnant.*

Espuruner 1857, *v. éperonner — P. pr.* espurunant 1631.

Esquier *s. m. écuyer — pl. sj.* esquier 602. esquiers 692.

[Esrager] *v. enrager — Ind. pr. sg. 3* erage 1636 — *P. pas. f. sg.* esragée 782.

Essaier 1900, *v. essayer — Ind. fut. pl. 1* esseieruns 1682.

Essart 1534, *s. m. lieu défriché, essarté.*

Essarter 1480, *v.*

[Esseurer] *v. assurer—P. pas. m. sg. sj.* essiurez 3312 *r.* eseuré 3489.

[Essiurer], *voy.* Esseurer.

[Essiwer] *v. tirer de l'eau, faire toucher le rivage — P. pas. f. sg.* essiwée 805 (essiuue).

[Essuier] *v. essuyer — P. pas. f. pl.* essuiées 933.

[Establir] *v. établir — Ind. pf. sg. 2* establis 2984 — *P. pas. m. sg. r.* establi 2994. *f. sg.* establie 3382.

Estai 893, *s. m. sg. sj. terme de marine, étai; cordages qui étaient le mât de l'arrière à l'avant.*

[Estamine] *s. f. chemise de laine portée par les moines sous leur robe — pl.* estamines 2260.

Estancher 1891. estanger 1978, *v. étancher — P. pas. m. pl. sj.* estanché 1628. *r.* estangez 1668 *fatigués.*

Estencele 539, *s. f. étincelle.*

[Estendre] *v. étendre* — *Ind. pr. sg. 3* s'estend 135. estent 1725 — *P. pas. m. sg. sj.* estenduz 406. estendu 702. *f. sg.* estendue 1518.

Ester 331, 2180 etc. *v. se tenir debout* — *Ind. pf. sg. 3* estut 1017. s'estut 1855, 1871.

Esterman 908, *s. m. sg. r. timonier.*

[Estoerdre] *v.* — *P. pas. m. sg. sj.* estoers de cel pasmer 673 *revenu de cette pâmoison.*

Estorement 284, 2238, *s. m. établissement.*

[Estorer] *v. établir* — *P. pas. m. sg. r.* estoré 2253, 3295. *f. sg.* estorée 2675.

Estorie 561, 2152, *s. f. histoire.*

Estramer 2772, *s. m. amas de paille, de chaume.*

Estrande 1042, *s. m. terme de marine, quai où les navires abordent.*

Estrange 1169, 3070, *adj. étranger.*

Estre 11, 88, *etc. v. être, Employé substantiv. voy. ci-après* — *Ind. pr. sg. 1* sui 410. 2 es 1951. *3* est 46, 124 *etc. pl. 1* nus eimes 1955. sumes 2472. 2 estes 171, 2636. estez 2015. *3* sunt 38; *imp. sg. 1* ére 2001. esteie 551, 2010. *3* ert 35, 44, 73 etc. estait 1545. esteit 82, 179, 942 *etc. pl. 3* érent 780, 2802. esteient 1933; *pf. sg. 1* fui 1999. fu 1987. 2 fus 2981, 2124 (fu). *3* fut 51, 673 *etc.* fud 17, 18, 19 *etc.* fu 7. *pl. 2* fustes 3652. futes 1138. *3* furent 39, 151; *fut. sg. 1* serrai 368. 2 seras 2982. *3* ert 189, 234, 235 *etc.* serat 731. serrat 91. serad 1532. serra 3644. serrad 3232. *pl. 1* serrum 314, 744. 2 serrez 2?1. *3* érent 3106. serrunt 3102, 3105 *etc.; cond. sg. 3* serreit 121 — *Impér. pl. 2* seiés 2086 — *Subj. pr. sg. 1* seie 2136. 2 seies 320. *3* seit 118, 3065. *pl. 1* seiuns 3735. seum 510. 2 seez 3407. seiez 3420. *3* seient 312; *imp. sg. 1* fusse 2035. fuisse 2459. *3* fust 719, 1346. *pl. 2* fussez 1345 — *P. pas. m. sg. r.* esté 348.

Estre 3367, *inf. employé substantiv. état, condition* — *pl. r.* estres 1016, 1672, 2665.

Estre 3515, *prép. excepté, sauf.*

Estreim 2754, *s. m. paille, chaume, litière.*

[Estreit] *adj. étroit* — *f. sg.* estreite 1875.

Estricher 891, *terme de marine, p. ê. carguer les voiles.*

Estrif 1011, *s. m sg. r. dispute, bataille* — a estrif 324 *à qui mieux mieux.*

Estriu 2649, *s. m. sg. r. étrier.*

[Estriver] *v. combattre* — *Ind. pr. sg. 3* estrive 1125.

Estruiz 735, 1936, *s. m. pl. r. choses nécessaires à la vie, installation.*

Estrus, a, 693, 1070, *loc. adv. a toute force.*

Estuinc 886, *s. m. sg. r.* « *Estouin, espèce de bonnette appelée auj. bonnette en étui* » Jal, *Archéol. nav.* II, 155. *La bonnette est une voile qui s'ajoute, se maille à une autre pour en étendre la surface.* Estuens ferment et escotes, Et font tendre les cordes totes *Brut* II, 141.

Estuveir 648, *v. falloir. Employé substantiv.* lui trouverat sun estuveir 648 *ce qui lui faut* — *Ind. pr. sg. 3* estoet 884. estoit 1340. estot 685, 898 ; *pf. sg. 3* estut 891. estud 2963; *fut. sg. 3* estovrat 200 (estouerat). estovra 3695 (estouera) — *Subj. imp. sg. 3* esteust 2148 (estust).

**Esveiller** 2775 (esveiler 2778), *v. éveiller* — *P. pas. m. pl. sj.* esveillé 705, 2764.

**Eswaré,** *voy.* Esguarer.

**Et,** *voy.* E.

**Eus,** *voy.* Lui.

**Eve,** *voy.* Ewe.

**Eveske** 1062. eveke 1171, *s. m. évêque* — *sg. sj.* eveskes 1183. *r.* eveke 1171. eveske 1062, 1906.

**Eveské** 2910. evesked 1068, *s. f. évêché.*

**Ewe** 1384 *etc.* eve 2695, *s. f. eau.*

# F

**Face** 730, 3088, *s. f.*

**[Faé]** *adj. ensorcelé* — *f. sg.* faée 1780.

**Fai,** *voy.* Fei.

**[Faillir]** *v. faillir, manquer* — *Ind. pr. sg. 3* faut 986, 2440; *pf. sg. 3* failli 1942; *fut. sg. 3* faudra 1354, 3103. *pl. 3* faudrunt 94 — *Subj. pr. sg. 3* faille 1404; *imp. sg. 3* falsist 1278. fausist 1502 — *P. pr. m. sg.* faillant 3540; *pas. m. sg. r.* failli 695.

**Faim** 117 *etc.* feim 4 *etc. s. f.*

**Faire** 3242, 3483. feire 2186. fere 181, *v.* — *Ind. pr. sg. 1* faz 989. 2 fais 323. feis 289. *3* fait 1569. feit 175. *pl. 1* faimes 187, 1945. 2 feites 2423. 3 funt 87; *imp. sg. 3* fesoit 405. feseit 1210. *pl. 3* feseient 110; *pf. sg. 1* fis 182, 3154. 2 fesis 2104. 3 fist 66, 3269. *pl. 2* fesistes 3601 (faites). *3* firent 3452; *fut. sg. 1* jo frai 2025, 2191, 2194 *etc.* ferai 516. ferei 563. 2 feras 295. 3 ferat 1369. fera 2214. frat 3438. *pl. 2* ferez 2391. *3* ferunt 2359. frunt 691; *cond. sg. 1* fereie 2679, 3359. 2 fereies 1116. 3 fereit 550. *pl. 2* feriez 831 — *Impér. sg. 2* fai 297, 3095. fei 334 (feites). *pl. 2* faites 1199 — *Subj. pr. sg. 3* face 2135, 3159 *etc. pl. 2* facez 3542. *3* facent 2358; *imp. sg. 3* fesist 1387, 2460 — *P. pas. m. sg. r.* feit 60 *etc.* fait 1344, 2966. fet 1184. *f. sg.* feite 631.

**Faitement** 1304. feitement 159 *etc. adv. de cette manière, ainsi.* — Cum faitement 1304, 1426. cum feitement 159 *loc. adv. comment.*

**Falaise** 1279, *s. f.*

**Fals** 3602, *adj. m. invar. faux.*

**Fame** 2323, *s. f. renommée.*

**Farreins** 1558. farrins 1234, *s. m. pl. r. bêtes sauvages, gibier.*

**Fauseted** 1067. fauseté 3368, *s. f. fausseté.*

**Feble** *adj. des deux genres, faible* — *sg. sj.* febles 2224. *r.* feble 322, 3112.

**Feblement** 2045, *adv. faiblement.*

**Fei** 474, 3116 *etc.* fai 1405 (faie), *s. f. foi* — Par fai 1678, 2384. par fei 3116 par ma foi. a la fai 2449 *exclamation de protestation.*

**Feim,** *voy.* Faim.

Feire, *voy.* Faire.

Feis, *voy.* Fès.

Feit 529, *s. m. sg. r. fait, action* — *pl. r.* feiz 2447.

Feiz 280 *etc.* fez 111, *s. f. invar. fois* — a ceste feiz 2041. soventes feiz 280.

Felun *adj. félon* — *m. sg. sj.* fel 92. felun 95. *pl. sj.* felun 196. *voc.* feluns 202.

Femer *s. m. sg. r. fumier.*

Femme 29 *etc. s. f.*—*pl.* femmes 149 *etc.*

[Fendre] *v.* — *Ind. pr. sg. 3* fent 788.

[Fer] *s. m. pl. r.* fers 2263.

[Fer] *adj. fier* — *m. pl. r.* fers 2242. *f. sg.* fere 201.

Ferant 947, *adj. m. sg. r. gris de fer.*

Fere, *voy.* Faire.

Ferer 2349, *v. ferrer.*

[Ferir] *v. frapper* — *Ind. pr. sg. 3* fert 917, 1883.

[Ferm] *adj.* — *f. sg.* ferme 3315.

[Fermer] *v. arrêter, assujettir* — *P. pas. m. pl. sj.* fermé 894.

Fertre 3741, *s. m. sg. r. fierte, châsse.*

Fès 569, 2095, 2097 *etc.* feis 2211, 3162 *etc. s. m. invar. faix, poids* — A fès 1720, 2848. a un fès 1659. a feis 1559 *en masse, d'un coup.*

Fesance 1131, *s. f. manière de faire, conduite.*

Feste 374, *s. f. fête.*

Fevrus 499 (fenrus), *adj. m. invar. fiévreux.*

Fez, *voy.* Feiz.

Fi *adj. m. sg. sûr* — de fi 2032, 3144 *loc. adv. sûrement, certainement.*

[Ficher] *v.* — *P. pas. m. sg. sj.* fiché 3656.

[Fie] *s. f. figue* — *pl.* fies 1925.

Fiée 993, *s. f. dérivé de* feiz — a la fiée *quelquefois.*

[Fier, se] *v. réfl.* — *Ind. pr. sg.* 3 se fie 1240.

Fil *s. m.* de fil en lice 2668 *d'un bout à l'autre.*

[Filateire] *s. m. phylactère, reliquaire* — *pl. r.* filateires 2258.

Filio 3640, *mot latin.*

Fille 298, 299, *s. f.*

Fin 80, 3096, *s. f.*

Finablement 231, *adv. finalement.*

Finer 3501, *v. finir, terminer* — *Ind. pr. sg.* 3 fine 2687 — *P. pas. m. sg. r.* finé 446, 3036. *f. sg.* finée 1151.

Finir 3781, *v.* — *Ind. pf. sg.* 3 fini 2154 — *P. pas. m. sg. r.* fini 564, 2751. *f. sg.* finie 3703.

Fisike 1100, *s. f. médecine.*

Fiz *s. m. invar. fils* — *sg. sj.* 164. *voc.* 169. *r.* 37, 167, 239, 246, 408 *etc* ; *pl. sj.* 84.

[Flairur] *s. f. senteur* — *pl.* flairurs 1928.

Flanc *s. m. sg. r.* 204 — *pl. r.* flancs 64.

## VOCABULAIRE

[Floter] v. flotter — P. pr. flotant 3453.

[Flouter] v. flûter, jouer de la flûte — Ind. pr. sg. 3 floutet 634 (floute).

FLOVENZ 1542. Flovens 1568, n. prop. sg. sj.

Flur 56, s. f. fleur.

Fol adj. m. sg. r. 2096 — sg. sj. fols 1125.

Folement 337, 2947, adv. follement.

Folie 339, s. f. sens de vie déréglée 1150, 3610.

For, voy. Fors.

Forain 630 (foraine), adj. m. sg. r. extérieur, du dehors.

Forest 1664, 1700, 1727, s. f. forêt.

Foreste 1251, s. f. forêt.

[Forfaire] v. perdre par sa faute — Ind. pf. pl. 3 forfirent 228.

[Forluigné] adj. éloigné — f. sg. forluignée 1679.

Forment 278 etc. adv. fortement, beaucoup.

Fors 447. for 914, adv. hors 447, excepté 626.

[Fort] adj. — m. sg. sj. forz 2020. pl. r. forz 1234, 2236.

Fosse 1463, s. f.

Fraidure 1535, s. f. froidure.

Frait, voy. Freit.

FRANCE 28, 1546 etc. n. propre.

Franceis 1299, 2850, adj. invar. au m. Français — f. sg. franceise 1549.

Franchement 2301, adv. en franchise.

Frarie 3275, s. f. confraternité, notamment de moines.

Freis 2654, adj. m. invar. frais.

[Freit] adj. froid — f. sg. freide 1615.

Freit 4 etc. frait 1136, s. m. froid — sg. sj. freit 117 etc. r. 4 etc.

Freiur 1864, s. f. frayeur.

[Fremir] v. — Ind. pr. sg. 3 fremist 134 (Eremist).

Frére s. m. sg. sj. 256 — pl. voc. fréres 2538. r. 3506.

[Fresteler] v. jouer du frestel, sorte de pipeaux — Ind. pr. sg. 3 frestele 633.

[Froc] s. m. — pl. r. frocs 2260.

Fructifier 1664, v.

Fruit s. m. sg. r. 1924 — pl. r. fruiz 1927.

Fu 541, 543, s. m. sg. r. feu.

Fuir 984, v. fouir, bêcher la terre — Ind. imp. sg. 3 fuieit 1262.

Fuir 142, v. — Ind. pr. pl. 3 fuient 1562; pf. sg. 3 fuit 13 — Impér. sg. 2 fui 2949 — P. pr. fuiant 1873; pas. m. sg. sj. fui 754.

Funain 903 (si main), 932 (fi-man), s. m. cordage.

[Funder] v. fonder — P. pas. m. sg. r. fundé 3296; f. sg. fundée 2333.

Funtaine 938. funteine 2819, s. f. fontaine.

Furcheure 65, *s. f. enfourchure*.

[Furmer] *v. former, créer — Ind. pf. sg.* 2 furmas 2105.

# G

Gaber 1665, *v. plaisanter — P. pas. m. sg. r.* gabé 1653.

[Gaimenter] *v. se lamenter — Ind. pr. sg.* 3 gaimente 513.

[Gaite], *voy.* Guaite.

Galilée 3616, *n. prop.*

Galingal 855, *s. m. sorte d'épice, galanga*.

Garant 1874. guarrant 317 *s. m.*

Gardains, *voy.* Gardenc.

Garde 1870. guarde 611, *s. f.*

[Gardenc] *s. m. gardien — pl. sj.* gardains 636.

Garder 1885, *v. garder* 2060 *etc. regarder* 1885 *etc. — Ind. pr. sg.* 3 garded 2779. *pl.* 3 gardent 808 — *Impér. sg.* 2 garde 320. guarde 3122. *pl.* 2 gardez 3791, 2060, 1397 — *P. pas. m. sg. r.* gardé 886.

Garir 453. guarir 1561. guarrir 983, *v. se soutenir* 983; *soutenir* 1997; *guérir* 2026; *échapper, se sauver* 1561; *sauver, défendre* 3597, 3606 — *Ind. pr. sg.* 1 jo guaris 985; *pf. sg.* 2 guaresis 3597, 3606. 3 guari 2153. *pl.* 3 guarirent 1224; *fut. sg.* 1 guarrai 414. 3 guarrat 1370. guarrad 1790 — *Subj. pr. sg.* 3 garisse 1596 — *P. pas. m. sg. sj.* garriz 458. guariz 1278. garri 1417. *r.* garri 146. *pl. sj.* gari 510. garri 576; *f. sg.* garie 1158.

Garisun 1497, 2028. guarisun 1250, *s. f. guérison* 2052; *moyens de subsistance* 1250.

[Garnir] *v. — P. pas. m. sg. sj.* guarniz 54. *f. sg.* garnie 1555.

Gascoine 1543, 2315. Gaskoine 1066 (gaskoin), *n. prop.* Gascogne.

[Gaster] *v. ruiner — Ind. pr. sg.* 2 gastes 324.

Gastine 1461, *s. f. désert — pl.* gastines 1442.

Gehir 349, 3127, *v. avouer, confesser — Subj. imp. sg.* 3 gehisse 2902 — *P. pas. m. sg. sj.* gehi 2876.

Gelée 732, *s. f.*

Geneste 1252, *s. f. genêt.*

Gent *s. f. — sg. voc.* gent 226. *r.* 70, 291.

Gentilz 7. gentils 431, *adj. des deux genres sg. sj. de bonne race.*

[Gerpir], *voy.* Guerpir.

Gerre, *voy.* Guerre.

Gesir 1515. gisir 2747, *v. — Ind. pr. sg.* 3 git 221. gist 1086; *imp. sg.* 3 giseit 2761; *pf. sg.* 3 jut 623, 3371, *etc. pl.* 3 jurent 613 — *P. pr. f. sg.* gisante 800; *pas. m. sg. r.* jeu 1113, 1156, 1195. ju 1118.

Get 1623, *s. m. sg. r. jet.*

[Giembre] *v. gémir — Ind. pr. sg.* 3 gent 2345.

Gile 3766 *etc.* Gire 3780, *etc. Gille, nom du saint de notre légende — Sg. sj.* Gires 24, 55, 250, 259, 341 *etc., etc. voc.* 2289, 3061. Gire 1319, 1341 *etc.* Gile 3770. *r.* Gire 41 *etc. etc. voc.* 460, 503

VOCABULAIRE 151

*etc.* Gires 2374. Gile 2958 *etc.* Giles 18.

[Girfaut] *s. m. gerfaut* — *pl. r.* girfaus 1553.

Gise 572, *s. f. guise.*

Gisir, *voy.* Gesir.

Glorius 516, 1121, *adj. m. glorieux.*

Goie, *voy.* Joie.

[Graanter, granter] *v. accorder, agréer* — *Ind. pr. pl.* 2 grantez 2553 — *P. pas. m. sg. r.* graanté 3354 (grante).

Grace 147, *s. f.* — *pl.* graces 2724 *prière après le repas.*

[Gracier] *v. remercier* — *Ind. pf. sg.* 3 graciad 1423 — *P. pas. m. sg. sj.* graciez 1360. gracié 2086. *r.* gracié 1474.

Grant *adj. grand* — *m. sg. sj.* granz 44 *etc. r.* grant 7 *etc.; f. sg.* grant 17, 150 *etc.*, grande 1041, 2546, 2696. *pl.* grantz 694, grandes 780. *Voy.* Greignur, Maiur.

[Granter], *voy.* Graanter.

Grantment 3388, *adv. grandement.*

[Gras] *adj.* — *f. sg.* grasse 1530.

Gravele 1471, *s. f. gravier.*

Graver 931, *s. m. gravier.*

Gré 305, 1890, *s. m.*

GRÉCE 18, 28, 491, 853 *etc. n. propre.*

[Greer] *v. agréer* — *Ind. pr. sg.* 3 grée 169.

Gref 2064, *adj. sg.* employé neutral. gref vus serreit il vous serait pénible — *f. sg.* gréve 3292 *lourde.*

Grefment 189, *adv. grièvement.*

Gregeis 22, *adj. m. sg.* Grec.

Greie 884, *s. f. terme de marine, gréement.*

Greignur 247, 1486. greinnur 2235, *comparatif sg. r.* de grant, *plus grand* : greignur abri 1486. greignur amur 247. la greinnur 2235.

Grein 982, *s. m. grain; sens de blé* 1492.

[Grelle] *adj. grêle, mince* — *m. pl. r.* grelles 64.

[Greslé] *adj. grêlé* — *f. sg.* greslée 731.

[Grever] *v. être pénible* — *Ind. pr. sg.* 3 gréve 117, 3243; *pf. sg.* 3 greva 2178; *fut. sg.* 3 grevera 3432.

Grevus 1259, *adj. fatigant, pénible.*

Gris 645, 2145, *s. m. invar. fourrure de couleur grise, petit gris.*

Grius 823, 1299, *adj. m. sg. sj.* Grec.

Gros 1514, *adj.* — *f. sg.* grosse 1530.

Guaain 3318, *s. m. terre de labour.*

[Guaainer] *v. gagner* — *P. pas. m. sg. r.* guaainé 2931.

Guaaineries 3319, *s. f. pl. pâturages.*

[Guaite] gueite 632, *s. f. sentinelle* — *pl.* gaites 3660.

Gualt 1605, *s. m. sg. r. forêt.*

Guarantisun 1910, *s. f. sauvegarde.*

Guarde, *voy.* Garde.

Guarie 980, *s. f. moyen de soutenir sa vie.*

Guarnement 2143, *s. m. vêtements, ce qui garnit.*

Guarrant, *voy.* Garant.

Gueite, *voy.* Guaite.

[Guerduner], *voy.* Guerreduner.

Guéres 250, *adv.*

Guerpir 538, *v. quitter, laisser, abandonner — Ind. pr. sg. 3* gerpist 642; *pf. sg. 1* guerpi 1438. *2* guerpis 3068. *3* gerpi 12; *fut. sg. 3* guerpirat 566 — *Impér. sg. 2* guerpis 2950 — *P. pas. m. sg. r.* guerpi 640, 2519.

Guerre 314. guere 2307. gerre 860, *s. f. — pl.* gueres 2888.

Guerredun 2290, 530 (guerdun), 3769 (guerdun) *s. m. récompense.*

[Guerreduner, guerduner] *v. récompenser — P. pas. m. sg. sj.* guerduné 3497. guerreduné 3522 (guerdune).

[Guier] *v. guider — Ind. pr. sg. 3* guie 2455.

Guiun 2403, *s. m. sg. r. guide.*

Gunele 540, *s. f. robe.*

Guvernail 902, *s. m. gouvernail.*

Guverner 2225, *v. gouverner.*

Gwillame *n. propre : Guillaume de Berneville, l'auteur du poème — sj.* Gwillames 1039. *r.* Gwillame 3765.

# H

Ha 188, *interj.*

Haitéement 593, *adv. joyeusement.*

[Haiter] heiter 2076, *v. faire plaisir, être agréable* 1060, 1539, 2702. *mettre en joie* 1008, 2076 — *Ind. pr. sg. 1* hait 1008. *3* haite 1539. heite 1060, 2702 — *P. pas. m. sg. r.* heité 587 *joyeux. pl. sj.* 1814; *f. sg.* heitée 1154.

[Haler] *v. — P. pas. m. sg. r.* halé 887.

Halloer 1852. *v. terme de chasse : poursuivre en criant — Ind. pr. pl. 3* halloent 1741 — *P. pr.* asloant 1620.

Halte, *voy.* Haut.

Hanetun 1249, *s. m. hanneton.* Ne tant que vaille un hanetun *formule négative; cf.* Pain.

[Hanter] *v. — Ind. pr. sg. 3* hante 541; *pf. sg. 1* hantai 2518 — *P. pas. m. sg. sj.* hansté 1460.

Haster 1705, 3199, *v. réfl. se hâter — Ind. pr. pl. 3.* se astent 881 — *P. pas. m. sg. r.* hasté 1187.

Hastivement 614, *adv. hâtivement.*

[Haut] *adj. — f. sg.* halte 2782. haute 354; *cf.* Altisme.

Haut 1257, 1603, *adv.*

Hautisme, *voy.* Altisme.

Heé *s. m. âge — sg. r.* heé 43 (he), 83, 1316 (heez).

Heir *s. m. hoir — sg. r.* 264 — *pl. sj.* 312.

Heire, *voy.* Eire.

Heiter, *voy.* Haiter.

Helenger 892, *v. terme de marine* : *haler, tirer* ?

Her 1179, 1701, *adv. hier.*

Herbe 1485, *s. f.* — *pl.* herbes 1995. erbes 6.

Herbé *adj.*, vin herbé 615, 1688 *vin où l'on a fait infuser certaines herbes.*

Herbergage 2930, *s. m. habitation.*

Herberger 1969, *v. héberger, habiter, loger* — *Ind. pf. sg.* 3 herberja 1193; *fut. pl.* 2 herbergerez 2392 — *P. pas. m. sg. sj.* herberget 1076. herbergé 1054.

[Hericer] *v.* — *P. pas. f. sg.* hericée 781 *hérissée.*

Heritage 259, 3068. eritage 8, *s. m.*

[Herité] *s. f. hérédité, héritage* — *sg. sj.* heritez 265. *r.* erité 227; *pl.* heritez 694.

[Hermin] *s. m. fourrure d'hermine* — *pl. r.* hermins 1649.

Hermitage, *voy.* Ermitage.

Hermite, *voy.* Ermite.

Heure, *voy.* Hure.

Hidur 1114, *s. f. horreur.*

Hobent 893, *s. m. pl. sj. terme de marine* : *haubans, cordages qui étaient le mât de bâbord à tribord.*

Home *s. m. homme* 7 *etc.*, on 454, 592, 2408 *etc.* — *sg. sj.* hom 7, 172, 321, 497 *etc.* hum 948, 2408 *etc.* um 454, 3038 *etc.* home 1178, 2158. hume 1201, 1258, 1872, 2446. humme 241. ume 1267, 2480 *etc. r.* home 2, 759, 1453 *etc.* hume 476, 968, 1254 *etc.*; *pl. sj.* hume 335, 588. humes 149, 1321. *r.* homes 2575, 2579.

[Honeste] *adj. honnête* — *pl. r.* honestes 2241.

[Honesté] onesté 54, *s. f. vertu.*

Honur 261. onur 9 *etc. s. f. domaine noble, fief* — *sg. sj.* 257, 319. *r.* 9 *etc.*

Honurer 1433, *v. honorer* — *Ind. pr. sg.* 3 honure 1290; *pf. sg.* 3 onura 3369; *fut. pl.* 3 honurerunt 3688 (honurunt) — *P. pas. m. sg. r.* honuré 487, 1170, 1218.

[Horrible] *adj.* — *m. sg. sj.* horribles 108.

Horriblement 2803, *adv.*

[Hoste] *s. m. hôte* — *sg. sj.* ostes 2384. *r.* oste 1072 (ost), 2370.

[Hosteiller] *v. héberger, loger* — *P. pas. m. pl. r.* osteillez 2264.

Hostel 1179. ostel 1048, 1292, *s. m. maison, logis* — *pl. r.* ostels 602.

Hostelerie 2207, *s. f. maison construite près du couvent pour loger les voyageurs.*

[Hostelier] *s. m. le moine chargé de recevoir et loger les étrangers* — *sg. sj.* ostelers 2409. osteler 2463. *r.* osteler 2415. *voc.* 2498.

[Huer] *v.* — *Ind. pr. pl.* 3 huent 1741.

Hui 177, *adv. aujourd'hui.*

Hum, hume, *voy.* Home.

Humeinement 2109, *adv. humainement.*

**Humilier** 2886, *v.* — *Ind. pf. pl.* 2 humiliastes 3630.

**Humilité** 1352, *s. f.*

**Humme**, *voy.* Home.

**Hune** 902, *s. f.*

**Hunte** 300, 1169. unte 1168, *s. f. honte.*

**Hure** 1675. heure 1392, *s. f.* Tel hure 608 *sous de tels auspices.*

[**Hurter**] *v. heurter* — *P. pas. m. pl. sj.* hurtez 3478; *f. sg.* hurtée 806.

# I

**I** 381 *etc. adv. y.*

**Icel** *adj. démonstr. ce, cet* — *m. sg. sj.* icil 1943 *etc. r.* icel 1541 *etc.; pl. sj.* icil 613 *etc.* — *f. sg.* icele 619 *etc.*

**Icest** *adj. dém. ce, cet* — *m. sg. sj.* icist 1548 *etc. r.* icest 1427, 3781 *etc.* — *f. sg.* iceste 2592 *etc.*

**Ici** 206, 2012 *etc. adv.*

**Icil**, *voy.* Icel.

**Iço** 334, 525 *etc. adj. démonst. neutre, ce.*

**Ignel** 1801, *adj. m. sg. r. rapide à la course* — *f. sg.* ignele 1726.

**Ignelment** 136 (ignelment), 1896, *adv. rapidement.*

**Il**, *voy.* Lui.

**Iloc** 151. ilokes 1443, *adv. là.*

**Ire** 336, *s. f. colère.*

**Iré** 484, 1446, *adj. m. sg. sj. en colère.*

**Israel** 3597, *n. propre.*

**Issi** 99, 1158, 1285, *adv. ainsi.*

**Issir** 826, *v. sortir* — *Ind. pr. sg. 3* ist 935, 2951, 3209. *pl. 3* issent 2827; *pf. sg. 3* issit 1285. issi 394. *pl. 3* issirent 607 — *P. pas. m. sg. sj.* issu 570. *pl. sj.* issu 807; *f. sg.* issue 1161.

**Itel** 612 *adj. des deux genres, semblable.* Itel pleint e itel (tel) dolur 751.

# J

**Ja** 152, *adv. déjà.*

**Jameis** 2137, 3053. jamès 509, *adv. jamais.*

**Jaspar** 2113, *nom d'un des trois rois mages.*

**Je**, *voy.* Mei.

**Jerusalem** 2112, 3629, *n. prop.*

[**Jeter**] *v.* — *Ind. pr. sg. 3* jetet 345, 2686. getet 135 (getez). *pl. 3* jettent 1928; *pf. sg. 2* jetas 2127. *3* jectat 2674. *pl. 2* jetastes 3675. jestates 3609.

[**Jeune**] *s. m. jeûne* — *pl. r.* jeunes 990, 2271.

**Jo**, *voy.* Mei.

**Joe**, *voy.* Mei.

**Jofne** 90, *adj. sg. r. jeune.*

**Joianz** 579, *adj. m. sg. sj. se réjouissant.*

**Joie** 38, 40, 230 *etc.* goie 1965, *s. f.*

**Joius** 371, 3179, *adj. m. joyeux.*

**Jol**, *voy.* Mei.

Jonas 3606, *n. propr.*

Jor, *voy.* Jur.

Joseph 3657, *n. prop.*

Judas 2805, *n. propr.*

Judeu, *s. m. Juif -- pl. s.* Judeu 3646. Judeus 2121. *r.* Judeus 186. Jués 3663.

Juer 86, *v. jouer.*

Jués, *voy.* Judeu.

Jugement 190, *s. m.*

[Juger] *v. — Ind. fut. sg. 3* jugerat 3099.

Jugeur 3098, *s. m. sg. sj. juge.*

Jugleurs 272, *s. m. pl. r. jongleurs, histrions.*

Juise 3783, *s. f. jugement.*

Julien, *n. prop.* Ostel saint Julien 2500 *hospitalité large et gratuite* : *saint Julien procurait un bon gîte à qui lui adressait une oraison.*

[Juncher] *v. joncher — Ind. pr. pl. 3* junchérent 3638 *—P. pas. m. sg. sj.* junché 2755.

Juner 609, *v. jeuner.*

Jur 36. jor 1524, *s. m. jour — sg. sj.* jurz 578. jur 876, 1717 *etc. r.* jur 36, 1583 *etc.* jor 1524, 1586 *etc. — pl. r.* jurz 1778. jurs 1935 — tuz jurz 1994 *etc. loc. adv. toujours.* le jur 719, 2640, 2797, 3661 *etc. loc. adv. composée comme* lore *alors, maintenant.*

[Jurer] *v. — P. pas. m. sg. r.* juré 2227.

Jurnée 3242, *s. f. journée.*

Jus 1917, 3658, *adv. en bas.*

Juste 2265, 3029. de juste 1971 *prép., à côté de.*

[Juster] *v. réunir — Ind. pr. sg. 3* juste 1352.

Justiser 1123, 2885, *v. juger.*

Juvencel 87, *s. m. pl. voc.* jouvenceaux.

Juvente 729, *s. f. jeunesse.*

## K

Kant 607, 2713 *etc.* quant 43, *conj.* quand.

Kar 11 *etc.* car 1246, *conj. car, aussi, c'est pourquoi* 2171 (ka).

Ke *pron. rel. sans distinction de genres ni de nombres, que, qui — Sj.* ki 3, 162, 215, 1944 (ke), 1996 (ke) *etc.; au pl. on trouve* ke 333, 506 *etc.* Kil 1254 *etc. contr. de* ki le. Kis 1920 *etc. contraction de* ki les. *Semble élider son i dans* ki 'ncontre 1125 (kencontre) *etc. Signif. qui que ce soit qui* 617 — *datif* cui 741 — *r.* ke 297.

Ke, que *pr. neutre rel.* que. Je n'ai ke fere 2137 — *interr.* Qu'est vostre cote devenue ? 173. Ke de ço? 2445. Ke vus irreie jo cuntant? 995. Ke vus en dirreie jo el? 81.

Ke 15, 97 *etc., conj.* que, de ce que 246. *Devant une voyelle l'e s'élide* 86 *etc. ou ne s'élide pas* 113 *etc.*

Kenar 774, *s. m. bateau, canot; anglosax.* cnear.

Kersun 939. kerssun 1494, *s. m.* cresson *— sg. sj.* 1472. *r.* 939, 1494.

Ki, *voy.* Ke.

Kil, *voy*. Ke.

Kis, *voy*. Ke.

## L

La 363 *etc. adv.*

La, *voy*. Le.

. La, *voy*. Lui.

'Labur 4, 35, 3767 *etc. s. m. sg. r. labeur, travail.*

Laburer 984, *v. travailler* 713 *etc.; labourer* 894, 1262 — *Ind. pr. pl.* 3 laburent 713; *imp. sg.* 3 laburout 1262 — *P. pas. m. sg. r.* laburé 2897.

Laenz 3674, *adv. là dedans.*

[Laire?] *v. laisser — Impér. sg.* 2 lai 284, 2950. lei 2937.

[Laissier] leisser 629, 1663. lesser 1980 *v. laisser — Ind. pr. sg. 1* leis 3325. *3* leist 383; *imp. sg. 1* lessoue 3311; *pf. sg. 1* laissai 209. lessai 2139. *3* leissat 185. leissa 2797. *pl.* 2 laissates 3626 — *Impér. sg.* 2 leis 331, 2776. lais 339. *pl. 1* leissum 2461. 2 leissez 477, 2800 — *P. pas. m. sg. r.* leissé 1626. *f. sg.* leissée 1680.

Lait 1995. leit 59, 1514, *s. m. sg. r.*

Laitue 1266, *s. f.*

[Lampe] *s. f. — pl.* lampes 2259.

Lance 205, *s. f.*

[Lancier] *v. — Ind. pr. pl.* 3 lancent 928.

Lange 3587, *s. f. langue.*

Language 2467, *s. f.* en sa language.

[Languir] *v. — Ind. pr. sg.* 3 languist 1143 — *P. pas. m. sg. r.* langui 1324.

Langur 1113, *s. f. langueur.*

Large 65, *adj.*

Largement 270, *adv.*

[Larrun] *s. m. larron — pl. r.* larruns 3655.

Las *adj. malheureux* 407. las, *fatigué* 771, 907 — *f. sg.* lasse 1143.

Las 187, 747, 2509 *etc. interj. hélas!*

[Lasser] *v. — P. pas. m. sg. sj.* lasset 1075. lassé 650.

Lau 631, *adv. là où.*

Laver 2854, *v. — Ind. pf. pl.* 3 lavérent 2725 — *P. pas. m. sg. r.* lavé 2855.

Lazarum 3595, *n. prop. sg. r.* Lazare.

Le *art. — m. sg. sj.* li 47, 67 *etc.* élide son i devant une *voy.* 454, 1183, 2384, 2409, 2428 *etc.* ou ne l'élide pas 47, 55, 2483 *etc.* le 117, 144, 320 *etc. r.* le 203 *etc.* élide toujours son e devant une *voy.* 43 *etc.* combiné avec a : al 10, 1766 (a) *etc.*, avec de : del 109 *etc.*, avec en : el 167, 217 *etc.; pl. sj.* li 83 *etc.* n'élide jamais son i. les 126, 420 *etc. r.* les 42 *etc.* combiné avec a : as 84, 273 *etc.* avec de : des 795 *etc.* avec en : es 1740 *etc.* — *f. sg.* la 1, 2, 13 *etc.* élide toujours son a devant une *voy.* 138, 319 *etc.* le 359, 2533, 3075 *etc.*

Le, *voy*. Lui.

Lé 2075. led 3061 *adj. joyeux* — *m. sg. sj.* lez 579, 1475. lé 2075. led 2381. *r.* led 3061;

*pl. sj.* lé 802. lez 39, 223 — *f. sg.* lée 234.

[Lé] *adj. large* — *f. sg.* lée 491.

Leaus, *voy.* Leel.

[Lecheur] *s. m. débauché* — *pl. r.* lecheurs 271.

Léement 3033, 3782, *adv. joyeusement.*

[Leel] *adj. loyal* — *m. sg. sj.* leaus 1756 (leals).

Leelment 384, *adv. loyalement.*

Leesce 595, 3103, *s. f. joie.*

Leggèrement 244, *adv. légèrement.*

[Lehe] *s. f. laie, femelle du sanglier* — *pl.* lehes 1234.

Lei 1954, *s. f. loi; manière, guise* 332.

Leid 396, *adj. laid* — *m. sg. sj.* leiz 108. *r* leid 396 — *f. sg.* leide 785. *pl.* leides 2810.

Leidenger 210, *v. injurier* — *P. pas. m. sg. sj.* laidengé 3652.

Leisir 3201. leiser 2394, *s. m. r. loisir.*

Leisser, *voy.* Laissier.

Leprus 276, *s. m. invar. lépreux.*

Lerme 598, 2797, *s. f. larme.*

Lermer 126, 420, *v. pleurer.*

Letre 2556, *s. f. lettre* — *pl.* mettre a lettres 45 *envoyer à l'école de grammaire.*

Leur, *voy.* Lui.

[Lever] *v.* — *Ind. pr. sg. 3* léve le cri 753 *le cri s'élève.* le soleil léve 916; *pf. sg. 3* levat 622. levad 3445. leva 3709; *fut. pl. 2* leverez 2739. *3* leverunt 1379 — *P. pas. m. sg. sj.* levez 139. levet 1319. levé 1694. *r.* levé 2097.

Levrer 1794, *s. m. sg. sj.* levrier — *pl. r.* levrers 1554, 1696.

Lewe, *voy.* Lieue.

Lez 908 *etc. prép. près de.*

Li, *voy.* Lui.

Lice *s. f.* de fil en lice 2668 *d'un bout à l'autre.*

Licoréce 844, *s. f. réglisse.*

Lier 1977, *v.* — *P. pas. m. sg. r.* lié 2914, 3651.

[Lieue] liue 2549. lewe 942, *s. f.* — *pl.* lieues 1901, 2296.

[Lignage] *s. m. parenté* — *sg. sj.* lignages 22.

Lignée 3669, *s. f.*

Lin 2758, *s. m.*

Lire 2242, *v.* — *P. pr.* lisant 3720; *pas. m. sg. r.* leu 3146.

Lit 604, 2729, *s. m. sg. r.* — *sg. sj.* liz 2731.

Liu 1466, *s. m. lieu* — *sg. sj.* lius 971. *r.* liu 1466.

[Liun] *s. m. lion* — *pl. r.* liuns 1233.

[Livre] *s. m.* — *pl.* livres 2254.

[Livrer] *v.* — *Ind. pf. pl. 3* livrérent 2122 (liuererent) — *P. pas. m. sg. sj.* livré 208.

[Locervére] *s. m. loup-cervier* — *pl. r.* locervéres 1237.

Loer 144, *v. louer* 473; *conseiller* 297 — *Ind. fut. pl. 1* nus loerum 297 (lorrum). *3* loerunt 334 (lorrunt) — *Impér. pl.* 2 loez 473 — *P. pr.* loant 246 ; *pas. m. sg. sj.* loez 1419. *r.* loé 533; *f. sg.* loée 32.

**Lof** 925, *s. m. sg. r. terme de marine ; pointe de la voile (angle inférieur) du côté du vent.*

**Loge** 1483, *s. f. hutte,*

[**Loger**] *v.* — *Ind. pf. sg. 1* logai 1993.

**Logette** 1534, *s. f. diminutif de loge, petite hutte.*

**Loin** 997. loinz 1225. lung 2325, 2358. luinz 2401, *adv.*

**Lores** 702, *adv. alors; cf.* Or.

**Los** 535, *s. m. invar. louange.*

**Lues** 2627, *adv. aussitôt.*

**Lui** *pron. pers. 3 pers.* — *m. sg. sj.* il 10, 57 *etc. r.* le 68, 69 *etc. élide son e devant une voyelle* 41, 45 *etc. ou s'appuie sur une voyelle précédente :* nel 15, 115 *etc. contr.* en nu 953, 3131, 3452. sil 141 *etc.; pl. sj.* il 87, 93 *etc. r.* els 31, 86. eus 3605. les 200, 216 *etc. combiné avec* ne : nes 667 *etc. avec si :* sis 666 *etc.*— *F. sg. sj.* ele 479, 792, 1088 *etc.* el 379, 1078. *r.* la 120, 131 *etc. élide son a devant une voy.* 174, 175 *etc.* — *Gén. dat. commun aux deux genres : sg.* lui 113, 128, 146, 147 *etc.* 1091, 1098 *etc.* li 52, 126, 317 *etc.* 357, 1110, 1137 *etc. pl.* lur 35, 37, 201, 338 *etc.* leur 609 — *Neutre sj.* il 326 *etc. r.* le 50, 124 *etc. élide son e devant une voy.* 158.

**Luier** 828. luer 532, *s. m. loyer, récompense.*

**Luintain** 506. lungteins 365 (lunge tens) *adj. lointain* — *f. sg.* luintaine 519. *pl.* luintaines 1301.

**Luinz,** *voy.* Loin.

[**Luire**] *v.* — *Ind. pf. sg. 3* luist 1717.

**Lune** 901, *s. f.*

**Lung** *adj. long* — *m. sg. sj.* lung 1655; *pl. r.* lungs 64 — *f. sg.* lunge 491. lunke 947.

**Lung,** *voy.* Loin.

**Lungement** 123, 1044 *etc.* lunkement 253, *adv. longuement.*

**Lunges** 1089, 1827, *adv. long temps.*

**Lur,** *voy.* Lui.

# M

**Maaille** 835 (maille), *s. f. maille, moitié du denier.*

MAGDALAINE 3608, *n. prop. Madeleine.*

**Mai,** *voy.* Mei.

**Main** 19 *etc.* mein 224 *etc. s. f.* — *pl.* mains 63. meins 401, 3711.

**Maintenance** 2577, *s. f. protection, soutien.*

**Mainteneur** 2204, *s. m. gouverneur, celui qui dirige.*

[**Maintenir**] *v.* — *Ind. pf. sg. 3* maintint 50; *fut. sg. 3* meintendra 3397 — *Subj. pr. sg. 3* maintenge 3528. meintenge 568.

**Maistre** 3511. meistre 958, 2204. mestre 935, *s. m. sg. sj. maître.* meistre deis 2861 *table d'honneur* — *pl. r.* meistres 1740.

**Maistrie** 3527, *s. f. autorité, commandement.*

**Maiur** *adj. compar. plus grand* — *m. sg. sj.* meire 3232. maiur 1448 — *f. sg. sj.* maiur 2637, 3126. *r.* meire 1448.

**Mal** 452, *s. m. sg. r.* — *sg. sj.* mals 1407.

**Mal** *adj. mauvais* — *m. sg. r.* mal 398; *pl. r.* mals 3099 — *f. sg.* male 748.

**Mal** 1734, *adv.*

**Malade.** *adj. m.*—*sg. sj.* malades 1417. malade 139. *r.* malade 178; *pl. r.* malades 275.

**Maladeries** 274, *s. f. pl. maladreries, léproseries.*

**Malement** 1050 (malment), *adv. mal.*

**Maleuré** 2509, *adj. malheureux.*

**Malice** 1614, 2667, *s. f.*

**Malveis** 1879, *adj. m. sg. mauvais* — *f.* malveise 611.

**Malveisement** 304, *adv. méchamment.*

**Malveisté** 1398, *s. f. méchanceté.*

**[Manant]** *adj. riche, aisé* — *sg. sj.* mananz 1336.

**Manc** 498, 1308, *s. m. sg. r. manchot.*

**[Mance]** *s. f. manche* — *pl.* mances 132.

**Mander** 1184, *v.* — *Ind. pr. sg. 3* mandet 2543. mande 1762, 3261; *pf. sg. 1* mandai 1871 — *P. pas. m. sg. r.* mandé 2627, 3498; *pl. r.* mandez 3334.

**Maneir** 1623, *adj. qui se manie, à la main, portatif.* Arc maneir, *par opposition sans doute à l'arbalète.*

**Maneir** 970, *v. rester, demeurer* — *Ind. pr. sg. 3* meint 1357; *imp. sg. 3* manait 1257. maneit 1261 — *P. pr.* manant 2268.

**Manére** 28, 1333, *s. f. manière.* de grant manére 2172 *loc. adv. beaucoup, en grande quantité.*

**Manger** 582, 1079, *v. employé substantiv. sg. sj.* mangers 2689. *r.* manger 586 — *Ind. pr. sg. 1* manjuz 991. *3* manjue 1661; *imp. sg. 3* manjout 2806; *pf. sg. 3* mangad 1491. manga 3372; *fut. sg. 3* mangera 1246 — *P. pas. m. sg. r.* mangé 1478.

**Manifester** 2454, *v.* — *P. pas. m. sg. r.* manifesté 3729.

**Mar** *adv. à la malheure, sous de mauvais auspices.* Mar acointa ceste cheitive sa superbie e son orguill 1126 — Mar fut, tant mar fut *se dit pour exprimer le regret :* Mar fud tis cors e ta beuté 325. tant mar fut vostre grant bunté 727. mar fut vostre bele juvente 729, 737 — Mar *avec le futur exprime l'impératif négatif :* ja mar i remeindra levrer 1794. mar le conusterez de mei 2302. mar avrez dute 2398.

**[Marc]** *s. m.* — *pl. r.* mars d'argent 837.

**Marchandie** 847, *s. f. marchandise.*

**Marcheant** 846, *s. m. marchand* — *pl. sj.* marcheant 846. marcheanz 959 (marchanz).

Marie 408, n. prop.

Marine 890, s. f. mer.

Marinel 802, s. m. pl. sj. marins.

Mariner s. m. marinier, matelot — pl. sj. mariner 1057. r. mariners 795.

Marrement 2514, s. m. affliction.

Marri 154, adj.

Marsile 1040, 1045, n. prop. Marseille.

Martin 1456, n. prop. Entre ci e le seint Martin 359 d'ici à la fête de saint Martin.

Martire 2122, s. m. martyre.

Martyr 195, s. m. pl. sj.

[Mat] adj. abattu, dégradé — m. sg. sj. maz 521.

Matin 1248 etc. s. m. Hui par matin 177 aujourd'hui de bonne heure. employé adverb. mut matin 1583.

Matinée 1840, s. f.

Matines 2749, s. f. pl.

Maz, voy. Mat.

Mazele 62, s. f. mâchoire, joue.

Me, voy. Mei.

Mei pron. pers. 1 pers. moi — sg. sj. jo 115, 1451 etc. joe 348. je 1365, 3162. n'élide pas sa finale devant une voyelle 81 etc. sauf une fois : j'ai a nun Gire 1359. jol pour jo le 471 etc. jo'n pour jo en 1676. r. mei 207, 231 etc. mai 2013 etc. moi 411, 3115. me 120, 2044 etc. élide son e devant une voy. 116 etc. — pl. nus 185, 187 etc.

Meie, voy. Mon.

[Meigre] adj. maigre — m. sg. sj. meigres 949.

Meillur 2388, comp. sg. r. de bon, des deux genres : il lui achate une meillur de meillur drap 248 — m. pl. r. meillurs 1697.

Mein 1319 adv. de bon matin.

Mein, voy. Main.

Meint 6, 599 etc. adj. m. sg. r. maint — f. sg. meinte 572.

Meintenant 2818, adv. maintenant.

Meintenement 3402, s. m. confirmation.

[Meintenir], voy. Maintenir.

Meire, voy. Maiur.

Meis 70, 518 etc. mès 3049, conj. et adv. mais 3048. plus 232, 1719.

Meis 3189, s. m. invar. mois.

Meisme adj. sans genres, même — pl. sj. meisme 1142.

Meismes 1027 etc. adv. même.

Meisnée 233 etc. s. f. compagnie, famille.

Meistre, voy. Maistre.

Meisun 154, 376 etc. meison 1555 etc. s. f. maison — pl. meisuns 2208.

Melchior 2114, nom d'un des trois rois mages.

Melodie 3733, s. f.

Melz 71, adv. mieux : melz taillée 249. le melz employé subst. le meilleur 71, 3268.

VOCABULAIRE

[Membre] s. m. — pl. r. membres 107.

Memorie 2251, s. f. mémoire.

Men, voy. Mon.

Mendier 1049, v.

Mendis 11, adj. m. sg. sj. mendiant — pl. sj. 700.

Mener 2243, v. — Ind. pr. sg. 3 meine 906, 3280. maine 2075; pf. pl. 3 menérent 33 — P. prés. menant 784; pas. m. pl. r. menez 2410.

Mentir 821, v. — Ind. cond. sg. 3 mentireit 3140.

Mentun 2634, s. m. menton.

Mer 764, 776 (mere) etc. s. f.

Merci 407, 411 etc. s. f. miséricorde: r. absolu sue merci 1952. vostre merci 2031 par sa merci, par votre merci.

Merciables adj. sg. sj. 1133 miséricordieux.

Mercier 3417, v. remercier — P. pas. m. sg. r. mercié 1174.

Mére 27 etc. s. f.

Merel s. m. pl. sj. 1598 méreau, jeton ou palet servant au jeu : Ja érent li merel mestreit 1598 expression proverbiale, les choses iront mal.

[Merir] v. payer en récompense due — P. pas. m. sg. sj. merri 214.

Merite 3777, s. f. récompense.

Merveille 116. mervaille 3680, s. f. c'est merveille 116. n'est merveilles 1052.

[Merveiller, se] v. réfl. s'émerveiller — Ind. pr. sg. 3 se merveillet 240.

Mès, voy. Meis.

Mès 2697, s. m. pl. r. mets.

[Mesaaiser] v. le contraire de aaiser, rendre malheureux — P. pas. m. sg. sj. mesaaisé 179 (mesaise), 416. pl. sj. 573.

Mesaise 1540, 3362, s. f.

Mesaventure 3154, s. f.

[Mesdire] v. — P. pas. m. sg. r. mesdit 3514.

[Mesentendre] v. comprendre de travers — P. pas. m. sg. r. mesentendu 422.

[Meserrer] v. sortir du droit chemin, au fig. pécher — P. pas. m. sg. r. meserré 1413.

Mesfeit 3113, s. m. sg. r. méfait.

[Mesfaire] v. méfaire — Ind. pf. sg. 3 mesfist 1144.

Message s. m. messager 1759 etc. message 2468 — sg. sj. messages 1187. message 1759. r. message 2468.

Messager s. m. — pl. sj. messager 2621. messagers 2417, 2434. r. messagers 2351.

Messe 1832, s. f.

Mestier 330. mester 3483 etc. s. m. besoin 330, 3483 etc. métier 2518 — sg. sj. mesters 3173. r. mestier 330 etc.

[Mestreire] v. mal tirer — P. pas. m. pl. sj. mestreit 1598.

Mesure 717, s. f.

Metre 2237, v. mettre — Ind. pr. sg. 2 mesz 301. 3 met 1893; pf. sg. 3 mist 47. pl. 3 mistrent 2123, 3604; fut. sg. 1 metterai 2200. mettrai 2195. 3 metterat 2033. mettrat 3100; cond. sg. 3 mettereit 2714

— *Impér. sg.* 2 met 2187 — *Subj. pr. sg. 3* mette 797. mete 2295 — *P. pas. m. sg.* mis 45 ; *f. sg.* mise 3384.

**Mi** *adj. m. sg. r.* en mi *au milieu de :* en mi la rue 130. en mi le vis 2656. par mi *m. s.* 1883 *etc.* par mi ço, 3344 *loc. adv. cependant.*

**Mi,** *voy.* Mon.

**Michael** 3717 *n. prop. l'ange saint Michel.*

**Michi** 2456, *mot latin, pour* mihi, *ainsi écrit pendant tout le moyen-âge.*

**Mie** 91, *s. f. servant à renforcer la négation ;* cf. Pain.

**Mil** *adj. numéral, mille* — *sg.* mil 327; *pl.* mile 2957.

**Miracle** 97, 2953 *etc. s. m. sg. r.*

**Mire** 453, *s. m. sg. r. médecin* — *pl. r.* mires 1337.

**Mirie** 1364, *s. f. médecine.*

**Mirre** *s. m.* mirre cher 2117 *myrrhe.*

**Mis,** *voy.* Mon.

**Moete** 1554, 1594. mote 1942, *s. f. meute* — *pl.* moetes 1585.

**Moi,** *voy.* Mei.

**Moine** 2599. moigne 329, *s. m.* — *Sg. sj.* moigne 329; *pl. sj.* moine 2599. moines 3727. *r.* moines 2187.

**Moleste** 1009, 1447, *s. f. peine.*

**Mon** *adj. poss. 1 pers.* — *m. sg. sj.* mis 690, 2166. mi sire 872. mun 121, 534, 544, 870, 1436, 3323, 3518. *r.* mon 2512. mun 182, 688, 1397 *etc. forme accentuée* men : del men 2200. men escient 559, 1775; *pl. sj.* mi 1777, 2144. *r.* mes 825, 1988 *etc.* — *f. sg.* ma 118, 182 *etc. élide son e :* m'enferté 2442. *forme accentuée* la meie 226, 1398; *pl.* mes 3542.

**Monte Oliveti** 3678, *mots la tins.*

**Monument** 2124, 3612, *s. m. tombeau.*

**Morez** 850 *s. m. pl. r. draps de couleur foncée.*

**Mort** *s. f. sg. r.* 208. *sj.* 121.

**Mort,** *voy.* Murir.

**Mortel** *adj. sg. f.* 218.

**Morter** 2233, *s. m. mortier.*

**Mot** *s. m. sg. r.* 1750 — *pl. r.* moz 1895. Quatre moz corne *sens de sons, notes.*

**Mote,** *voy.* Moete.

**Mu** 1308, *adj. muet* — *m. sg. r.* mu 1308; *pl. sj.* mu 2561. *r.* muz 494 — *f. pl.* mues (muez) 5.

**[Muiller]** *v. mouiller* — *P. pas. f. pl.* muillées 934.

**Mul** *s. m. mulet* — *sg. r.* mul 644; *pl. r.* mulz 75.

**[Mult]** *adj. nombreux* — *m. pl. r.* muz 3670; *f. pl.* mutes 1238.

**Mult** 39, 44, 629 (mul), 841, 1273, *etc.* mut 16, 179, 1271, 1583 *etc. adv. beaucoup.*

**Mun,** *voy.* Mon.

**Mund** 2119, 3619, *s. m. sg. r. monde.*

**Munpeler** 1644. Munpeller 1568. Munpellers 1229, *Montpellier.*

**Munt** *s. m. mont* — *sg. sj.*
munz 1259. *r.* munt 789;
*pl. r.* munz 769 — Contre
munt 789. a munt 1591 *en
haut.*

**Munter** 1260, *v. monter* —
*Ind. pr. sg. 3* munte 1684,
1678 : neent ne lui munte
*cela ne lui fait rien. pl. 3* muntent 1834, 2091; *pf. sg. 2*
muntas 2129. *pl. 2* muntastes
3681 — *P. pas. m. sg. sj.*
muntez 3235. munté 616.

**Mur** 630, *s. m.*

**Murir** 2875, 3554, murrir
2904, *mourir. employé substantiv.* 50 — *P. pas. sg. sj.*
morz 255. *r.* mort 2590; *pl. sj.* morz 254.

**Murne** 154, *adj. morne.*

**Murs** 53, *s. f. pl. mœurs.*

[**Muscer**] *v. cacher* — *Ind. pf. sg. 3* se musçat 1512 — *P. pas. m. sg. sj.* muscé 2510;
*f. sg.* muscée 1784.

**Musceste** 2003, *s. f. cachette.*

**Muster** 77, 2912, *s. m. église.*
2265 *monastère.*

**Mustrer** 215, *v. montrer* —
*Ind. pr. sg. 3* mustret 1841,
2537. mustre 1939; *pf. sg. 3*
mustrat 10. mustra 2891;
*fut. sg. 1* musterai 3120 —
*Impér. pl. 2* mustrez 212 —
*P. pas. m. sg. r.* mustré
1287; *pl. r.* mustrez 2402.

**Mut,** *voy.* Mult.

**Mutabez** 849, *s. m. pl. r.
sorte d'étoffe orientale.*

**Muver** 884, 903, *v. changer
de place, remuer* — *Ind. fut.
sg. 3* moverad 1829. — *P.
pas. f. sg.* muée 170.

# N

'**N** *élision pour* en. Certes jo'n
sui desesperez 1676.

**N',** *voy.* Ne.

[**Naïf**] *adj. naturel* — *f. sg.*
roche naive 1263.

**Nature** 66, *s. f.*

**Ne,** *voy.* Nun.

**Ne** 15, 20, 28, 95 etc. *conj. ni;
élide ou n'élide pas son e
devant une voyelle* : ne as
puteins n'as jugleurs 272.
*dans les phrases hypothétiques peut avoir le sens de* ou
529.

**Neent** 222, 1100 etc. nent 489
etc. *nég. rien, néant.*

**Neer** 2660, *v. nettoyer.*

[**Neer**], *v. noyer* — *P. pas. m.
pl. sj.* neez 862.

**Nef** 774, *s. f. navire.*

[**Neistre**] *v. naître* — *Ind. pr.
sg. 3* neist 1820; *pf. sg. 2*
naquis 2109 — *P. pas. m. sg.
sj.* nez 21. né 24, 1213 *etc.*

**Nel,** *voy.* Lui.

**Nem,** *contr. de* ne me 3417.

**Nen,** *voy.* Nun.

**Nenal** 3116, *nég. non, en sous
entendant un verbe dont le
sujet est a la 3e pers.*

**Nent,** *voy.* Neent.

**Nepurquant** 992, 3579. ne pur
kant 652 etc. *adv. néanmoins.*

**Nés** 60, *s. m. invar. nez.*

**Nes,** *voy.* Lui.

**Nesmaus** 1755 (esmals), *n. prop.* Nîmes. *mot calqué sur le* Nemausum *de l'original latin.*

[**Net**] *adj. net, sans péché* — *m. sg. sj.* nez 1758.

**Nichodemus** 3657, *n. prop.* Nicodème.

**Nicholas** 772, *n. prop.*

**Niule** 635, *s. f. brouillard*

**Nobles** 726, *adj. sg. voc.*

[**Noce**] *s. f.* — *pl.* noces 3618.

**Nodras** 896, *s. m. terme de marine, sens inconnu.*

**Noel** 1565, *s. m. Noël* : Entre les Advenz vers Noel.

**Noer** 3449, *v. nager.*

**Nof** 2654, *adj. m. sg. r. neuf.*

**Noise** 2778, 3279, *s. f. bruit.*

**Noit** 13 *etc.* nuit 629 *etc. s. f. sg. r.* — *pl.* nuiz 1235.

**Non** 18 *etc.* nun 15 *etc. s. m. nom.*

**Normans** 2850, *s. m. pl. r.* Normands.

**Nostre** 194, *etc. adj. posses. sg. r.*

**Note** 332, *s. f.*

**Notiner** 836, *s. m. pl. sj.* nautoniers.

**Novel** 3295, *adv. nouvellement.*

**Novele** 161. nuvele 597. 1862 (nuuel), *s. f. nouvelle.*

**Novelement** 3382, *adv. nouvellement.*

**Nu,** *voy.* Lui.

[**Nuire**] *v.* — *Ind. pr. sg.* 3 nuit 427.

**Nuit,** *voy.* Noit.

**Nul** *adj.* — *m. sg. sj.* nuls 497. nul 172. nullui 970. *r.* nul 2136; *f. sg.* nule 424.

**Numéement** 2578, *adv. nommément.*

**Nun,** *voy.* Non.

**Nun** 165, 3169 *etc.* nen 326, 330, 518, 643 *etc.* ne 19, 65, 91, 95 *etc. élide ou n'élide pas son e devant une voyelle, conj. non* — Nun *s'emploie absolument* : jo nun 3125, si de vus nun 3169, si veir fut u nun 165, *ou pour nier des adjectifs* : nun savant 3133 — Nen *et* ne *s'emploient au même sens, c'est-à-dire pour nier des verbes qu'ils précèdent, mais* nen *devant une voyelle seulement et même dans notre poème uniquement devant* as, ad — Ne *suivi d'un infinitif exprime l'impératif négatif* : ne deguaster 281, ne doner 282, ne reguarder 3009 — *Sur* nes, nel, *voy.* Lui.

[**Nuncier**] *v. annoncer* — *P. pas. m. sg. r.* nuncié 3499.

[**Nunpoant**] *adj. impuissant à marcher, paralytique* — *m. pl. r.* nunpoanz 1223.

**Nurice** 1613 *etc. s. f. nourrice, en parlant de la biche qui nourrit Gille de son lait.*

**Nurreture** 1549, *s. f. éducation.*

[**Nurrir**] *v. nourrir et élever* — *P. pas. m. sg sj.* nurri 1987, 24 *etc.; pl. sj.* nurriz 845.

**Nus,** *voy.* Mei.

**Nuvel** 3391, *adj. m. sg. r. nouveau.*

**Nuvele,** *voy.* Novele.

## O

**O**, *voy.* Od.

**Ω** 2105, *cf.* Alpha.

**Obbedience** 2246. obedience 2707, *s. f. terme ecclésiastique.*

**Obeir** 2574, *v.*

**Oblier**, *voy.* Ublier.

**Obscur** 629, *adj.*

**[Occire]** *v.* — *Ind. pr. sg. 3* occist 117; *pf. sg. 2* oceis 3289 (occis).

**Occisur** 3289, *s. m. sg. r.* tueur.

**Od** 5 etc. o 86 etc. *prép.* avec.

**[Offrir]** *v.* — *Ind. pr. pl. 2* offrez 2037. *3* offrent 2047.

**Oi**, *voy.* Ui.

**Oignon** 1265, *s. m.*

**Oil** 2832 etc. *adv.* oui.

**Oil** 547, 548, *s. m.* œil — *pl. r.* oilz 3713. olz 60.

**Oille** 2263, *s. f.* huile.

**Oir** 78, 3137, *v.* ouir — *Ind. pr. sg. 1* oi 1007. *3* oit 239. out 341. ot 419. *pl. 2* oez 1541. *3* oent 2941, 3553; *imp. sg. 3* oeit 2277; *pf. sg. 1* oi 1317. *3* oit 125. oi 161. *pl. 2* oistes 2387; *fut. sg 3* orrat 1432. *pl. 2* orrez 1. *3* orrunt 597; *cond. sg. 1* oreie

501 — *Impér. pl. 2* oiez 137. oez 2471 — *P. pas. m. sg. r.* oit 3646. oi 393; *f. sg.* oie 1830.

**[Oisel]** *s. m.* oiseau — *pl. r.* oisels 1551.

**Oit** 3560, huit.

**[Olifant]** *s. m.* éléphant — *pl. r.* olifans 1235.

**[Oliver]** *s. m.* olivier — *pl. r.* olivers 3637.

**Olz**, *voy.* Oil.

**Omnipotent** 1389, 3386, *adj.* tout-puissant.

**Onesté**, *voy.* Honesté.

**Onur**, *voy.* Honur.

**Or** 87, 1243 etc. ore 346. *adv.* maintenant, alors; *cf.* Lores. Or de cucher 2737 *il est temps de se coucher; il faut sous-entendre* pensons *après* or.

**Or** 74 *etc. s. m.*

**Orage** 1010, *s. m.*

**[Ordiner]** *v.* ordonner, mettre en ordre — *P. pas. f. sg.* ordinée 1844.

**Ordre** 2536, 3056, *s. m. pl. r.* ordres 3385. Ordre tenir 2198 *suivre la règle des moines.*

**Oré** 801, 860, *s. m. fort vent, orage.* Od bon oré e od bon vent 963.

**Oreille** 1725, *s. f.*

**Oreison** 446. oreisun 3780, *s. f.* — *pl.* oreisuns 389.

**Orer** 2911, *v.* prier.

**Orgoill** 2100 orguill. 1124, 1127, 1295, *s. m.* orgueil.

Orguillus 2890, *adj. m.* orgueilleux.

ORLENEIS 2622 (orliens) *n. prop.* Orléanais.

ORLIENS 2477, 2615, 2618, 2907. *n. prop.* Orléans.

Ortil 1888, *s. m.* orteil.

Os 1880. ues 3663, *s. m. invar.* utilité, besoin. A tun os 2175 pour toi.

Os 134, *s. m. invar.*

Osanna 3640, 3648, *Hosanna.*

[Oser] *v.* — *Ind. pr. sg. 1* os 3120. *2* oses 327. *3* ose 2826; *imp. sg. 1* osoue 350 — *Subj. imp. sg. 3* osast 252.

Oste, *voy.* Hoste.

[Osteiller], *voy.* Hosteiller.

Ostel, *voy.* Hostel.

Osteler, *voy.* Hostelier.

[Oster] *v.* ôter — *P. pas. m. sg. sj.* osté 2955.

[Osterin] *s. m. étoffe teinte en pourpre?* — *pl. r.* osterins 851, 1650.

[Ostur] *s. m.* autour — *pl. r.* osturs 1553.

Otrai 3689, *s. m. sg. r.* octroi, permission.

[Otrier] *v.* octroyer, accorder — *Ind. pr. sg. 1* otrei 1815. *2* otries 2192. *3* otrie 2229. *pl. 1* otrium 3406. otriuns 1026 — *P. pas. m. sg. r.* otried 3062. otrié 874; *sj.* otrié 235 ; *f. sg.* otriée 3688.

Ovec 127, 3361, *prép.* avec.

[Ovre] *s. f. œuvre* — *pl.* ovres 463.

[Ovrer] *v. ouvrer, travailler* — *Ind. pf. sg. 3* ovra 1416 — *P. pas. m. sg. r.* ovré 3521.

[Ovrir] *v. ouvrir* — *Ind. pf. sg. 3* ovri 3713 — *P. pas. m. pl. sj.* overt 591.

# P

Paenie 856, *s. f.* le pays habité par tout ce qui n'est pas chrétien.

Paille 2256, *s. m. étoffe de soie* — *pl. r.* pailles 267, 848, 2146, 3206.

Pain 991, 1491, *s. m.* Tut sun sermun ne valt un pain 2898, *loc. nég. cf.* Dosse, Dener, Hanetun, Mie, Pas, Puint, Ren, Romesin.

Paine, *voy.* Peine.

Pais 3228. peis 2573, *s. f. invar.* paix.

Pais 315, 1230, 2678, *s. m. invar.* pays.

Paisible 877, *adj.*

Pale 104 etc. *adj. m. sg. r.*

Palefrei 644, *s. m. sg. r.* palefroi — *pl. r.* palefreiz 75.

Paleis 570. palès 2847, *s. m. invar.* palais.

Pan *s. m.* pan de pais 2678 partie de pays.

Par 13 etc. *prép.* — Par tens 49 *loc. adverb.* de bonne heure.

Par, *particule qui donne le sens du superlatif absolu à l'adjectif dont elle est toujours séparée par un verbe* : Mult par feit leide turmente 785. Mult par es ore nun savant 3132 etc.

**Parage** 7 etc. *s. m. famille noble* : femme de parage 310 *femme de haute naissance.*

**Parais** 3684 etc. parays 3772, *s. m. invar. paradis.*

**[Parcer]** *v. percer* — *P. pas. f. sg.* parcée 540.

**Parçuner** *adj. associé, participant* — *m. sg. sj.* parçuner 1024; *pl. sj.* parçuners 3407.

**Pardun** 3047, 3159, *s. m. pardon.*

**[Parduner]** *v. pardonner* — *Ind. pf. sg. 3* pardunad 2816; *fut. sg. 3* pardurra 2820 — *Subj. pr. sg. 3* pardoinst 3516 — *P. pas. m. sg. sj.* pardunet 3054;*f. sg.* pardonée.

**[Pareir]** *v. paraître* — *Ind. pr. sg. 3* Ben pert en lui quel vie il meine 2657.

**Paremplir** 620, *v. accomplir.*

**Parent** *s. m.* — *sg. sj.* parent 15 etc.; *pl. sj.* parent 39. *r.* parens 683.

**Parfin** 32, *s. f.* a la parfin *à la fin des fins.*

**Parfitement** 486, 1182, 3611, *adv. parfaitement.*

**Parfunt** 220, *adj. profond* — *f. pl.* parfundes 780. Un suspir jetet de parfunt 345 *du fond de sa poitrine.* Employé substantiv. le parfunt 790 *la profondeur de la mer.* En cel parfunt 1917 *dans cette profondeur de bois. Employé adverbial.* 841.

**Parler** 239, 2777, *v. employé substantiv.* 2344 — *Ind. pr. sg. 3* parole 955; *pf. pl. 3* parlérent 2726; *fut. sg. 1* parlerai 2743. *3* parlera 2382. *pl. 1* parlerum 2490 — *Impér. sg. 2* parole 816 — *P. pas. m. sg. r.* parlé 2415.

**[Parlier]** *adj. disert* — *pl. r.* parlers 2352.

**Parmanable** 238, *adj. éternel.*

**Parole** 80, *s. f. discours.*

**Parsume** 3356, *s. f.* a la parsume *à la fin.*

**Part** *s. f.* — *pl.* pars 3461. Cele part 112 *loc. adv. de ce côté.* De part Deu 1951 *de par Dieu.* De part le rei 2469.

**Partie** 128, 237 etc. *s. f.* — *pl.* parties 655.

**Partir** 3696, *v. séparer, partir. employé substantiv.* : Al partir lur trove un guiun 2403 *au départ* — *Ind. pr. sg. 3* il se part d'els 1045; *pf. sg. 3* parti 3714; *fut. sg. 2* partiras 3079 — *P. pas. m. sg. sj.* parti 1988, 2992.

**Pas** *s. m. invar.* sun pas petit 112. sun petit pas 2945. lur petit pas 1947. pas petit 2285, *loc. adverb. à petits pas, doucement* — Pas 19 etc. nég. renforçant ne : pas ne me grée 169; *cf.* Pain.

**Pasmer** *v. pâmer, employé substantiv.* 673 — *Ind. pr. pl. 3* pasment 3560 — *P. pas. m. sg. sj.* pasmez 672.

**Passer** 828, *v. employé substantiv.* 882 — *Ind. pr. sg. 3* passe 1227; *pf. pl. 2* passates 3599 — *P. pr. m. sg. sj.* passant 2893; *pas. f. sg.* passée 3519.

**Passion** 3291, *s. f.*

**Pastur** *s. m. pasteur* — *sg. r.* 2215. voc. 3563.

**Pasture** 1536, *s.f. pâture.*

**Pé** *s. m. pied.* plein pé 1669 *la longueur d'un pied* — *sg.* r. pé 697; *pl. r.* pez 136.

**Peça** 2585, *adv. depuis longtemps; cf.* Péce.

**Péce** *s. f. pièce.* bele péce 1351 *etc.* une grant péce 2561 *loc. adv. un bon bout de temps; cf.* Peça.

**Peché** 316, *s. m. sg. r.* — *pl. r.* pechez 3778.

**Pecher** 1004, *v.* — *Ind. pf. pl. 3* peschérent 2803.

**Pecheur** 383. peccheur 526, *s. m.* — *sg. sj.* pecheur 824. peccheur 526. *r.* pecheur 383; *pl. r.* pecheurs 2132.

**[Peindre]** *v.* — *P. pas. m. pl. sj.* peinz 3426.

**[Peindre]** *v. frapper, pousser* — *Ind. pr. sg. 3* peint 796.

**Peine** 1258. paine 3323, *s. f.*

**Peis**, *voy.* Pais.

**Peissun** 993, *s. m. poisson.*

**Peistre** 1524. pestre 1703, *v. paître, nourrir* — *Ind. pf. sg. 3* pout 1840. put 2671.

**Peitrine** 3711, *s, f. poitrine.*

**Peiur** *adj. comp. pire* — *m. sg. sj.* pire 521. peiur 320. *r.* peiur 1880 — *f. sg.* peur 1585.

**Pelagia** 27, *n. prop.*

**Pelerin** 3746, *s. m. pl. sj.*

**[Peliçun]** *s. m. pelisse* — *pl. r.* peliçuns 1649.

**Pendre** 186, *v.*— *Ind. pf. sg. 3* pendi sun chef 344 *il pencha sa tête* — *P. pas. m. sg. sj.* pendu 1142.

**[Pener]** 357, *v. se mettre en peine, travailler* — *Ind. pr. sg. 3* se peine 2076. se paine 1292, 3373 — *P. pas. m. sg. sj.* peiné 3762; *pl. sj.* penez 3107.

**Penitence** 989. penitance 1412, *s. f.*

**Pensé** 620, 2525, *s. m. pensée, idée, souci.*

**Penser** 1005, *v. penser, prendre soin* — *Ind. pr. sg. 3* pense 953 — *Impér. sg. 2* pense 3095. *pl. 2* pensez 2498 — *Subj. pr. sg. 3* penst 639 : Ore en penst Deu 639. or en penst Deus 1243, 1596 *maintenant que Dieu le protége, prenne souci de lui.*

**Pensif** *adj.* — *m. sg. sj.* pensis 156, 1052, 2222. *r.* pensif 589.

**Per** 2630, *s. m. pair, compagnon.*

**Perdre** 210, *v.* — *Ind. pr. sg. 3* pert 1734; *pf. pl. 3* perdirent 3662; *fut. pl. 3* perderunt 2308 — *Subj. imp. pl. 1* perdissun 2591 — *P. pas. m. sg. r.* perdu 677. *f.* perdue 1781.

**Pére** 2813. Perre 2235, *n. prop.* Pierre.

**Pére** *s. m. père* — *sg. sj.* pére 25 (peres), 45.

**Periller** 777, 793, *v. être en péril, en détresse.*

**Perir** 3832, *v.*— *P. pas. m. sg. sj.* perit 3645. peri 2081. Jo sui peri 410 *je suis mortellement atteint; f. sg.* perie 2128.

**[Permein]** *s. m. espèce de*

*grosse pomme* — *pl.* permeins 1925 (permeines).

Perre 2233, *s. f. pierre.*

Perre, *voy.* Père.

Pert, *voy.* Pareir.

Pesant 2090, *adj. m. sg. sj.*

[Pesche] *s. f. pêche, fruit* — *pl.* pesches 1925.

[Pescherie] *s. f.* — *pl.* pescheries 3320.

[Peser] *v.* — *Ind. pr. sg.* 3 peise 245. paise 1280. peisse 2877; *pf. sg.* 3 pesat 467. pesa 157, 3271 — *P. pr. m. sg. r.* pesant 3588, 3162; *pl. sj.* pesant 3433; *pas. m. sg. r.* pesé 487.

[Pesme] *adj. très mauvais* — *f. pl.* pesmes 960.

Petit *adj.* — *m. sg. sj.* petiz 948. petit 1570, 1574. *r.* petit 37, 98; *f. sg.* petite 1831. *loc. adv.* un petit 2532 *un peu.*

Petit 3281, *adv. peu.*

Peur, *voy.* Peiur.

Pharaum 3596, *n. prop. r.* Pharaon.

Piement 1120, 2979. *adv. dévotement.*

[Piler] *s. m. pilier* — *pl. r.* pilers 2236.

Pire, *voy.* Peiur.

Pis 1110, *adv.*

Pité 180, *s. f. pitié.*

Pius 1133, *adj. m. sg. sj.* doux, pitoyable — *f. sg.* pie 480.

Piz 1514, *s. m. invar. pis.*

Place 148, 2287, *s. f.*

Plaie 1887, 2522, *s. f.*

[Plain] *adj. plan, uni;* cf. Plein — *f. sg.* pleine 905, 937.

Plain 2022. plein 769, 1320, 1760, *s. m. plaine.*

Plait 2679. pleit 2231, *s. m. discours* 2679. *convention* 2231.

Plancher 2853. planger 1080 *s. m.*

Planté, *voy.* Plenté.

[Planter] *v.* — *P. pas. m. pl. sj.* planté 1982.

Plege 3347, *s. m.* pleige, *caution.*

Plei 550, *s. m.* pli. feire un plei *dévier de ses résolutions.*

[Pleier] *v.* plier — *Ind. pr. sg.* 3 plie 3704 — *P. pas. m. sg. r.* pleié 3081.

Plein, *voy.* Plain.

Plein *adj.* — *m. sg. sj.* pleins 51, 2973. *r.* plein 697 — a plein 762, 936. al plein 3458 *loc. adv. tout à fait; ou ces mots appartiennent-ils à* Plain ?

Pleindre 1082, *v.* plaindre, *se plaindre* — *Ind. pr. sg.* 3 se pleint 2078. *pl.* 3 pleinent 724; *imp. sg.* 3 plegneit 102. pleineit 114. pleigneit 397 — *P. pr.* pleignant 1323.

Pleint 751 (pleinz), *s. m. sg. r. lamentation.*

[Pleire] *v.* plaire — *Ind. pr. sg.* 3 pleist 445. plest 236; *imp. sg.* 3 pleseit 867; *pf. sg.* 3 plout 3672. plut 2110; *fut. sg.* 3 plerat 1392. plerra 2177 — *Subj. imp. sg.* 3 pleust 1969.

Pleisir 3472, *s. m.* plaisir.

Pleit, *voy*. Plait.

[Plenier] *adj. rempli* — *m. sg. sj.* pleners 1230.

Plenté 582. planté 1687, *s. f. abondance*.

[Ploveir] *v. pleuvoir* — *Ind. pr. sg. 3* plot 786.

Pluie 972, *s. f.*

Plur 3792, *s. m. pleur*.

Plurer 419, *v. pleurer. pris substantiv.* 2800 — *Ind. pr. sg. 3* plure 407. *pl. 1* plurum 3567. *3* plurent 724; *pf. sg. 3* plura 2814 — *P. pr.* plurant 709; *pas. m. sg. sj.* pluré 598.

Pluriz 512, 3239, *s. m. pl. r. l'action de beaucoup de gens qui pleurent*.

Plurus 3565, *adj. m. invar. qui est en pleurs*.

Plus *adv.* 26 *et subst.* le plus 35 — plus de vus 475 *plus que vous*.

Plusurs *adj. plusieurs* — *sj.* plusur 846. *r.* plusurs 1272.

Poagrus 1306, *adj. m. inv. goutteux*.

Poant, *voy*. Poeir.

[Poeir] poer 3298, *v. pouvoir* — *Ind. pr. sg. 1* puis 115, 3116. pois 1107. *2* poz 317. poez 438. *3* pot 1258, 2828. poet 2348. *pl. 1* poum 858. *3* poent 1561; *imp. sg. 1* poeie 181, 2511. *3* poeit 2919; *pf. sg. 3* pout 166, 619, 626 *etc. pl. 3* povrent 3677. porent 913; *fut. sg. 1* purrai 1766. *2* purras 137. *3* purra 2614. *pl. 1* purrum 1200. *2* purrez 733. *3* purrunt 196, 199 *etc.*; *cond. sg. 1* purreie 552. *3* purreit 287. pureit 720. *pl. 1* purrium 1814 — *Subj. pr. sg. 1*

jo puisse 556. *2* puisses 983 (puissez 311). *3* pussed 1267. puisse 857. puise 2570. *pl. 1* poissum 3760. *3* puissent 2188; *imp. sg. 3* peust 775. poust 2082 — *P. pr.* poant 3448 *puissant*, nun poant 2223 *impotent*.

Poeir 418. poer 3298, *inf. pris substantiv. pouvoir*.

Poeple 3597. pople 448, *s. m. sg. r. peuple*.

Poestet 423. poesté 475. pousté 2878. pouesté 1102, 3345, *s. f. pouvoir, puissance*.

Poestis 2020, *adj. m. sg. sj. puissant*.

Poi 9, 2451 *etc. adv. peu*.

Pople, *voy*. Poeple.

Poret 1264, *s. m. porreau*.

Port 927 *etc. s. m.* — *pl. r.* porz 2893 *défilés*.

Porte 945, *s. f.*

Porter 775 *v.* — *Ind. pr. sg. 1* porte 645. *pl. 2* portez 830. *3* portent 848; *imp. pl. 3* portouent 1065; *pf. pl. 3* portérent 2115 — *Impér. pl. 2* portez 2315 — *Subj. pr. sg. 3* port 1710, 900 — *P. pr.* portant 1322; *pas. m. sg. sj.* portez 2414. *r.* porté 3035, 3224.

Pose 2825, *s. f. pause*.

Poser 3480, *v.* — *Ind. pf. pl. 3* posérent 3658 — *P. pas. m. sg. sj.* posé 2124; *pl. sj.* posez 3659.

Pouesté, *voy*. Poestet.

Pouint, *voy*. Puint.

Pour 192 *etc. s. f. peur*.

Pousté, *voy*. Poestet.

VOCABULAIRE 171

Poverte 3071, s. f. pauvreté.

Povre adj. pauvre — m. sg.
sj. povre 11. r. 70; pl. r.
povres 251.

Povrement 3309, adv. pauvrement.

Preescher 2722, v. prêcher. —
Ind. pf. sg. 2 preheschas
2120 — P. pr. m. pl. sj. preheschant 2713.

Preier 78, 378, v. prier. preier
a sa chére amie ke 378 — Ind.
pr. sg. 1 pri 358, 2821 etc. 2
pries 1370. 3 prie 772, 3262.
pl. 1 prium 815. priuns 2055.
3 preient 2189. prient 2602;
fut. sg. 1 preierai 428 — Impér.
sg. 2 prie 1028. pl. 1 priuns
2597. 2 preiez 3157. priez
3161 — P. pas. m. sg. r. preié
574.

Preiére, s. f. prière.

[Preiser] v. priser, apprécier
— Ind. pr. sg. 3 preise 261.
pl. 2 preisez 1667; pf. sg. 3
preisa 9 — P. pas. m. pl. sj.
preisé 1777; f. sg. preisée 250.

[Premer], primer 2905, adj.
m. sg. r. premier — pl. r. premers 1846.

Premerein 935, adj. premier.

Premérement 952, 1022, adv.
premièrement.

Prendre 362 v. — Ind. pr. sg.
3 prent 143. pl. 2 pernez
1132. 3 pernent 126, 375,
520, 1420, 1964; imp. sg. 3
perneit 718. pl. 2 pernez
1656; pf. sg. 2 presis 2107.
3 prist 49, 3037. pl. 2 presistes 3593; fut. pl. 2 prendrez 1660; cond. sg. 1 prendreie 1106. pl. 1 prendriuns
838 — Impér. sg. 2 pren 298.
preng 3094 — Subj. pr. sg. 3
prenge 1714, 3051. pl. 3
prengent 1696, 1714 — P.
pas. m. sg. pris 46, 3089.

Prés 124, 435 etc. adv.

Prese, voy. Presse.

Presence 2245, s. f.

Present 2117, 3222, s. m.

[Presenter] v. — P. pas. m.
sg. sj. presenté 1309.

Presse 150, 2854 etc. prese
496, s. f.

Prest adj. prêt — m. pl. sj.
prest 868. prez 840; f. sg.
preste 3687.

Prez 266, s. m. pl. r. prés.

Prime 2531, adj. f. employé
substantiv. la première heure,
six heures du matin.

Primes 3380, adv. d'abord.

Prince 2964, s. m. sg. r. —
pl. r. princes 21.

Pris 646, s. m. invar. prix.

Priur 2563. prius 3249, s. m.
sg. sj. prieur.

Privé 2805, s. m. ami privé.

Privéement 2058, 2157, 1956
(priuement), adv. privément.

[Priver], v. — P. pas. m. sg.
sj. privé 3278 retiré à l'écart.

Privilége 3392, s. m.

Procein 3456, adj. prochain.

[Prometre] v. — Ind. pr. pl.
3 promettent 2359.

[Prophetizer] v. — P. pas. m.
sg. sj. prophetizé 3668.

PROVENCE 844, n. prop.

Provencel adj. Provençal —
m. sg. sj. provencel 1228. pl.
r. provencels 2314.

Pru 1364, 2547, *adv. beaucoup.*

Pru 1095, *s. m. profit.*

[Prude] *adj. bon, habile — m. pl. r.* prudes 2241.

Prudume *s. m. prudhomme — sg. sj.* pruzdume 1756; *pl. sj.* prudume 318.

Psalmodie 3284, *s. f.*

Pucele 352, 2107, *s. f. pucelle, vierge.*

Pudneis 217, *adj. m. invar. punais, fétide.*

[Puindre] *v. piquer — P. pas. m. sg. r.* puint 399.

[Puing] *s. m. poing — pl. r.* puinz 675.

Puint 1967 etc. pouint 62, *nég. point; cf.* Pain.

Puis 16 *etc. adv.*

Puissance 1411, 2542, *s. f.*

Puissant 3434, *adj.*

Pulent 221, *adj. puant, fétide.*

[Punt] *s. m. pont — pl. r.* punz 274.

Pur 11, *prép. pour.* Pur Deu amur 281 *etc. pour l'amour de Dieu.* Pur poi ne fumes hui neez 862 *peu s'en est fallu que nous ne fûssions noyés.* Pur quant 1115; *cf.* Nepurquant *toutefois.* Pur quei 171 *etc. pourquoi.*

Purchacer 3346. purchascer 3352, (purgascer) *v. pourchasser, procurer — P. pas. m. sg. sj.* purcascé 3314 (purgasce).

Purpens 348, *s. m. invar. réflexion, pensée qui préoccupe.*

Purpenser 342, *v. réfléchir — Ind. pr. sg. 3* se purpense 2339 — *Impér. pl. 2* purpensez 3108 — *P. pas. m. sg. sj.* purpensé 2872, 3349.

[Purprendre] *v. prendre la place de, occuper — P. pas. m. sg. r.* purpris 1922, 1466 (parpris).

[Purpre] *s. f. étoffe couleur de pourpre — pl.* purpres 851.

Purpres 2146, *adj. m. pl. r. de couleur de pourpre.*

Purveance 2567, *s. f. prévoyance, circonspection.*

[Purveeir] *v. pourvoir — P. pas. m. sg. sj.* purveuz 368.

[Putein] *s. f. putain — pl.* puteins 272.

Puz 220, 3106, *s. m. invar. puits.*

# Q

Quanque 2029. quant que 1706. quant ke 3063, *conj. tout ce que, autant que.*

Quant, *voy.* Kant.

[Quant] *adj. combien — m. pl. r.* Par lui guarirent ne sei quanz 1224.

Quant *adv.* tant ne quant 245 *ni peu ni beaucoup.*

Quarante 3560.

Quart *adj.* n'out ke sei quart 2282 *il n'avait que trois compagnons.*

Quatre 962.

**Que**, *voy.* Ke.

**Quei** 2915 *etc., pron. relatif neutre, quoi, que.* U vos aler e quei as quis? 820. Il ad demandé quei il out 2915. Ne mangera, car il n'at quei 1246. E de quei jo i ai vesqu 1984.

**Quei** 2470, *adj. m. sg. sj. coi, tranquille — f. sg.* queie. La parole est remise en queie 2342 *on a laissé cet entretien.*

**Quel** 3375 *etc. adj. — m. pl. r.* quels 145; *f. sg.* quel 1958, 684. quéle 1954, 3374.

**Quer**, *voy.* Quor.

**Querre** 1276, quere 1048, *v. chercher demander — Ind. pr. sg. 1* quer 1445 (quere). *3* quert 3764. *pl. 1* querrum 2373. *3* quérent 657. kérent 940; *pf. sg. 3* quist 183. *pl. 3* quistrent 3649; *fut. sg. 1* querai 1444. *pl. 1* querruns 3439; *cond. sg. 1* querreie 356 (querrei). 2 querreies 1104 — *Subj. imp. sg. 1* queisse 2517 — *P. prés. pl. sj.* querant 711; *pas. m. sg. r.* quis 820.

**[Quider]** *v. croire, penser* — *Ind. pr. sg. 1* qui 188. quid 517, 3124. 2 quides 3114. *3* quidet 380. quide 436. *pl. 1* quiduns 3264. 2 quidez 1371; *imp. pl. 3* quidouent 693; *pf. sg. 1* quidai 2519. *pl. 3* quidèrent 3308 (guiderent).

**Quint** 915, *adj. m. sg. r. cinquième.*

**Quir** 1863, *s. m. cuir.* Del quir perdre *de perdre sa peau.*

**[Quire]** *v. cuire — Ind. pr. sg. 3* il se quit 542 *il se brûle.*

**Quite** 3778, *adj. m. pl. sj. absous.*

**Quitement** 2299, *adv. quittement, sans charges ni redevances.*

**Quor** 548, 2815, 3588. quer 1277, 1353, 2586, 2886, *s. m. cœur.*

# R

**Raançun** 2986 (rancun), *s. f.* rançon.

**[Racine]** *s. f. — pl.* racines 1494.

**Rai**, *voy.* Rei.

**[Raier]** *v. couler — Ind. pr. sg. 3* raie 1888. reie 1978.

**Raler** 3412, *v. retourner.*

**Ramill** 1484, *s. m. sg. r.* ramilles.

**Randun** *s. m. violence,* employé dans la locution adverbiale : de randun 1854, 2633 (a randun) *avec force, violemment.*

**[Raveir]** *v. ravoir — Ind. pr. sg. 3* rad 3081.

**[Rebeiser]** *v. rebaiser — Ind. pr. sg. 3* rebeise 1019.

**Recercelé** 58 (recercelez), *adj. m. sg. r. bouclé.*

**Recet** 1608, *s. m. sg. r. retraite.*

**Receveir** 3753 (receueier). receivre 2173, *v. recevoir — Ind. pr. sg. 3* receit 3001, 3408. *pl. 2* recevez 227; *pf. sg. 3* reçut 259. *pl. 3* receuerent 3634; *fut. sg. 1* recevrai 3168 (receuerai). *3* recevrat 2162 — *Subj. imp. sg. 1* receuse 2036. *pl. 3* receussent 2715 — *P. pas. m. sg. r.* receu 1686. receud 3364. *pl. sj.* receud 2406.

Rechater 3625, *v. racheter.*

[Reclamer] *v. supplier* — *Ind. pr. sg. 3* recleime 1120 (reclime) — *P. pas. m. sg. r.* reclamé 3286.

[Recovrer] *v. recouvrer* — *P. pas. m. sg. r.* recovré 2321 (recouere); *f. sg.* recovrée 229 (recoure).

Reddement 3385, *adv. fortement.*

[Reembre] *v. racheter* — *P. pas. m. sg. sj.* reient 3644 (rent).

[Refeire] *v. refaire* — *Ind. pf. pl. 2* refesistes 3617.

Refreitur 2207, *s. m. sg. r. réfectoire.*

Refrener 2102, *v.*

[Refreindre] *v. dompter* — *Impér. sg. 2* refreign 309 (refreigne).

[Refuser] *v.* — *Impér. pl. 2* refusez 3533.

Regarder 1129, *v.* — *Impér. pl. 2* regardez 3529.

Regart 683, *s. m. sg. r. appréhension.*

[Regehir] *v. avouer, confesser* — *Ind. pr. sg. 1* regehis 3153.

Regne 235, *s. m. sg. sj. royaume* — *pl. r.* regnes 3007.

Regner *v. employé substantiv.* 3000 — *Ind. pf. sg. 2* regnas 2119.

Regrater 3562, *v. regretter* — *Ind. pr. pl. 3* regretent 725.

Rei 1807. rai 3045, *s. m. roi* — *sg. sj.* reis 1545, 1670 *etc.* rei 1807 *etc.* rais 3228. reis 3296. *voc.* rei 3697 *etc.* rois 3592 *etc. r.* rei 740 *etc.* rai 3045.

Reidur 3290, *s. f. roideur, force.*

Reime 1252, *s. f. branchage, ramée.*

Reims 3637. reins 1878, *s. m. pl. r. rameaux.*

Reisun *s. f. raison* 2016; *discours* 2371, 3553. Ne hume kil mette a reisun 1254 *qui l'arraisonne, qui lui parle.*

Releis 1560. relès 3768, *s. m. invar. relais, abandon.*

Relever *v. inf. employé substantiv.* Del relever 222.

Religiun 17, *s. f. religion.*

Religius 1811, *adj. m. pl. religieux.*

Remanant 290, *s. m. sg. r. restant.*

Remeindre 2528. remaneir 2570 (remaneire), *v. rester, cesser, remettre* — *Ind. pr. sg. 3* remeint 265. remaint 696; *imp. sg. 3* remaneit 2219; *pf. sg. 3* remist 256; *fut. sg. 1* remeindrai 1012. *3* remeindra 489. remeindrad 2341. *pl. 2* remaindrez 3212 — *Subj. pr. sg. 3* remeigne 2218 — *P. pas. m. invar.* remés 743. remis 3739; *f. sg.* remise 2342 (remis).

Remeindre *employé substantiv.* U del remeindre u de l'aler 2528.

[Remenbrer] *v. se souvenir* — *Ind. pf. sg. 3* se remenbra 2813.

Remission 219, *s. f.*

Ren 66 *etc.* rien 110 *etc. s. f. chose.* Plus bele ren 66. Sur tute ren 67. De meinte ren

2450. D'une ren 349; *pl.* rens 2168. *Complément d'une phrase négative.* Meis il ne lui feseient rien 110. A curt terme n'averas rien 286; *cf.* Pain.

Rencaeir 3049 (recainer), *v. retomber, rechuter.*

RENCEVALS 2893 (recenuals), *n. prop.* Roncevaux.

[Rendre] *v. — Ind. pr. sg. 1* rent 147; *imp. sg. 3* rendeit 1546 — *Impér. sg. 2* rent 444. *pl. 2* rendez 1400 — *Subj. pr. sg. 2* rendes 532. *3* rende 3769.

[Reneer] *v.* renier — *Ind. pf. sg. 3* renea 2808. renead 2809.

[Rente] *s. f. — pl.* rentes 2195, 3320.

Renumée 403, *s. f.* renommée.

[Reparler] *v. — Ind. fut. pl.* r. reparlerez 2741.

[Repeirer, repairer] *v. revenir, retourner — Ind. pr. sg. 3* repeiret 2156. repeire 2276; *fut. sg. 1* repairerai 2167. *pl. 1* repeirerum 3172. *3* repeirerunt 2360 — *P. pas. m. sg. sj.* repairé 3460. *pl. sj.* repairié 376. repeiré 716. repeirez 1748; *f. sg.* repeirée 257 (repeire).

Repentance 1150, 2815, *s. f.*

Repentant 1409, *adj. m. sg. sj.*

Repentir 2822, *v. se repentir — Ind. pr. sg. 3* se repent 1774.

[Replenir] *v.* remplir — *P. pas. m. sg. sj.* repleniz 53. *pl. sj.* 38.

Repos 1096, *s. m.*

Reposer 1618, 2776, *v. — P. pas. m. pl. sj.* reposez 2394.

Repruver *v.* reprocher — *P. pas. m. sg. sj.* repruvé 189.

[Repruver] 89, *inf. pris substantiv. proverbe.*

[Repundre] *v. se cacher, disparaître — Ind. imp. sg. 3* repuneit 779.

Requere 520, 3390, *v.* rechercher, demander — *Ind. pr. sg. 1* requier 1435. requer 531. *3* requert 1403. *pl. 1* requeruns 3404; *pf. sg. 3* requist 2113; *fut. sg. 2* requeras 3063. *3* requerra 1353. *pl. 3* requerrunt 3685 — *Subj. imp. sg. 3* requesist 1277 — *P. pas. m. sg. sj.* requis 1272. r. 1332.

Requeste 1381, 3688, *s. f.* requête.

[Rére] *v.* raser — *P. pas. m pl. sj.* rés 744.

Resconcer 3134, *v. cacher.*

[Resembler] *v.* ressembler — *Ind. pf. sg. 3* resembla 2964.

Respit 370, *s. m.* répit.

[Resplendir] *v. — Ind. pr. sg. 3* resplent 1303, 3026.

Respundre 2487, *v.* répondre — *Ind. pr. sg. 3* respunt 346; *pf. sg. 3* respundi 2874; *fut. sg. 1* respundrai 678 (respundra) — *P. pas. m. sg. r.* respundu 421.

Respuns 343, *s. m. invar.* réponse.

[Resusciter] *v. — Ind. pf. sg. 2* resuscitas 2125. *pl. 2* resuscitates 3672.

[Retenir] *v. — Ind. pr. sg. 3* retent 1219 — *P. pas. m. sg r.* retenu 3734.

[Retreire] *v.* — *P. pas. m. sg. sj.* retreit 2965 (retrit) *raconté*. 3053 *reproché.* retreiz 2448 *dépeint.*

Returner 3502, *v. retourner* — *Ind. pf. pl.* 2 returnastes 3610; *cond. sg.* 3 returreit 2220 (returnereit).

Reusse 1601, *s. f. ruse.*

[Revelger] *v. fouiller, retourner* — *P. pas. m. sg. r.* revelgé 1627.

[Revenir] *v.* — *Ind. fut. pl.* 1 revendrum 2057.

Reverence 1065, *s. f.*

[Revertir] *v. retourner* — *Ind. pf. sg.* 3 reverti 3605; *fut. sg.* 3 revertirat 596, 1391 — *P. pas. f. sg.* revertie 322.

Revestir 2960, *v. habiller* — *P. pas. m. sg. r.* revestu 2968.

[Revisiter] *v.* — *Ind. pr. sg.* 3 revisitet 2312.

[Revoleir] *v. revouloir, vouloir à son tour* — *Ind. pr. sg.* 1 revoil 2014.

Revout, *voy.* Ruver.

[Riant] *adj.* — *m. pl. r.* rianz 60 — *f. sg.* riante 3088.

Richaise 277. richeise 356. richesce 549, 2677, *s. f. richesse.*

Riche *adj.* — *m. sg. sj.* riches 26. riche 8; *pl. sj.* riche 2144. *r.* riches 76.

Richement 69, *adv.*

Rien, *voy.* Ren.

Riote 331, *s. f. débat, discussion.*

[Rire] *v.* — *Ind. pr. sg.* 3 rit 2068, 2718.

Rivage 770, *s. m.*

Rober 2928, *v. voler.*

Roche *s. f.* 994, 1263, 1294, 1350.

Rocher 1034, *s. m.*

Rodne 1227, 1242, *n. prop.* Rhône.

[Roi], *voy.* Rei.

Rollant 2894, *n. prop.* Roland.

Romesin 2201, *s. m. menue monnaie, proprement denier de Rouen; cf.* Pain.

Roume, *voy.* Rume.

[Rover], *voy.* Ruver.

Rue 103, *s. f.*

Ruge 3599, *adj. rouge.*

Rumanie 866, *n. prop. pays romain.*

Rume 557, 2323. Roume 3485, *n. prop.* Rome.

[Rumpre] *v. rompre* — *Ind. pr. pl.* 3 rumpent 3556.

Russie 848, *n. prop.*

Rute 1622, *s. f. route.*

[Ruvent] *adj. rouge* — *f. sg.* ruvente 730.

[Ruver, rover] *v. demander avec prière* — *Ind. pr. sg.* 3 rove 3735; *imp. sg.* 3 revout 109; *pf. sg.* 3 ruva 2712.

## S

S', *voy.* Si.

Sa, *voy.* Sun.

Sablun 940, 994, *s. m. sable.*

[Sacrefier] *v. sacrifier — P. pas. m. sg. sj.* sacrefiez 2985.

Sacrefise 2970, *s. m. sacrifice.*

[Sacrer] *v. — Ind. pf. sg. 3* sacra 3029 — *P. pas. m. sg. sj.* sacré 2018.

Saf 1950 (faf), *adj. m. sg. sj. sauf.* Saf seies tu *formule de salutation.*

Sage *adj. — m. sg. sj.* sages 296. sage 242 ; *pl. r.* saives 2352.

[Sagittaire] *s. m. — pl. sj.* sagittaires 1237.

Sai, *voy.* Se.

Sain *adj. — m. sg. sj.* seins 402. sein 2035. sain 992. *r.* sein 442 — *f. sg.* saine 1154.

Saint 2500 *etc.* seint 2 et 5, *adj. saint — m. sg. sj.* seinz 2270. *r.* seint 2 *etc.* saint 2500 — *f. sg.* seinte 1313, 2910. sainte 2967, 3694.

Saintement 1312. seintement 1312, *adv.*

Sainterel 88, *adj. petit saint.*

Saisine 3015, *s. f. prise de possession.*

Saisir 141. seisir 3437, *v.*

Saisun 1924, *s. f. saison.*

Saives, *voy.* Sage.

Sale 716, 3177, *s. f. salle.*

[Salé] *adj. — f. sg.* salée 1038.

Salu 797, *s. m. salut — pl. r.* saluz 1760.

[Saluer] *v. — Ind. pr. sg. 3* salue 955. *pl. 1* saluum 3422. *3* saluent 2469 — *Impér. pl. 1* saluum 1946. *2* saluez 3219 — *P. pas. m. sg. r.* salué 1328, 2632.

Salvage, *voy.* Sauvage.

[Salver] *v. sauver — Ind. pf. sg. 2* salvas 2106 — *Subj. pr. sg. 3* Deu vus 1968 *formule de salutation — P. pas. m. sg. sj.* salvé 2811.

Samiz 849, *s. m. pl. r. étoffe de soie.*

Sanc *s. m. sang — sg. sj.* sanc 1888. *r.* 203.

[Saner] *v. guérir — P. pas. m. sg. sj.* sané 159.

Santé 417, *s. f.*

Sanz, *voy.* Senz.

Sapience 52, *s. f. sagesse.*

SATHANAS 2946, *n. prop. Satan.*

Sausse 934, *s. f. eau salée, eau de mer.* Lur cordes unt ben essuiées ki de la sausse erent muillées.

Sauvage 1507. salvage 2670, *adj. sauvage.*

Sauz 1038, *s. m. pl. r. sauts.*

Savant *adj. —* nun savant 3132 *ignorant, non instruit.*

Saveir 2014. saver 1177, *v. savoir — Ind. pr. sg. 1* sei 418. sai 433. *2* sez 1091,

3042, 3097. *3* set 260. *pl. 1* savum 1180. savuns 864. *2* savez 1123. *3* sévent 305; *imp. sg. 3* savèit 2007; *pf. sg. 3* sout 15,165. *pl. 3* sorent 813; *fut. sg. 2* savèras 1093., *3* savrat 2397. savra 2059. *pl. 1* saverum 2496. *2* savrez 360 — *Impér. sg. 2* sace 3096. sacez 423, 425. *pl. 2* sachez 366. sacez 1986 — *Subj. pr. sg. 1* sache 1791. *3* sace 2038. sache 2452. *pl. 3* sachent 3221 — *P. pas. m. sg. sj.* seu. Kar jo ne voil estre seu 2061 *je ne veux pas etre connu.*

**Science** 51, *s. f.*

**Scolaringe** 888, *s. f. terme de marine. Signification inconnue : la fin du mot est sans doute l'a. h. all.* hringa, *anneau.*

**Scole**, *voy.* Escole.

**Se**, *voy.* Si.

**Se** 907 *etc.* s' 46 *etc. devant une voy.* sei 3771. sai 514, 643. *pron. réfl. 3 pers.* se, soi.

**Secrei** 3019. segrei 2976, *s. m. secrète, partie de la messe.*

[**Seeir**] *v. asseoir et s'asseoir — Ind. pr. sg. 3* set 920. *pl. 3* séent 3581; *pf. sg. 3* sist 167, 1961, 2698 — *Impér. pl. 2* seez 1372 — *P. pr. m. sg. sj.* seant 3584; *pas. m. pl. sj.* sis 2745.

**Segrei**, *voy.* Secrei.

**Sei**, *voy.* Se.

**Sei** 1269, *s. f. soif.*

**Seieler** 2350 (conseiller) *v.* sceller — *P. pas. m. sg. sj.* seelez 3741.

**Seigner**, *v. réfl.* 1753 *et v. act. faire le signe de la croix sur — Ind. pr. sg. 3* seigne sei 2944; *pf. sg. 3* se seigna 954. seignat 3709. si la seigna 1153.

**Seigner** 1975, 2524, *v. saigner* — *Ind. pr. sg. 3* seigne 3244 — *P. pas. m. sg. r.* seigné 2080.

**Seignur** *s. m. seigneur* — *sg. sj.* seignurs 3062. seignur 708, 1496 *etc.* sire 1000 *etc. r.* seignur 3, 194 *etc.* sire 1474 *etc. voc.* sire 115, 175, 188 *etc. pl. voc.* seignurs 468, 1341 *etc.* seignur 1344. Sire *est écrit souvent* sir 1665 *etc.*

**Sein**, *voy.* Sain.

**Seinement** 805, *adv. sainement.*

**Seint**, *voy.* Saint.

**Seintement**, *voy.* Saintement.

**Seinz** 2956, *s. m. pl. sj. cloches, toujours employé au pluriel.*

**Seir** 1179, *s. m. soir.*

**Sels** 2555, *s. m. pl. r. sceaux.*

**Semblance** 2106, *s. f. ressemblance.*

**Semblant** 289, *s. m.*

[**Sembler**] *v.* — *Ind. pr. sg. 3* semble 1159.

**Semence** 1661, *s. f.*

**Sempres** 148, 2025, *adv. aussitôt.*

**Sen** 339, *s. m. sg. r. bon sens, raison.*

**Senglement** 2663, *adv. en particulier.*

**Senglers** 1234, *s. m. pl. r. sangliers.*

**Sens** 347, *s. m. invar. raison* — *pl. r.* 2116, *sens, signification.*

**Sente** 48, *s. f.*

**Senter** 1643, *s. m. sg. r.* sentier — *pl. r.* senters 3638.

**[Sentir]** *v.* — *Ind. pr. sg. 1* sent 124; *pf. sg. 3* senti 452 — *Subj. pr. sg. 1* sente 2091.

**Senz** 219. sanz 122, 981, *prép.* sans.

**SEPTIMANIE** 1786, *n. prop.*

**Sepulchre** 3659. sepulcre 3671, *s. m.*

**Seréement** 1081, *adv.* dans un endroit clos.

**Serf** 455, *s. m.* serviteur — *sg. sj.* sers 754 Li sers Deu *le serviteur de Dieu.*

**Sergant** *s. m.* serviteur — *sg. sj.* 1288, *r.* 1191.

**Sermoner** 2721, *s. m. sg. sj.* prêcheur.

**Sermun** 3091, *s. m.* sermon.

**Sermuner** 3537, *v.* sermonner.

**Serpent** *s. m.* — *sg. sj.* 398. *r.* 410 — *pl. r.* serpenz 1238.

**Servant** 98, *s. m. sg. r.* serviteur — *pl. sj.* servant 1575. *r.* servanz 580.

**Servir** 36, *v.* — *Inf. employé substantiv.* 132 E tint les mances al servir — *Ind. pr. sg. 2* sers 1954. *3* sert 592. *pl. 3* servent 285; *pf. sg. 3* servi 2249. *pl. 3* servirent 34 — *P. pas. m. sg. r.* servi 213. *pl. r.* serviz 1751.

**Servise** *s. m.* 392. *s. f.* 2533, *service de la messe* — *pl. r.* servises 145 *services.*

**Ses**, *voy.* Sun.

**Set** 43 *sept* — Set vinz 1847 *cent quarante.*

**Sete** 2004, *s. f. flèche.*

**Seurté** 3346, *s. f. sûreté.*

**Seus** 1796, *s. m. sg. sj. espèce de chien courant* — *pl. r.* Seus e veautres e levrers 1554.

**Severer** 216, *v. séparer* — *P. pas. f. sg.* severée 3520 (seuere).

**Si** 16, 50 *etc. adv.* ainsi, aussi, *le plus souvent particule explétive mise devant le verbe.* Si feit *tel :* Si feite merveille lui semble 1159. Si ke 176 *en sorte que.* Si cum 915 *au moment où, comme.* Si l 279, 1199, *contraction de* si le. Sis 666, 951, 955, 3507, *contraction de* si les. S'i 2195 *si y.*

**Si** 165, 213, 236 *etc. conj.* si. S'in aviez 837. Se *devant un mot commençant par une consonne* 1659, 1812, 2573, 2831, 3311, 3415, 3435; *régulièrement* se *devant il* 252, 627, 1425, 2215, 2412, 3300, 3513, *mais deux fois* si 2348, 2872. S' *quelquefois devant une voyelle* 96, 866, 1443, 2035. s'il 2942, 3014.

**Si**, *voy.* Sun.

**Siecle** 144, 535, 3502, *s. m.*

**Sigle** 926, *s. m.* voile. Sigle levé *voile déployée.*

**Sigler** 910, *v. terme de marine, cingler, faire voile* — *P. pas. m. sg. r.* siglé 912.

**Signifier** 2118, *v.* — *Ind. pr. sg. 3* signifie 2506.

**Sil**, *voy.* Si.

**Simonie** 2247, *s. f.*

**Simplement** 1015, *adv.*

**Si'n**, *voy.* Si.

**Sinopre** 853, *s. m.* couleur.

Sire, *voy*. Seignur.

Sis, *voy*. Si.

Sis, *voy*. Sun.

[Sivre] *v. suivre* — *Ind. pr. pl.* 3 sivent 654. siwent 1602; *pf. pl.* 3 siwiérent 1669 — *Subj. pr. sg.* 3 siue 2550 — *P. pas. f. sg.* siwie 1604. seue 1836.

Solail 732. soleil 916, *s. m. sg. soleil — sj*. solail 876. soleil 916. soleilz 1717. *r*. solail 732 (solaille).

Soldeiers 2851, *s. m. pl. r. guerriers soudoyés*.

[Soleir] *v. avoir coutume* — *Ind. pr. sg. 1* soill 2090; *imp. pl.* 3 soleient 1810; *pf. sg.* 3 sout 2383.

Solunc 3521. sulum 1131, *prép. selon*.

Son, *voy*. Sun.

[Soner], *voy*. Suner.

Sons, *voy*. Sun.

Sorur 256, *s. f. sœur*.

[Sovenir] *v. souvenir* — *Ind. pf. sg.* 3 De Charlemeine li sovint 2978.

Sovent 85, *adv. souvent*.

[Sovent] *adj. fréquent* — *f. pl.* soventes 280. suventes 1556 suventes feiz.

Soverain 412. soverein 2652, *adj. souverain*.

Succurs 1728, *s. m. invar. secours*.

Sucurable 480, *adj. secourable*.

Sue, *voy*. Sun.

Suof 623, *adv. doucement*.

Suefet 421, *adv. tout doucement*.

[Suffire] *v*. — *Ind. pr. sg.* 3 suffit 2043.

Suffreite 1540, 3071, *s. f. manque, privation*.

Suffrir 1448, 3077, *v. souffrir* — *Ind. pf. pl.* 2 suffrites 1136; *fut. sg.* 3 suffrira 3342 (suffra) — *Impér. sg.* 2 sofre un petit 427. suffre un poi 3136 *attends un peu. pl.* 2 suffrez 1134 — *P. pas. m. sg. r*. suffert 211.

[Sujurner], *voy*. Surjurner.

Sul 734, *adj. seul*.

Sul 669, *adv. seulement*.

Sulement 2693, *adv. seulement*.

Sultif 323, *adj. solitaire*.

Sulum, *voy*. Solunc.

Sume 1, 2557 *etc, s. f. teneur, total, somme*.

Sumundre 1569, *v. semondre, avertir*. — *Ind. pr. pl.* 3 sumunent 2602.

Sumunse 1803, *s. f. ordre de convocation*.

Sun *s. m. sommet, employé dans la locution adverbiale :* en sun 1261, 1350 *au sommet*.

Sun, son, *pron. possessif — m. sg. sj*. ses 22, 25. si 164, 255. sis 3504. sun 73, 235, 3495 *etc. r*. sun 3 *etc.* son 241, 1191. *pl. sj*. si 39. *r*. ses 12 *etc*. sons 3100 — *f. sg*. sa 9, 12, 27 *etc.* s' 9 *etc*. sue 813, 1418 sue merci *par sa merci* 1424, 3758.

[Suner, soner] *v. sonner* — *Ind. pr. sg.* 3 sune 1894. *pl.* 3 sonent 2956; *pf. sg.* 3 suna 2531.

Superbe 2100, s. f.

Superbie 1127, s. f. superbe, orgueil.

Sur 67 etc. prép.

[Surdre] v. sourdre — Ind. pr. sg. 3 surt 2576; pf. sg. 3 surst 1314, 1469; fut. pl. 3 surderunt 218 (surdrunt) — Subj. pr. sg. 3 surdet 3524.

Surjurner 1061, v. séjourner — Ind. pr. sg. 3 sujurne 2899. pl. 3 surjurnent 372 — Impér. pl. 2 surjurnez 3191 — Subj. pr. sg. 3 surjurnt 3496. pl. 2 surjurnez 2497 — P. pas. m. sg. r. surjurné 3277, 3490.

Surmunter 2093, v. surmonter.

Surz 3622, s. m. pl. r. sourds.

Sus 662, prép. sur.

Sus 1283, adv. en haut. La sus 1357 là-haut.

Susanne 3600, n. prop.

[Suschier] v. soupçonner — Ind. pf. sg. 3 suschad 1519.

Suspir 345, s. m. soupir — pl. sj. suspir 2827.

[Suspirer] v. soupirer — Ind. pr. sg. 3 suspire 2345. pl. 3 suspirent 3555.

[Sustenir] v. soutenir — Ind. pr. sg. 2 sustens 979.

Suz 1080, 1904, prép. sous. De suz 2560 dessous.

## T

Ta, voy. Tun.

Tai 221, s. m. boue, fange.

Tai, voy. Tei.

[Taillier] v. — P. pas. f. sg. taillée 249.

Taint, voy. [Teindre].

Talent 2704, 3488, s. m. envie, désir. A lur talent 1032 suivant leur désir.

Tant 158, 2044 etc. s. m.

[Tant] adj. autant — m. pl. r. Unc ne vit hom ensemble tanz 500.

Tant 1255, adv. ne tant ne quant 3032 ni plus ni moins. a tant 1030 etc. alors. tant ke 1616 jusqu'à ce que. tant cum 1056 autant que.

Tapir 199, 328, v. se cacher.

Tapit 2654, s. m. sg. r. tapis — pl. r. tapiz 2261.

Targer, se 909, v. tarder — Ind. pf. pl. 3 se targérent 583.

Tart 1193, 1202, adv. tard.

Teches 739, s. f. pl. qualités bonnes ou mauvaises.

Tei pron. pers. 2 toi — sg. sj. tu 288, 289, 300 etc. r. te 285, 287, 290, 293 etc. élide sa finale devant une voyelle 1361 etc. tei 300, 305 etc. tai 294, 1339, 2936, 2938. précède le verbe Tai avum quis 1362 — pl. sj. et r. vus 81, 170, 171,

172, 208, 229, 230 *etc.* vous 207.

[**Teindre**] *v.* — *P. pas. m. sg. r.* teint 104, 1930 *changé de couleur* — *f. sg.* tainte 731.

**Teisir** 1905, *v. réfl. et neutre, se taire* : il les comande tuz teisir 1905 — *Ind. pr. sg.* 1 jo me teis 116 — *Impér. sg.* 2 teis 2775.

**Teivre** 3444, *n. prop. Tibre.*

**Tel** 91 *etc. adj.* — *m. sg. sj.* tel 91. *pl. sj.* tels 305. tel 1518. *r.* tes 721 (ces) — *f. sg.* tel 1564 *etc. pl.* téles 1302.

**Tempeste** 972, *s. f.*

**Temple** 2948, *s. m.*

**Ten**, *voy.* Tun.

**Tenant** 2296, *s. m.* — *pl. r.* tenanz 1569 *ceux qui tiennent un fief. loc. adverbiale.* Tut en un tenant 2296 *ensemble.*

**Tençun** 1011, *s. m. sg. r. dispute.*

**Tendre** 361, *v.* — *Ind. pr. sg.* 1 jo tent 361. 3 tent 128, 2734.

**Tendrement** 429, 3614, *adv.*

**Tendrur** 2798, 3776, *s. f. tendresse, compassion.*

**Tenir** 327, *v.* — *Ind. pr. sg.* 2 tens 1954. 3 tent 3302. *pl.* 3 ténent 2363 ; *pf. sg.* 3 tint 68, 2977, 3360. *pl.* 3 tindrent 319 ; *fut. sg.* 3 tendrat 565. *pl.* 2 tendrez 1776 — *Impér. sg.* 2 ten 339 — *Subj. pr. sg.* 3 tenge 2544 — *P. pr. m. sg. sj.* tenant 1576 *sens de appartenant* ; *pas. m. sg. r.* tenu 48, 2617.

**Tens** 874, *s. m. invar. temps* — Tut tens 2901 *toujours.* Par tens 49 *de bonne heure.*

[**Tenter**] *v.* — *P. pas. m. sg. r,* tenté 2917.

**Tentir** 1849, *v. retentir* — *Ind. pr. sg.* 3 tentist 1848.

**Terme** 286, *s. m.* — *sg. sj.* termes 367. terme 365. *r.* terme 286.

**Terre** 8, 12, 261 *etc. s. f.* — *pl.* terres 2196.

**Terrien** 1435, *adj. m. sg. r. terrestre.*

**Terz** 2117, 2125, *adj. m. invar. troisième.*

**Teste** 600 (test) *s. f. tête.*

**Testemoine** 3721, *s. m. sg. r. témoignage.*

**Testimonier** 3484, *v. témoigner.*

**Theodorus** 25, *n. prop.*

**Theotrita** 1077, *n. prop.*

**Ti**, *voy.* Tun.

**Tialz** 930, *s. m. sg. r. terme de marine, tente qu'on dressait, d'après l'usage scandinave, sur les navires quand ils étaient au repos, ancien nor.* tjald (*all.* zelt).

[**Tirer**] *v.* — *Ind. pr. sg.* 3 tire 675 — *Subj. pr. sg.* 3 tirt 237.

**Tis**, *voy.* Tun.

**Toens**, *voy.* Tun.

**Tolage** 2929, *s. m. violence.*

**Tolir** 1998, *v. prendre par force, enlever* — *Subj. pr. sg.* 3 toille 3317.

[**Toner**] *v. tonner* — *Ind. pr. sg.* 3 tone 786.

**Tort** 207, 2564, *s. m. sg. r.*

**Tortues** 1236, *s. f. pl.*

**Tost** 375, *adv.* tôt.

**[Tot]**, *voy.* Tut.

**Trace** 941, *s. f.*

**Trahir** 3649, *v.* — *Ind. pf. sg. 3* trai 2807. trahi 2809.

**[Traire]** 182, *v.* tirer — *Ind. pr. sg. 1* trai 3721. *3* treit 790. *pl. 3* traient 880; *cond. sg. 3* trereit 1147 — *Impér. pl. 2* traiez 226 — *P. pas. m. sg. sj.* treit 600. *r.* trait 886. *pl. sj.* treit 1916 — *f. sg.* treite 3384.

**[Trametre]** *v. transmettre, envoyer* — *Ind. pf. sg. 3* tramist 1997 — *Subj. pr. sg. 3* tramete 773. tramette 2503; *imp. sg. 3* tramesist 1388, 1501. tramesit 575 — *P. pas. m. invar.* tramis 1191, 2422.

**Translater** 3763, *v.* traduire.

**Travail** 1436. travaill 2515, *s. m. sg. sj.*

**Travailer** 2522. traveiller 3351, *v. travailler* — *P. pas. m. sg. sj.* travaillé 3762. travaillet 1075. *r.* travaillé : Tute la nuit ad travaillé 2530 *il a été en peine. pl. sj.* travaillé 1345 traveillé sunt 1641 *ils sont fatigués.*

**Tref** 803, 930, *s. m. sg. r.* mât.

**Treire**, *voy.* [Traire.]

**Treis** 1040, 2957, *invar.* trois.

**Treit** 1879, *s. m. sg. r.* trait, *coup de flèche.*

**[Trembler]** *v.* — *Ind. pr. sg. 3* tremble 1160; *fut. pl. 3* tremblerunt 191.

**Trepas** 2402, *s. m. invar.* passage.

**Trepeill** 2504, *s. m. sg. r.* agitation.

**Trés** 153, 743 etc. *prép.* derrière, après. de trés sei 1710 *derrière lui.*

**Trés** 213, 2026 etc. *adv.* très.

**Trés ke** 1888. trés que 50, *prép. jusqu'à* : Trés qu'al morir 50 *jusqu'à la mort.*

**Trés ke** 111, 621, 1119, 1723, *conj.* après que, dès que.

**Tresor** 3268, *s. m. sg. r.* — *pl. r.* tresorz 2335.

**Tresorer** 3203, *s. m. sg. r.* trésorier.

**Trespassant** 535, *adj. m. sg. sj. qui passe vite* : Le los del siecle est trespassant 535 — *pl. r.* trespassans 109 *passants.*

**[Trespasser]** *v.* traverser — *Ind. pr. pl. 3* trespassent 2362.

**[Tressuer]** *v.* — *P. pas. f. sg.* tressuée 1610 *couverte de sueur.*

**[Tresturner se]** *v. réfl. passer derrière, s'esquiver* — *Ind. pr. sg. 3* se tresturne 153.

**Tretut** 713. trestut 752, *adj. tout entier* 752; *tous tant qu'ils sont* 713, 1720 — *m. sg. r.* trestut 752. *pl. sj.* tretut 713. trestuz 1720. *r.* 2556 — *f. sg.* trestute 2592.

**Treu** 1546, *s. m. sg. r.* tribut.

**Tricherie** 3368, *s.f.*

**Triste** 1855, *s. m. sg. r. terme de chasse, titre* — *pl. r.* tristres 1587.

**Tristesce** 596. tristece 3104, *s. f.* tristesse.

**Tristre**, *voy.* Triste.

[Tristre] *adj. triste — m. pl. r.* tristres 3565.

**Trop** 119, *adv.*

**Tropel** 2646, *s. m. sg. r. rassemblement de personnes :* en un tropel 2646 *en foule.*

**Trot** 1722, *s. m. sg. r.*

**Trover** 714, *v. trouver — Ind. pr. sg. 1* truis 993. *3* truvet 1205. trevet 1162. trovet 1280. trove 1253, 1284 *etc. pl. 3* trovent 927 ; *imp. sg. 3* trovot 1270; *pf. sg. 1* trovai 1991. *3* truva 669 (trua). trovat 1497. trovad 1511. *pl. 3* trovérent 946, 2848; *fut. sg. 1* troverai 2396. *3* truverat 648. *pl. 3* truverunt 197. troverunt 612 — *P. pas. m. sg. r.* truvé 1327. trové 1208; *f. sg.* trovée 941, 1532.

**Tu**, *voy.* Tei.

[**Tucher**] *v. toucher, en parlant du cor :* Par grant vertu le sune e tuche 1894 — *Ind. pr. sg. 3* tuche 1894.

**Tulusane** 1543, *n. prop. le pays de Toulouse.*

**Tun, toen, ten** *adj. poss. 2 pers.* ton, tien — *m. sg. sj.* tis 325, 2985, 3062, 3072 *etc.* tun 302, 303 *etc.* toens 418. le ten 3000 *r.* tun 413 *etc. précédé de l'article* le tun curage 309; *pl. sj.* ti 312, 318, 335 *etc. r.* tes 292 *etc. — f. sg.* ta 284, 291, 325 *etc. élide sa finale devant une voyelle* t'onur 282 *etc. pl.* tes 463 *etc.*

[**Tundre**] *v. tondre — P. pas. m. pl. sj.* tundu 744.

[**Tunike**] *s. f. tunique, vêtement de prêtre — pl.* tunikes 2255.

**Tur** 631, *s. f. tour.*

**Tur** 10, *s. m. sg. r. tour — pl. r.* turs 1727 — en tur 381 *au tour.*

**Turment** 232, *s. m. sg. r. tourment.*

**Turmente** 778, 785, *s. f. tourmente.*

**Turneiz** 2262, *adj. m. pl. r.* — bans turneiz *bancs qui se lèvent et s'abaissent? ou faits au tour? ou arrondis?*

**Turner** 1434, *v. retourner, revenir — Ind. pr. sg. 3* turne 1226, 2718; *pf. sg. 3* turna 262, 2030. *pl. 3* turnérent 264, 2845; *fut. pl. 1* turnerum 509; *cond. sg. 3* turnereit 2593 — *Impér. sg. 2* turne 332 — *Subj. imp. sg. 3* turnast 528 — *P. pas. m. sg. sj.* turnez 140. *r.* turné 925.

**Tut** *adj. tout — m. sg. sj.* tuz 22 *etc. r.* tut 71, 212 *etc. pl. sj.* tut 191, 294, 314 *etc.* tuit 371, 466 *etc.* tuz 840 *etc. r.* tuz 107 *etc.; f. sg.* tute 28 (tut) 67, 262 *etc. pl.* totes 2999 — del tut 94, 2161 *tout-à-fait.* Tute jur 3573 *toute la journée.* Tut dis 2996, tut di 3786, tuz jurz 91, totes ures 2999 *toujours.*

**Tygres** 1236, *s. pl. tigres (animaux fantastiques pour le moyen âge).*

# U

**U** 57, 2177 *etc. adv. de lieu, où, remplaçant le pronom relatif* qui : Vit un cheitif u se plegneit 102.

**U** 165, 498 *etc. conj. ou.*

**Uan** 2934, *adv. cette année, de cette année.*

**Ublier** 1028, *v. oublier* — *Ind. pr. sg.* 3 ublie 1966; *pf. sg.* 3 obliat 389, s'ublia 2664 — *Subj. pr. sg.* 3 ublit 377, 3782. oblit 2597 — *P. pas. m. sg. sj.* ublié 1693.

[**Uel**] *adj. égal* — *f. sg.* uele 937.

**Ues**, *voy.* Os.

**Uesseries** 3480, *s. f. pl. chambranles*.

**Ui** 463, 1999, *adv. aujourd'hui*.

**Uisser** 2789, *s. m. sg. r. huissier, portier*.

**Uller** 1630 (uiller) *v. hurler* — *Ind. pr. pl.* 3 ullent 1634 — *P. pr.* ullant 1632 (uaillant).

**Ultre** 637. utre 775, *adv. outre*.

**Umbre** 1871, *s. f. ombre*.

**Un**, *adj. numéral et article indéfini* — *m. sg. sj.* uns 1114 etc. un 395 etc. *r.* un 1, 2, 37 etc. *pl. sj.* uns : Ça sunt venuz uns messagers 2434 *des messagers. r.* a uns degrez s'est ahurtez 1281 *à des marches* — *f. sg.* une 111 etc.

**Unc** 500. unk 619. unkes 608, *adv. jamais*.

**Undante** *adj. f. sg.* La mer ki einzceis ert undante 799 *houleuse*.

**Unde** 789, *s. f. onde* — *pl.* undes 779.

[**Undeier**] *v. ondoyer* — *Ind. pr. sg.* 3 undeie 782.

**Unk**, unkes, *voy.* Unc.

**Unkor** 92. uncore 1197, *adv. encore*.

**Unt** 1912, *adv. d'où*.

**Unte**, *voy.* hunte.

**Ure** 601 *etc.* hure 3583 *etc. s. f. heure* — En tant d'ure 242 *en si peu de temps.* Tel hure est 1564 *parfois*.

**Urer** 3200, *v. prier* — *Ind. imp. sg.* 3 urout 1505 ; *pf. sg.* 3 ura 1415.

**Urs** 1233, *s. m. invar. ours*.

**Us** 105, 3423, *s. m. invar. huis, porte*.

**Us** 651, 2699, *s. m. invar. usage* : n'ert pas a us *n'avait pas l'habitude*.

**User** 1267, 2998, *v.*

**Utanges** 897, *s. f. pl. terme de marine, itague ou hutague, cordage qui soutient la vergue, la monte et la descend*.

# V

**Vaillant** 726, *adj. m. sg. voc.*

[**Val**] *s. m. vallée* — *pl. r.* vals 769, 2362.

**Valeir** 2579. valer 1105, *v. valoir* — *Ind. pr. sg.* 3 valt 522, 2898. vaut 3324; *fut. sg.* 3 vaudra 1368 ; *cond. sg.* 3 vaudreit 426 — *Subj. pr. sg.* 1 vaille 1403. 3 vaille 1249 — *P. pas. m. sg. r.* valu 1338.

**Vallatun** 3632. vatletun 83, *s. m. pl. sj. adolescents*.

**Vallet** 1709, *s. m. sg. r. valet, jeune serviteur d'un noble* — *pl. sj.* vallez 692. vaslez 1647.

[**Vanter**] *v. réfl.* — *P. pas. m. pl. sj.* vanté 1711.

**Vatletun**, *voy.* Vallatun.

**Vautre** 1796, *s. m. sg. r. chien courant* — *pl. r.* veautres 1554.

**Vavassur** 20, *s. m. sg. r. vavasseur, petit propriétaire campagnard.*

**Veautre**, *voy.* Vautre.

**Vedve** 1076, *s. f. veuve.*

**Veeir** 2569 (ueir). 3726 (ueier). veer 1115, 3273 *v. voir* — *Ind. pr. sg. 1* jo vei 435. vai 517. *3* veit 637. *pl. 2* veez 1993. *3* veient 715; *pf. sg. 1* vi 988, 2774. *3* vit 102, 3086. *pl. 2* veistes 2388. *3* virent 458; *fut. sg. 1* verrai 1108. *3* verra 2381. *pl. 1* verrum 1801. *3* verrunt 660 — *Impér. pl. 2* veez 87, 202 etc. — *Subj. pr. 3* veie 498; *imp. sg. 1* veisse 1674. *3* veit 3038 — *P. pr. sg.* veant le pople 448. veant la gent 2951 *en présence du peuple; pas. m. sg. r.* veut 158 veud 1490. veu 808; *f. sg.* veue 1517.

**Veie** 555, voie 1457, *s. f.* — *pl.* veies 3638.

**Veil** 90, *adj. m. sg.* vieil.

**Veille** 2770. *s. f.* — *pl.* veilles 2272.

**Veiller** 3196, *v.* — *Ind. pr. sg. 1* veille 3283.

**Vein** 2586 (ueins) 3588, *adj. m. sg. r. faible* — en vein 659 *en vain.*

**Veinement** 713, *adv. vainement.*

**[Veintre]** *v. vaincre* — *P. pas. m. sg. sj.* vencu 2884.

**Veir** 645, 2135, *s. m. sg. r. vair, petit gris.*

**Veir** 2013, *s. m. sg. r. vrai.*

**Veir** *adj. vrai* — *m. sg. sj.* veirs 2134. *r.* veir 3159; *f. sg.* veire 561.

**Veir** 93, 969, 1901, *adv. vrai.*

**Veirement** 871, 2742, *adv. vraiment.*

**Veisin** 539, *adj. m. sg. sj.* voisin.

**Veissel** 773, *s. m. sg. r. vaisseau, navire.*

**Veissele** 269, 2184, 2174 (veisse) *s. f. vaisselle.*

**Vencu**, *voy.* [Veintre].

**Vendre** 185, *v.*

**Veneisun** 1556, *s. f. venaison.*

**Venele** 1510, *s. f. venelle, petite rue.*

**Veneur** *s. m. veneur, chasseur* — *sg. sj.* venéres 1579; *pl. sj.* veneur 1563. veneurs 1894.

**Vengance** 1132, *s. f. vengeance.*

**Venger** 2894, *v.*

**Venir** 200, 3098, *v.* — *Ind. pr. sg. 2* vens 2928. *3* vent 804. vient 3643. *pl. 1* venuns 2420. *2* venez 1808. *3* vénent 520; *imp. sg. 3* veneit 2283. *pl. 3* veneient 85, 1273; *pf. sg. 1* ving 1437. vinc 987. *3* vint 43. *pl. 2* venistes 1343. *3* vindrent 1321, 2622; *fut. sg. 3* vendrat 2030. vendrad 3273. vendra 3299. *pl. 3* vendrunt 3431; *cond. sg. 3* vendreit 1288 — *Impér. pl. 2* venez 2479 — *Subj. pr. sg. 1* venge 2543. *3* venget 2844. venge 1529. *pl. 2* vengez 2451, 2476; *imp. sg. 3* venist 385. Melz leur venist 609 *il eût mieux valu pour eux* — *P. pas. m. sg. sj.* venuz 367, 630. venu 483, 571 etc. *pl. sj.*, venu 1702. venuz 456, 507 etc. — *f. sg.* venue 578.

**Vent** *s. m.* — *sg. sj.* venz 798. *r.* vent 787.

[Venter] *v.* — *Ind. pr. sg. 3*
vente 786, 801 (uent) 917.

Ventre 3607, *s. m. sg. r.*

Venue 956, 3251 (uenu), *s. f.*

Veraiement, *voy.* verraiement.

VEREDEMIUS 1358. 1284 (ueiredmius). 1293 (ueredmius) *n. prop.*

[Vergunder, se] *v. réfl.* avoir honte — *Ind. pf. sg. 3* se vergunda 2644.

Verité 977. 1974 (ueritez) verté 306, *s. f. sg. r.* — *sg. sj.* veritez 3724.

Verrablement 225, *adv. véritablemeut.*

Verrai 515, 3287, *adj. m. sg. voc. véritable* — *f. sg. voc.* verraie 2980.

Verraiement 1099, 2389 (uerraiment). veraiement 3272, *adv. véritablement.*

Vers 141 *etc. prép.*

Verseille 3284, *s. f.* récitation de versets.

[Verseiller] *v.* réciter des versets, psalmodier — *P. pas. m. sg. r.* verseillé 2768.

Vert 853, *s. m.* vert de Grèce, couleur.

[Vert] *adj.* — *m. pl. r.* verz 3637.

Verté, *voy.* verité.

Vertu *s. f.* vertu 1894; miracle 1222 — *pl.* vertuz 405.

Vertuus 1122, *adj. m. invar.* vertueux.

Vespre 1639, *s. m. sg. sj.* soir.

Vesteure 71, *s. f.* habillement.

Vestir 131, *v.* vêtir — *Ind. pr. sg. 3* vest 2758; *imp. pl. 3* vesteient 69; *fut. pl. 1* vesterum 745 — *P. pas. m. sg. sj.* vestuz 1822. vestu 2909. *r.* 1648; *f. sg.* vestue 129.

Veue 1109 (uene), *s. f.* vue.

Viande 2040, 2699, *s. f.* nourriture.

Vie 2, *s. f.*

Vif *adj.* — *m. sg. sj.* vifs 400. vif 1012. *pl. r.* vis 748.

Vilain, vilein *s. m. paysan* — *sg. sj.* vileins 89, 306. *r.* vilain 20. *pl. sj.* vilein 756. vileins 758.

Vile 162, 1060, *s. f.* ville.

Vilein, *voy.* Vilain.

Vilment, vilement 2123 (uilement), *adv.*

Vin *s. m.* — *sg. sj.* vins 592. *r.* vin 590, 615 *etc.*

Vingnes 2196. vinnes 266, *s. f. pl.* vignes.

Vint 2900, *adj. numéral,* vingt — *pl. r.* set vinz 1847 sept fois vingt.

[Violer] *v.* — *P. pas. m. sg. r.* violé 2948.

Virgene 352 (uirgine) *s. f.* vierge.

Virun 1923, *s. m.* tour, *cf.* Envirun.

Vis 699 *etc. s. m. invar.* avis : Ço m'est vis il me semble.

Vis 1384, 2656, *s. m. invar.* visage.

[Visiter] *v.* — *P. pas. m. pl. r.* visitez 1190.

Vitaille 1250, *s. f. sg.* vic-

*tuailles, provisions de bouche.*

**Vivant** 2152, *adj. employé substantiv.* E il si fud tut sun vivant.

**Vivre** 123, *v. employé substantiv.* 3282 — *Ind. pr. sg. 1* vif 1003, 3221. *pl. 1* vivuns 749; *pf. sg. 3* vesqui 6, 16; *fut. sg. 1* vivrai 3336. *3* vivrat 3297. vivra 3586. *pl. 1* viverum 3170. vivruns 3403 (uieurum) — *P. pr. m. sg.* vivant 3341; *pas. m. sg. sj.* vescu 1538 (vesqui). *r.* vescud 1522. vescu 119. vesqu 1984.

**Vivres** 1236, *s. f. pl. vipères.*

**Voide** 2867, *adj. f. sg. vide.*

**Voider** 2790, *v. vider.*

**Voie,** *voy.* Veie.

**Voiz** 201, *s. f. invar. voix.*

**Voleir** 2580, *v. employé substantiv.* : Ore en dites vostre voleir 2580 — *Ind. pr. sg. 1* voil 349, 357 *etc.* voill 2065. voll 2061. *2* vols 413, 3113. vos 820. *3* vult 3595. volt 481, 620. vout 88. vot 1228. *pl. 1* vulum 2573. volum 3171. vuluns 1957. voluns 859. *2* volez 839. *3* volent 2054; *imp. sg. 1* voleie 3270. *2* voleies 1103. *3* voleit 86. *pl. 2* vuliez 1346; *pf. sg. 2* volsis 2110. *3* vot 625. *pl. 3* vodrent 466; *fut. sg. 1* voldrai 361. *2* vodras 3399. *3* voldrat 1433. voldrad 1572. vodrat 264. *pl. 3* voldrunt 909; *cond. sg. 1* voldraie 3224. vodreie 1198. *pl. 1* vudrium 2418 — *Subj. pr. sg. 1* voil 1003. *3* voiled 2454; *imp. sg. 1* volsisse 2147. *3* volsist 1167, 2063, 2933.

**Volenté** 1414. volunté 369, *s. f. volonte.*

**Volenters** 252. volunters 77, *adv. volontiers.*

**Volentif** 1718, *adj. m. pl. sj. pleins de bonne volonté.*

**Vostre** 173, 206 *etc. adj. votre.*

**Vous,** vus, *voy.* Tei.

## W

[**Walcrer**] *v. errer, voguer au hasard* — *P. pr. sg.* walcrant 783.

[**Welcumer**] *v. souhaiter la bienvenue à* — *Ind. pr. sg. 3* il les welcume en sa language 2467.

**Windas** 803, 908, *s. m. invar. terme de marine, guindal, cabestan.*

[**Winder**] *v. terme de marine, guinder, hisser* — *P. pas. m. sg. r.* windé 902.

## Y

**Yle** 923. ysle 926, *s. m. île.*

[**Ymage**] *s. f. image* — *pl.* ymages 3427.

## Z

**Zucre** 854, *s. m. sg. r. sucre.*

# ADDITIONS ET CORRECTIONS

P. xvii, n. 2. La *Bataille des Set Ar̄* de Henri d'Andeli, où se trouve encore le mot *berseret*, est postérieure à 1237. La plupart des mots cités à cet endroit de la préface se retrouveraient sans doute isolément au xiiie siècle; mais leur réunion dans notre poème est cependant un signe d'antiquité.

Vv. 1384, 1482, 1615, 1992, 2856, 3450, 3617, éwe, *lisez* èwe; v. 2695, éve, *lisez* ève.

V. 1467 eglanter, *lisez* englenter; v. 3653 eglenters, *lisez* englenters.

V. 1959 Cum bien, *lisez* Cum bien.

V. 2345 Engignus, *lisez* Engaignus *et rejetez* Engignus *en variante*.

V. 2352 *à la variante, lisez* E s. *au lieu de* Es.

V. 3262 Prie que vous l'aconseillez, *lisez* E prie que vous l'acoillez (*cf. v.* 3275). *et à la variante, au lieu de* E pr., *lisez* laconseillez.

V. 3328 *à la variante lisez* cum *au lieu de* cume.

V. 3451 *supprimez le second* a.

V. 3641 Beneite, *lisez* Beneeite, *et en variante* Beneite.

V. 3677 povrent, *lisez* pourent.

P. 120, 1[o] col. art. [Acoillir], aj. — *Subj. prés. pl.* 2 acoillez 3262 (aconseillez).

P. 120, 1e col., *suppr. l'art.* [Aconseiller].

P. 136, 2e col., *suppr.* Dener, 734 (*cf. p.* xxix).

P. 137, 2e col., l. 2, *art.* Deserrer, *suppr.* de.

P. 138, 2e col., *art.* Disgner, aj. dener 734 (*cf. p.* xxix).

P. 140, 1e col., *art.* Dulz, *après* l aj. (dulce).

P. 140, 2e col., *après* [Duter], aj. Dutus, adj. m. 682 *craintif*

P. 141, 1e col., *après* El, aj. ele.

P. 142, 1e col., l. 3, *art.* Enfant, *après* r., *suppr.* sg.

P. 142, 2e col., *art.* Enter, 2689, *lisez* 2989.

P. 142, *remplacez l'art.* Engignus *par celui-ci :* Engaignus 2345 (engignus), *adj. chagrin, mécontent.*

P. 143, 1e col., *art.* Enveier, l. 2, 3230, *lisez* 3220.

# TABLE

INTRODUCTION .................................... 1
APPENDICE ....................................... 1
LA VIE DE SAINT GILLES .......................... 1
GLOSSAIRE ....................................... 119

*Publications de la* Société des anciens textes français.
*(En vente à la librairie* Firmin Didot et C$^{ie}$, *56, rue Jacob, à Paris.)*

*Bulletin de la Société des anciens textes français* (années 1875, 1876, 1877, 1878, 1879, 1880, 1881) .................. (Ne se vend pas).
*Chansons françaises du xv$^e$ siècle*, publiées d'après le manuscrit de la Bibliothèque nationale de Paris, par Gaston Paris, et accompagnées de la musique transcrite en notation moderne par Auguste Gevaert (1875). *Epuisé.*
Il reste quelques exemplaires sur papier Whatman, au prix de.... 37 fr.
*Les plus anciens Monuments de la langue française* (ix$^e$, x$^e$ siècles), publiés par Gaston Paris. *Album* de neuf planches exécutées par la photo-gravure (1875)................................................................. 30 fr.
*Brun de la Montaigne*, roman d'aventure, publié pour la première fois d'après le manuscrit unique de Paris, par Paul Meyer (1875)................ 5 fr.
*Miracles de Nostre Dame par personnages*, publiés d'après le manuscrit de la Bibliothèque nationale de Paris, par Gaston Paris et Ulysse Robert. t. I à V (1876, 1877, 1878, 1879, 1880), le vol..................... 10 fr.
*Guillaume de Palerne*, publié d'après le manuscrit de la bibliothèque de l'Arsenal à Paris, par Henri Michelant 1876)........................ 10 fr.
*Deux Rédactions du roman des Sept Sages de Rome*, publiées par Gaston Paris (1876)..................................................... 8 fr.
*Aiol*, chanson de geste publiée d'après le manuscrit unique de Paris, par Jacques Normand et Gaston Raynaud (1877).................... 12 fr.
(Ouvrage couronné par l'Académie des inscriptions et belles-lettres.)
*Le Débat des Hérauts de France et d'Angleterre*, suivi de *The Debate between the Heralds of England and France, by* John Coke, édition commencée par L. Pannier et achevée par Paul Meyer (1877)........... 10 fr.
*Œuvres complètes d'Eustache Deschamps*, publiées d'après le manuscrit de la Bibliothèque nationale, par le marquis de Queux de Saint-Hilaire, t. I et II (1878, 1880), le vol............................................ 12 fr.
*Le Saint Voyage de Jherusalem du seigneur d'Anglure*, publié par François Bonnardot et Auguste Longnon (1878)........................ 10 fr.
*Chronique du Mont-Saint-Michel* (1343-1468), publiée avec notes et pièces diverses par Siméon Luce, t. I (1879)........................... 12 fr.
*Elie de Saint-Gille*, chanson de geste publiée avec introduction, glossaire et index, par Gaston Raynaud, accompagnée de la rédaction norvégienne traduite par Eugène Koelbing (1879)................................ 8 fr.
*Daurel et Beton*, chanson de geste provençale, publiée pour la première fois d'après le manuscrit unique appartenant à M. A. F. Didot, par Paul Meyer (1880)..................................................... 8 fr.
*La Vie de saint Gilles* par Guillaume de Berneville, poème du xii$^e$ siècle, publié d'après le manuscrit unique de Florence, par Gaston Paris et Alphonse Bos..................................................... 10 fr.

*Le Mistère du Viel Testament*, publié avec introduction, notes et glossaire, par le baron James de Rothschild, t. I, II et III (1878, 1879, 1881), le vol................................................................ 10 fr.
(*Ouvrage imprimé aux frais du baron James de Rothschild et offert aux membres de la Société.)*

Tous ces ouvrages sont in-8°, excepté *Les plus anciens Monuments de la langue française*, album grand in-folio.

Il a été fait de chaque ouvrage un tirage sur papier Whatman. Le prix des exemplaires sur ce papier est double de celui des exemplaires en papier ordinaire.

Les membres de la Société ont droit à une remise de 25 p. 100 sur tous les prix indiqués ci-dessus.

www.ingramcontent.com/pod-product-compliance
Lightning Source LLC
Chambersburg PA
CBHW071300160426
43196CB00009B/1359